1901년 제주민란 연구

지은이 박찬식
펴낸이 김순남
펴낸곳 도서출판 각 Ltd.

초판 발행 2013년 5월 5일
초판 2쇄 2018년 4월 3일

도서출판 각 Ltd.
주소 (690-809) 제주특별자치도 제주시 관덕로6길 17 2층
전화 064 · 725 · 4410
팩스 064 · 759 · 4410
등록번호 제651-2016-000013호

ISBN 979-11-88339-08-2 93910

값 25,000원

※ 잘못된 책은 바꾸어 드립니다.

1901년 제주민란 연구

근대 외래문화와
토착문화의 갈등

박찬식 著

GAK

책을 내면서

　저자는 1996년 여름 「韓末 천주교회와 향촌사회―敎案의 사례 분석을 중심으로―」라는 주제의 박사학위논문을 제출한 바 있다. 이를 재구성하여 엮은 책이 2007년 한국교회사연구소에서 출간한 『한국 근대 천주교회와 향촌사회』이다. 박사학위논문을 작성하기 전부터 저자의 가장 큰 관심 주제는 제주교안(1901년 제주민란, '이재수란')이었다. 그러나 종전의 한국사학계에는 지방사 연구에 대해서 백안시하던 분위기가 남아있었고, 고향 제주 역사의 주제에 대한 탐구가 자칫 객관성을 잃고 애향에 치우치지 않을까 하여 교안 연구의 공간 범위를 전국적으로 확대해서 학위논문을 구성하게 되었다. 막상 전국의 교안 사례를 검토한 결과, 1901년 제주민란은 더욱 도드라진 주제로 다시금 다가왔다.

　학위논문을 제출하고 난 뒤 저자는 본격적으로 1901년 제주민란에 대해 접근하여 보았다. 저자는 이 민란을 한국과 제주지역의 근대가 빚어낸 총체적·복합적 사건으로 해석하였다. 근대성(modernity)과 연관된 국가와 지방, 외래종교(문화)와 토착문화, 민족과 외세, 권력과 기층민, 향촌사회 내부의 각 계층 사이의 만남, 수용과 갈등과 같은 각종 각양의 특징이 이 사건의 표면과 이면에 아로새겨져 있다. 한국근대사 연구를 사회사·문화사 방면으로 넓혀나가는 데 매우 의미 있는 주제라고 생각했다.

물론 이 민란에 대해서는 선학들의 연구 성과가 꽤 많이 축적되어 있었다. 그러나 이들 연구물은 근대의 다양하고 중층적인 성격을 이 사건에 적용시켜 검토한 성과로 보기에는 아쉬운 점들이 하나둘이 아니었다. 19세기 민란의 연장선으로 보는 인식, 호교론에 치우친 글, 반제국주의 민중항쟁으로 규정한 글 등 기존 성과물들은 국가와 지방, 교회와 지역 주민(民軍) 사이의 역동적인 만남과 대화, 갈등에 대해서는 소홀하게 다루지 않았나 생각하게 되었다.

이전 선학들이 다룬 민란 관련 자료들만 해도 상당한 양이었지만, 마침 학위논문을 작성한 뒤 민란과 관련한 중요한 새 자료들이 발굴됨으로써 저자의 구상을 글로 표출하는 게 가능해졌다. 1997년 천주교 제주교구가 선교 100주년을 준비하는 과정에서 한국교회사연구소에 소장된 「뮈텔문서」 중 제주 관련 자료를 전부 번역하여 자료집을 발간하였는데, 이전에 보지 못했던 교회 측, 정부 측의 귀중한 자료들이 모두 세상에 빛을 보게 되었다. 敎弊, 민란의 원인 및 전개·처리 과정, 민란 주동자 등에 대한

국한문 자료, 신부들의 불어 서한 등이 총망라되었다. 특히 김원영 신부의 『修身靈藥』과 같은 교리서적을 통해 외래 종교와 토착문화의 만남에 대한 이해를 깊게 할 수 있었다.

한편 「1901년 민중항쟁 기념사업회」(2001년 결성)가 입수한 「大靜郡敎弊成册」과 「三郡平民敎民物故成册」은 교폐 문제를 구체적으로 이해하고 민란의 과정에서 숨진 物故者의 신상을 파악하는 데 결정적인 역할을 했다. 뿐만 아니라 2006년에 「제주사정립사업추진협의회」가 발간한 일본 신문 자료집에는 이 사건의 전말을 보도한 신문 기사들이 많이 수록됨으로써 당시 제주민란에 대한 일본인의 인식을 엿볼 수 있게 되었다.

이들 민란 관련 새로운 자료들이 발굴·소개되는 과정에 저자는 교회 측, 항쟁 기념사업회 측 모두 참여한 바 있다. 그 인연으로 좋은 자료를 확보할 수 있었음은 저자에게 너무나 큰 행운이었다. 그러나 학문적 사안이 아닌 현실 인간들 사이의 관계 정립은 녹록지 않은 작업이었다.

은퇴하신 김창렬 주교님을 비롯한 제주교구 사제들 앞에서 당시 교회에 비판적인 논조의 강의를 한 바도 있고, 총대리 허승조 신부님이 주도한 교구사 편찬 작업을 거들기도 하였다. 한편으로는 민중항쟁 기념사업회에 발기인으로 참여하여 민란의 주역에 대한 기념사업을 추진하기도

하였다. 이 민란을 연구한 전공자이기에 양측 모두 저자를 수용하긴 했지만, 썩 호의적인 것만은 아니었다. 2003년 11월 강우일 주교님의 재가 속에 양측이 화해 선언을 할 때에도 중간 노릇을 자처해서 했지만, 그 뒤 화합의 외양을 표면화하는 기념사업에 대해서는 아직도 합의에 이르지 못하고 있다. 가끔 화해 선언에 대해서도 불만을 표출하는 분들이 있다고 들었다. 역사적 기억의 대립을 해소하는 게 100년이 지나서도 쉽지 않다는 것을 요새 절감하고 있다.

일부 오해와 다른 시각이 있음에도 불구하고 저자는 1901년 제주민란 과정에서 만남과 갈등으로 점철된 사람들에 대해 애정의 시선으로 바라보고자 노력하였다. 교회에 입교한 교민이나 민란에 참여한 민군이나 모두 제주지역의 주민들이었다. 이들에게는 민란으로 비화되는 과정에서 자신들의 삶을 보존하고자 하는 절실한 바람이 있었을 것이다. 같은 화전민일지라도 징세를 거부하며 저항하는 사람도 있었지만 관의 징세를 부정하고 감면시키는 또 다른 힘을 가진 교회에 입교하는 사람도 있었을 것이다. 이들 모두가 저자에게는 관심의 대상이었다. 1901년 제주민란에 대해 사람을 우선으로 다루는 문화사적 접근의 한 시도라고 볼 수 있다면 다행이겠다. 앞으로 제주민의 저항사, 특히 민란과 항일운동, 4 · 3, 민주

화운동 등에 대해서도 이런 시각에서 접근한다면 많은 이야기들을 해볼 수 있지 않을까 한다.

  이 책을 출간하는 데 많은 분들의 신세를 졌다. 천주교 제주교구, 한국교회사연구소, 1901년 제주항쟁 기념사업회의 여러 분들로부터 귀중한 자료를 제공받았고, 글의 방향을 잡는 데 많은 조언을 들었다. 현기영 선생님과 강창일 교수님이 제주민 공동체에 대한 애정으로 민란을 바라보는 선구적인 소설과 논문을 쓰셨기에 저자의 글이 가능했다고 여긴다. 항상 가까이서 동지 사이로 지내는 도서출판 각 박경훈 대표 또한 부족한 글을 잘 다듬어 출간해 주어서 고맙기 그지없다. 이 책이 후학들에게 제주민 저항사의 또 다른 연구 지평을 열어젖히는 데 디딤돌 역할을 할 수 있으면 다행이겠다.

2013년 5월 5일
제주민란의 시점인 민회가 개최된 그날을 떠올리며

박찬식

【차례】

책을 내면서 _ 005

제1장 머리글 : 민란을 보는 인식과 관련 자료

1. 민란을 보는 또 다른 인식 _ 017
2. 민란 관련 주요 사료 _ 026
   1) 교회 측 자료 _ 027
   2) 정부 공문서 _ 033
   3) 외국 자료 _ 038
   4) 개인 기록 _ 040

제2장 19세기 말 제주지역의 사회경제적 상황

1. 개항, 근대, 제주인 _ 043
2. 지방행정의 변화와 새로운 세력의 등장 _ 045
3. 지방재정의 악화와 지역민의 부담 _ 050
4. 경제와 산업의 변화 _ 055
   1) 화전 개간의 확대 _ 055
   2) 교통과 상업의 변화 _ 059
5. 민란의 발발 - 1898년 '房星七亂' _ 063

제3장 천주교의 제주지역 전래와 토착문화와의 갈등

1. 천주교의 제주지역 전래 _ 071
   1) 교세의 확대 _ 072
   2) 교민 구성 _ 074

2. 천주교의 토착문화 인식 _ 078
3. 천주교회와 토착문화집단과의 갈등 _ 095
   1) 관·토착지배층과의 갈등 _ 095
   2) 기층민과의 갈등 _ 104
4. '敎弊'와 민란 -「三郡敎弊査實成冊」을 중심으로 - _ 107
   1) 濟州島民과 관리의 교폐 인식 _ 109
   2)「三郡敎弊査實成冊」과 교폐의 유형 _ 115
   3) 교폐의 문화사적 의미 _ 120
5. '문화 충돌'로 빚어진 민란 _ 131
   〈자료 1〉「정의군교폐성책」과「대정군교폐성책」_ 133

제4장 민란의 전개, 그 결과

1. 민란의 전개 과정 _ 163
2. 민란의 처리 과정과 '物故者' _ 174
   1) 민란의 진압 _ 174
   2)「三郡平民敎民物故成冊」을 통해 본 '物故者' _ 177

제5장 민란의 주도와 참여

1. 민란을 지도한 주역 _ 195
2. 민란에 참여한 사람들 _ 204
   1) 대정군 지역 _ 205
   2) 제주·정의군 지역 _ 208
   3) 濟州邑城 내 _ 211
   〈자료 2〉 민란지도자에 대한 평리원 판결선고서 _ 214

제6장 민란 이후 천주교회의 동향

1. 민란 직후 제주지역 교회의 반응 _ 229
2. 피살 교민 매장지·배상금 문제 _ 233
3. 교회의 복구와 교민구성의 변화 _ 238

1) 교회의 복구 과정 _ 238
　　2) 교민구성의 변화 _ 242
　4. 교회와 향촌사회 간 갈등의 재연 _ 248
　　1) 김명필 사건(1902) _ 248
　　2) 양시중 사건(1902) _ 252

제7장 일본인이 본 민란

1. 민란 이전 제주도 인식 _ 259
2. 민란에 대한 사실 인식 _ 262
　1) 민란의 원인 _ 262
　2) 민란의 진전 과정 _ 266
　3) 민군의 동정 _ 269
　4) 프랑스 군함의 출동 _ 271
3. 민란 당시 일본 거류민 대책 _ 275
　1) 일본 군함의 파견과 어민 보호 _ 275
　2) '무기제공설'의 부인 _ 278
4. 민란 이후 제주도 인식 _ 282
〈자료 3〉『駐韓日本公使館記錄』_ 288

제8장 민란의 역사적 기억

1. 당시 민중들의 의식 _ 325
2. 기억의 전승 _ 327
3. 기억의 대립과 화합 _ 333

● 찾아보기 _ 343

표 차례

〈표 3-1〉 정의군 교민들의 사회적 지위 _ 077
〈표 3-2〉 조선시대 제주지역의 각종 제사 _ 089
〈표 3-3〉 정의군 교폐의 유형 _ 116
〈표 3-4〉 정의군 관내 지역별 교폐 발생 건수 _ 116
〈표 3-5〉 대정군 교폐의 유형 _ 117
〈표 3-6〉 대정군 관내 지역별 교폐 발생 건수 _ 117
〈표 4-1〉 민란의 전개 과정(상이한 자료 비교) _ 164
〈표 4-2〉 민란의 전개 과정(개요) _ 170
〈표 4-3〉「물고성책」에 누락된 피살 교민 명단 _ 187
〈표 4-4〉 지역별 교민 물고자 수 _ 188
〈표 4-5〉 지역별 평민 물고자 수 _ 189
〈표 4-6〉 정의군 관내 지역별 교민 수(1900~1901) _ 190
〈표 4-7〉 대정군 관내 지역별 교민 수(1900~1901) _ 191
〈표 5-1〉 대정군 지역의 민란주도세력 _ 196
〈표 5-2〉 제주군·정의군 지역의 민란주도세력 _ 209
〈표 5-3〉 濟州三郡 漁基·漁網稅 _ 211
〈표 6-1〉 제주도 지역별 교민 수(1899~1910) _ 238
〈표 6-2〉 1910년 당시 교세 현황표 _ 241
〈표 6-3〉 하논본당 관할 정의군 관내 지역별 교민 수(1900~1901. 4.) _ 243
〈표 6-4〉 하논본당 관할 대정군 관내 지역별 교민 수(1900~1901. 4.) _ 243
〈표 6-5〉 하논(홍로)본당 관할 지역별 교민 수(1901. 11~1910.) _ 243
〈표 6-6〉 제주본당 관할 제주군 관내 지역별 교민 수(1909~1910) _ 243
〈표 6-7〉 연령별 신자 수 _ 246

제1장

머리글: 민란을 보는 인식과 관련 자료

제1장
머리글:
민란을 보는 인식과 관련 자료

1. 민란을 보는 또 다른 인식

    19세기 말 20세기 초 전교의 자유를 인정받은 천주교회는 향촌사회를 대상으로 선교하는 과정에서 관청, 토착지배층 또는 일반민들과 문화적·사회경제적 갈등을 겪었다. 사안에 따라서는 상호 물리적 충돌로 이어져서 외교적인 문제로 발전하게 되었는데, 정부와 언론은 이를 敎案이라고 통칭하였다.[1] 필자는 전국 각 지역에서 발생한 교안의 사례들을 검토한 바 있다.[2] 특히 각 지역에서 빈발한 교안 가운데 제주도에서 발발한 민란은 수백 명의 사상자가 발생하였을 뿐만 아니라 진압을 위해 대

---

[1] 李元淳,「朝鮮末期社會의 對西敎問題 硏究-敎案을 中心으로-」,『歷史敎育』15, 1973; 박찬식,『한국 근대 천주교회와 향촌사회』, 한국교회사연구소, 2007; 장동하,『개항기 한국 사회와 천주교회』, 2005.
[2] 박찬식, 위의 책.

한제국 정부군이 동원되고 프랑스와 일본의 군함이 출동함으로써 국제적인 이목이 집중된 최대 규모의 대표적인 사건이다. 자연스럽게 필자는 1901년 제주민란에 대해서 특별한 관심을 가지고 후속 연구를 진행하여 보았다.

지금까지 1901년 제주민란에 대한 연구는 상당히 진전되어 왔다. 이미 1950~60년대에 유홍렬·김태능·박광성의 대표적 연구가 이루어짐으로써 그 대체적 윤곽은 드러났다고 할 수 있다.3) 그러나 이들 연구는 관련 자료의 방대함에도 불구하고 기초적인 주요 자료의 검토에 머물러 버림으로써 사건에 대한 풍부한 지식을 알려 주기에는 한계를 갖고 있는 것이었다. 1980년대 이후 많은 자료의 활용과 심층적인 분석을 가한 본격적인 연구가 이루어졌는데,4) 김옥희·강창일·김양식의 연구가 주목된다.

우선 김옥희는 교회 측의 사건조사 문서 및 보고서 등 새로운 자료를 발굴하여 사건의 진상에 접근하였다. 김옥희는 이 사건이 최초에 일어난 원인을 대정군수 채구석이 주도한 商務社와 교민들과의 감정적 대립으로 보았다. 또한 당시 제주도 근해에서 밀어업을 행하던 일본 어채인에 주목하여 이들이 제주도의 지방토착관리를 뒤에서 조종 원조하였으며

---

3) 柳洪烈, 「濟州島에 있어서의 天主敎迫害 -1901년의 敎難-」, 『李丙燾博士華甲記念論叢』, 1956; 『高宗治下 西學受難의 硏究』, 乙酉文化社, 1962; 金泰能, 「聖敎亂」, 『濟州新聞』 1962. 10.(『濟州島史論攷』, 世起文化社, 1982); 朴廣成, 「1901年 濟州島民亂의 原因에 대하여 -辛丑 天主敎 迫害事件-」, 『仁川敎大論文集』 2, 1967.
4) 金玉姬, 『濟州島辛丑年敎難史』, 太和出版社, 1980; 鄭鎭珏, 「1901年 濟州民亂에 관한 一考 -所謂 辛丑敎難의 發生 原因을 中心으로-」, 『韓國學論集』 3, 1983; 姜昌一, 「1901年의 濟州島民 抗爭에 대하여」, 『濟州島史硏究』 1, 1991; 이기석, 「1901년 제주민란의 성격과 구조」, 『종교·인간·사회』, 1988; 金洋植, 「1901年 濟州民亂의 再檢討」, 『濟州島硏究』 6, 1989.

무기를 공급하는 등의 역할을 담당하였음을 지적하였다. 그러나 그의 연구는 새로이 발굴된 교회 측 자료에 지나치게 의존한 나머지 당시 선교사를 비롯한 교회세력의 입장을 강하게 반영하는 호교론적인 방향으로 편중되었다고 보인다. 따라서 그의 연구는 대한제국기의 역사적 성격, 제국주의와 천주교와의 관련성, 그리고 제주도라는 특수한 환경 및 사회경제적 구조가 진지하게 고찰됨이 없이, 단지 피해자라는 결과만을 가지고 성격을 규정하였다는 평가를 받았다.

강창일은 민중사적 시각에 입각하여 다른 연구에 비해서 다양한 자료를 동원하여 깊이 있는 분석을 하였다. 특히 그는 대한제국 정부 측과 민란참여세력 측의 입장이 반영된 새로운 자료를 근거로 삼았다. 나아가 그는 한말 천주교의 성격을 분석함으로써, 당시 천주교 포교 과정에서 빚어졌던 민란의 발생 원인을 객관적으로 이해할 수 있게 되었다. 또한 제주도의 사회경제구조에 대한 분석을 함으로써 제주도의 민중운동이 타 지역과는 다른 특성을 부각시켰다. 그의 연구에서는 특히 민란의 시점에서 대정 상무회사의 역할에 주목하였다. 그러나 민란의 전개 과정에서는 천주교에 대항하는 자위민단적 조직으로서 향임층이 중심이 된 상무사의 반천주교 운동이 점차 농민에게 확산되어 반봉건농민운동과 결합되면서 투쟁 대상이 천주교 및 봉세관으로 일원화되었고 참가자 역시 농민·어민·상인·향리층·향임층 등 초계층적으로 확산되었다고 보았다. 이 민란을 반봉건·반제국주의 변혁운동으로 평가한 대표적인 연구물이라고 할 수 있다.

김양식은 특정자료에 대한 편향된 해석, 분석 내용의 오류를 지적하고, 봉기의 발단이나 제주도민이 천주교민과 극한투쟁을 전개한 원인 내지

투쟁 과정, 조직 및 지도부 문제, 또는 일본인 관련 여부 등에 대한 재검토를 하였다. 그의 연구는 강창일의 논지를 크게 벗어나는 것은 아니었으나, 민란 주도 인물들과 직접 관련된 자료(『駐韓日本公使館記錄』, 일본 순사의 현지조사보고서)를 새로이 보강함으로써, 도민의 입장에 더욱 가까이 접근할 수 있었다. 특히 기존연구에서 민란이 발발하게 된 계기를 5월 6일 천주교민과 상무사원 간의 충돌 사건에 있는 것으로 보아왔으나, 오히려 그 계기는 5월 5, 6일경 大靜郡民의 民會였던 것으로 파악하였다. 그리고 이 민회의 성격은 봉건적인 수탈적 조세수취구조의 변혁에 1차적인 주안점을 둔 반봉건운동이었고 천주교 문제는 부차적인 것으로 이해하였다. 이러한 그의 견해는 이 사건의 성격을 시종일관 반천주교적인 것으로 이해하였던 기존의 몇몇 견해와는 입장을 달리한다고 할 수 있다.

필자는 나름대로 기존 연구의 문제점으로 지적되어 온 호교론과 반제 민중항쟁의 상반되는 단순구도를 여러 각도에서 분석하여 사건의 다양한 면과 본질적인 성격을 다 함께 구명해 보고자 하였다. 특히 한국근대사에서 외면되어 왔던 외적 변수에 의한 향촌사회의 변동의 역사를 주목하고자 하였다. 한국근대사 연구에서 향촌사회사에 대한 관심이 적었던 까닭은, 근대 이후 향촌사회의 변동에서 내재적 요인 외에 외래적 요소의 파급이 중요한 점을 애써 외면하였기 때문으로 보았다. 때문에 아직껏 경제적인 면(개항장 중심, 광산·철도 등 이권 중심), 군사적인 면, 민중운동사적인 면에만 치중되어 연구가 이루어져 왔다. 그러나 이 시기 외래문화는 서양 종교와 근대 교육을 통하여 향촌사회에까지 보편적인 영향을 미치고 있었다. 따라서 이 시기 사회상을 문화·종교적인 면에서 검토하는 것은 매우 절실한 과제라고 본다.

필자는 이 구도를 극복하기 위해 민란에 참여하거나 천주교를 수용했던 계층의 사회경제적 지위, 제주 지역사회 내부 구성원 간의 갈등과 공존의 실상, 천주교 포교에 따른 문화적 갈등과 수용, 외국인의 눈에 비친 민란, 역사적 기억의 전승과 대립 등 연구 주제의 범위를 넓히고자 시도하였다. 본서는 그러한 노력의 결과물이라고 할 수 있다.

이러한 연구 과정에서 필자의 가장 큰 관심 대상은 제주도의 토착문화와 천주교라는 외래종교와의 만남이 갖는 의미였다. 종교와 문화는 인간의 사회생활과 불가분의 관계에 있는 요소인데, 제주민란을 너무 정치·경제적으로만 이해하려 했던 기존 연구의 문제점을 충분히 인식하고 있던 터였다. 그런 가운데 1997년 이래 제주 천주교 100년사 편찬 과정에서 많은 자료집이 출간됨으로써, 자료의 빈약함을 극복할 수 있게 되었다. 그 결과물을 본서 제3장에 수록하였다.

제3장에서는 19세기 말 제주 지역의 천주교 교세 확대 과정 및 천주교민의 사회적 성격 등이 거의 다루어지지 않은 점에 주목했다. 제주 지역의 천주교회에는 향리층, 유배지식인들과 더불어 다수의 화전민을 비롯한 빈농층이 관리들의 수탈을 피해 입교하였다. 사회세력화된 천주교회는 향촌사회의 주도권을 가지고 있던 지방관과 향임층을 위협함으로써 향촌사회의 관과 토착세력들로부터 강력하게 배척당했다. 교민과 기층민 사이에도 경작권·징세를 둘러싼 대립, 종교문화적 충돌이 빈발하여 대립 전선이 성립되었다. 제주민란의 이면에는 기존의 鄕權과 기층민의 생업과 문화를 위협하는 외래 천주교회에 대한 도민들의 사회경제적·문화적·종교적 반감이 작용한 사실에 주목하였다. 즉, 외래 종교의 유입에 따른 향촌사회 내부의 상호 갈등·대립이 빚어놓은 사건으로 본 것이다.

특히 '교폐'의 문화사적 의미에 주목하였다. 교폐에 관한 기록에는 단순히 민란의 원인이 되는 내용만이 아니라 당시 양측이 지역사회와 문화를 바라보는 시대상이 담겨 있다. 새로운 사회세력의 대두에 대한 지역의 거부 정서, 외부 문화집단의 입장에서 본 지역의 사회문화상 등이 교폐 내용에 적시되어 있기 때문이다. 즉, 1901년 제주민란에서 교폐 문제를 집중적으로 다룬다는 것은 민란의 대중적 확산 원인을 이해하는 데서 그치지 않고, 제주 지역의 사회와 문화를 이해하는 중요한 단서가 될 수 있다고 본다.

본서의 제4장에서는 민란의 전개과정과 결과를 정리하였다. 전개과정에 대해서는 날짜별로 기본 사실을 적기하되, 교회 측과 비교회 측 자료를 상호 대조하며 입장 차이를 비교 검토하는 데 유의하였다. 이 민란의 특징은 결과적으로 다수의 교민 사망자가 발생했다는 점인데, 최근 사망자 317명의 명단이 기록된 「三郡平民教民物故成册」이 발견되어 기왕에 밝혀지지 않았던 지역별 사망자의 명단이 확인되었다. 이를 통해 당시 피해 실태를 구체적으로 파악할 수 있을 뿐만 아니라 교폐와 연관된 사람들의 실상을 추적하는 데 중요한 자료로 활용할 수 있을 것이다.

제5장에서는 민란을 지도한 이재수·오대현·강우백 등 주역들과 참여한 사람들에 대해 정리하였다. 교회 측 자료와 평리원 최종 판결선고서 등에 나와 있는 민란 지도자 및 참여자의 신상과 활동 내용을 통해 민란의 주체에 대해 접근해 보고자 한다. 특히 민란 지도자 및 참여자들의 거주 지역에 주목함으로써 지역의 사회경제적 특성과 민란과의 연관성을 살피는 데 유념하였다.

또한 민란 직후 제주지역 천주교회의 동향을 향촌사회와의 관계 속에서 살펴보고자 한다. 이미 유홍렬·김옥희 등이 민란의 처리 과정에 대해서 연구한 결과가 있으나, 주로 외교문서인 『法案』에 근거한 기초적인 연구였다. 필자는 교회 측의 새로운 자료(「뮈텔문서」·『뮈텔 주교 일기』 등)와 제주 남부지역 교회의 세례대장을 입수하여 민란 직후 신자 구성 실태를 분석하여 교회의 변화를 이해하여 보고자 하였다.(본서 제6장)

한편 제주민란에 대해서는 내부에 머물지 말고 밖에서 본 시선으로써 연구할 필요가 있다고 본다. 민란이 국제적인 사건으로 진전되었던 만큼 제주도를 둘러싼 프랑스, 일본 또는 미국 등 열강들의 입장에 주목해야 할 것이다. 또한 이들 외세에 대한 제주지역민의 입장이 어떠했는지에 대한 고찰도 이루어져야 할 것이다. 이런 측면이 구명된다면 제주민란에 대한 더욱 입체적인 분석이 가능해질 것으로 기대된다. 본서 제7장에서는 이러한 문제 인식 아래 일본 또는 일본인의 민란을 바라보는 시선에 주목하였다. 1901년 민란 당시 제주도 해안에는 일본 어민들이 거류하며 지역민들과 교류하고 있었고, 민란 전개 과정에서 일본 외교당국이 군함을 출동시키고 조사원을 파견하는 등 민감하게 반응하고 있었기 때문이다. 일본인들은 외교 채널을 통한 보고서 등 상당한 양의 문서 기록을 남겼고, 일본 언론 또한 제주 사건에 대해 연일 보도하는 등 상당한 관심을 기울였다.

1901년 제주민란에 대한 역사적 기억은 100년의 시간이 갖는 무게만큼이나 유유히 장기적으로 지속되어 왔다. 사건을 직접 경험하거나 전해 들은 사람들 모두 그들의 기억을 공유했고 후세대에 전승시켰다. 20여 년이 지난 뒤 김석익·김형식 등 몇몇 지식인에 의해 기억은 비로소 기록으로 적히기도 하였다. 그 뒤 한동안 수면 밑에 가라앉았던 기억은 1960년대

三義士碑 건립으로 시작해 김태능의 글, 천주교 측의 책, 현기영의 소설, 오성찬의 항의문, 1997년 삼의사비 재건립으로 이어지면서 오늘에 이르고 있다. 2001년 100주년을 맞이해서 항쟁기념사업회가 조직되고 천주교회 측에서는 문화적 충돌과 화해의 모색을 위한 움직임이 있었다. 결국 양측은 2003년 화해와 기념을 위한 미래선언을 공동으로 발표하기에 이르렀다. 본서 제8장은 민란에 대한 기억의 되새김과 드러냄을 통한 화합의 방향을 모색하는 밑거름이 되었으면 하는 바람으로 서술하였다.

지금까지 한국 민중운동사 연구는 19세기 한국사의 발전 방향을 증명하기 위하여 민족의식의 발현, 사회·경제의 발전, 계급 갈등의 출현, 혁명적 사회세력의 형성을 규명하는 데 치중해 왔다. 계급투쟁론에 입각한 연구들은 하층민들에게 관심을 집중시키고 있으나, 기록을 통해서 볼 때 하층민들이 민란의 지도자가 되지 못했을 뿐만 아니라 자발적 참여자로 드러나는 경우도 거의 없었다.

오히려 상당수 민란의 근본적 에너지가 된 것은 지역에 대한 사회적·정치적 차별이었으며, 그것 때문에 지역 엘리트들이 민란에 참여하게 되었고, 다양한 신분의 인물들을 단일한 구호 아래 불러 모을 이념적 정당성이 되었다. 경제계급이나 사회신분보다 지역공동체 의식이야말로 지도부와 일반 참여자를 가릴 것 없이 집단적 정체성을 이루는 요소라고 할 수 있다. 민란의 심연에 존재하는 자치적 의식, 외부세력에 대한 저항의식이 때로는 화산과 같이 표출될 수 있기 때문에 결코 무시할 수 없다.

이는 민중운동사 연구에 문화사적 시각과 해석, 감성체계의 도입을 통한 새로운 해석이 필요함을 지적하는 비판의 소리라고 할 수 있다. 프랑스혁명을 복합혁명으로 파악했던 조르주 르페브르는 농민의 실천을 자율적인 것으로 파악하면서 민중을 고유한 문화를 가진 자율적 존재로 복권시켜 놓았다. 지금까지 민중을 투쟁의 주체로만 내세웠던 민중운동사 연구는 앞으로 기층민중을 자율적 존재로 보는 관점에 의거할 때 비로소 민중의 일상성과 감성에 접근할 수 있을 것이다. 최근 '홍경래란'에 대한 문화사적 해석을 시도한 구미 학자들의 연구 결과나 일본의 조경달 교수가 한국 근대 민중운동을 해석하는 관점에 주목할 필요가 있다.5)

조경달은 대한제국 시기에「士」의식의 확산이라는 문제의식을 가지고 1901년 제주민란에 접근하면서 최고지도자 이재수가 관노 출신이라는데 주목했다. 관노 출신이「都元帥」칭호를 썼다든지 최고 장두가 되었던 것은 1894년 동학농민전쟁 때까지는 가능하지 않았던 일이다. 이 민란에서는 그 자신이 士 의식을 가지고 난을 지도했다는 것이 확인된다. 당시 이재수는 안경을 끼고 있었는데, 안경은 선비의 상징적인 장식품이라는 것이다. 이재수는 최후 진술에서「臣民」의식을 나타내고, "내가 죽인 것은「역적」이다."라고 하여 황제의 뜻을 받든 정의의 민군으로 자신을 주관화하고 있다. 곧, 민군은 民本과 勤皇을 내세운 대한제국의 충실한 선비요 신민이라는 것이다. 결국 이 민란에서 근대 민족주의를 찾는다는 것은 한계가 있으며, 그보다는 민중에까지 士 의식이 확산되었다는 점을 주목하였다.6)

---

5) Sun Joo Kim, 『Marginalty and Subversion in Korea: The Hong Kyongnae Rebellion of 1812』, The University of Washington Press, 2007; 趙景達,「大韓帝國期の民亂」,『朝鮮民衆運動の展開-士の論理と救濟思想』, 岩波書店, 2002(『민중과 유토피아-한국근대민중운동사』, 역사비평사, 2009, 번역서); 조경달,『이단의 민중반란』, 역사비평사, 2008.
6) 위의 趙景達,「大韓帝國期の民亂」.

김은석도 1901년 제주민란을 반제국, 반침략적 민중항쟁으로 단선적으로 파악하는 입장에 반대했다. 당시 민군 측이 일본인과 연결된 사실이 국제정세에 어두운 탓으로 돌릴 수 있음을 어느 정도 인정하면서도 당시 민군의 의식은 민족주의적이기보다는 일차적으로 자신의 향촌을 수호함에 있어서 일본인을 필요 내지는 전략의 대상으로 간주했다고 보았다. 즉, 제주민중의 입장에서 사건을 바라보자는 것이다. 제주민중에게 조선 봉건왕조의 관리나 일본세력, 또는 천주교 모두는 그들의 인식 차원에서 볼 때 향촌질서에 대한 부당한 간섭자에 지나지 않았을 것으로 보는 것이다.[7]

앞으로 1901년 제주민란과 같은 민중 저항사를 읽어나감에 있어 지역의 종교와 문화, 지역공동체의 문화와 정서에 주목해서 아래로부터의 지역문화사, 민중사를 새롭게 재구성해할 필요가 있다. 지역과 중앙, 지역과 지역, 지역 내 주민 간 문화적 상호 관계를 읽어내는 것이 중요하다고 생각한다. 민란에 영향을 미친 지역의 문화적 감성체계를 역사자료를 통해 추출하고 해석해내는 작업에 관심을 두었으면 한다.

2. 민란 관련 주요 사료

본서를 집필하는 데 활용된 관련 자료는 무수히 많으나 크게 분류해 보면, 교회 측 자료와 정부의 공식문서(보고서, 판결선고서 등), 외국 자료, 개인 기록 등으로 나누어진다. 인용된 주요 자료에 대해서 간단한 해제를

---

7) 김은석, 「역사학의 새로운 동향과 향토사」, 『제주도연구』 16, 1999.

해둠으로써 본서를 읽어나가는 데 도움이 되었으면 한다.

1) 교회 측 자료

제주민란에 관련된 교회 측 자료들은 뮈텔 주교가 별도로 보관하였던 것으로서, 뒤에 한국교회사연구소가 「뮈텔문서」로 분류 정리할 때 일련번호 앞에 '제주'를 명기하여 놓았다. 여기에는 사건을 전후하여 뮈텔 주교가 수집한 교회·민·관 측의 자료들이 망라되어 있다. 이 자료를 통하여 제주민란을 바라보는 교회 측의 입장뿐만 아니라 민·관측의 입장도 상당 부분 엿볼 수 있다.

교회 측 자료는 천주교 제주교구가 선교 100주년을 준비하는 과정에서 한국교회사연구소에 소장되어 있는 자료들을 세 권의 자료집으로 엮어서 출간하였다. 발간된 자료집은 아래와 같다.

① 천주교 제주교구, 『신축교안과 제주 천주교회』(제주 복음 전래 100년사 자료집 제2집), 1997.
② 천주교 제주교구, 『초기 본당과 성직자들의 서한(1)-라크루 신부 편-』(제주 복음 전래 100년사 자료집 제3집), 1997.
③ 천주교 제주교구, 『초기 본당과 성직자들의 서한(2)-페네·김원영·무세·타케·김양홍·이경만·주재용·이필경 신부 편-』(제주 복음 전래 100년사 자료집 제4집), 1997.

여기에는 제주민란을 전후하여 뮈텔 주교가 수집하여 놓은 제주민란과 관련된 미공개 자료들이 상당수 들어 있다. 김옥희와 필자가 이들 자료 가운데 일부를 인용하기도 하였지만, 대부분은 검토되지 못하였던 것들이다. 본서에서는 주로 지금까지 인용되지 않았던 자료들을 바탕으로 제주민란을 검토하고자 노력하였다. 이 자료를 통하여 제주민란을 바라보는 시각이 더욱 넓어지고 다양하여질 수 있다면 다행이겠다.

〈국한문 자료〉

번호	자료명	뮈텔문서 번호	날짜(양)	내용 개요
1	서한	제주-158	1901. 5. 14.	제주목사 이상규 수소문 보고
2	納考記	제주-100	1900. 12. 18.	오신락의 죽음에 대한 증인들의 납고기
3	서한	제주-154	1901. 5.	난민 진압과 선교사 보호 요청
4	전보	제주-157		채구석의 상무사 설립 보고
5	서한	제주-102	미상	제주군수 김창수, 정의군수에 대하여 오신락의 죽음에 대한 처리 지시
6	濟州牧使署理 濟州郡守金昌洙報告	제주-159		오신락 사건의 원인 보고
7	等狀草	제주-140	1900. 8.	제주민들이 교폐 시정을 호소
8	傳令草	제주-1	1900. 8.	위 등장에 대한 관의 전령
9	旌義郡敎弊査實成冊	제주-155	1901.	민란 진압 후 察理使 黃耆淵이 조사한 정의군 교당의 교폐
10	旌義郡敎弊下白大槩	제주-149	1901.	위 성책에 대한 교회 측의 반박
11	照會內部	제주-141	1901. 5.	상무사의 폐단 조사 보고
12	서한	제주-15	1901. 5. 7.	상무사원의 교민 폭행 보고
13	서한	제주-103	1901. 5. 9.	제주목사 김창수의 교민 治罪 상황을 주교에게 보고

번호	자료명	뮈텔문서 번호	날짜(양)	내용 개요
14	서한	제주-16	1901. 5. 10.	상무사원의 교민 폭행 보고
15	서한	제주-101	1901. 5. 14.	제주사건 소식 전달
16	事實	제주-27	1901. 5. 14.	민란의 발발 보고
17	서한	제주-138	1901. 5.	민란의 발발 보고
18	서한	제주-150	1901. 5.	사건의 전말 보고
19	서한	제주-137	1901. 5.	대정군수 채구석과 제주군수 김창수의 면관 요구
20	告目	제주-136	1901. 5.(음)	목포로 피난 온 교민들의 보고
21	通文	제주-139	1901. 6. 1.	사건 진압 후 민군 측에서 교민 처단을 호소
22	掛書	제주-133	1901. 6.	신임목사 이재호의 탐학 시정 요구
23	濟州事實	제주-132	1901.	제주민란 후 지방관리들의 교회 탄압 보고
24	서한	제주-135	1901.	유배인 이용호의 사건 전말 보고
25	격문	제주-153	1901.	지방관과 찰리사 등에 대한 교회 측의 비판
26	濟州大靜郡私立商務社首魁及三郡各里亂民狀頭姓名幷列目錄	제주-134(2)	1901.	교회 측에서 작성한 민군의 주모자 명단
27	명단	제주-146	1901.	교회 측에서 작성한 민군의 주모자 명단
28	濟州大靜郡私立商務社首魁及三郡各里亂民狀頭姓名錄	제주-147	1901.	교회 측에서 작성한 민군의 주모자 명단
29	殺人者姓名居住列錄	제주-134(1)	1901.	교민살해자의 성명과 거주지
30	前濟州牧李庠珪勒奪敎民等錢知數	제주-156	1901.	제주목사 이상규가 교민들로터 빼앗은 돈의 내역
31	具敎士所失及消費	제주-130	1901.	라크루 신부가 잃거나 소모한 돈

번호	자료명	뮈텔문서 번호	날짜(양)	내용 개요
32	文敎士所失物目	제주-131	1901.	무세 신부가 잃어버린 물건
33	濟州牧大靜郡各里亂民作弊畧抄	제주-69	1901. 8.	대정군 각 마을 주민들이 일으킨 폐단
34	濟州三郡家舍汁物燒燼成册	제주-70	1901. 8.	제주 3군에서 소실된 가옥 및 집물 일람
35	쥬교임젼 고목	제주-109	1901. 8. 19.	교민 이마리아가 주교에게 신부의 귀환을 요구
36	서한	제주-67	1901. 8.	평리원 검사가 주교에게 재판과정을 보고
37	單子	제주-144	1901. 8. 9.	교민 김옥돌이 민란의 과정에서 겪었던 상황을 보고
38	서한	제주-72	1901. 9.	평리원 검사가 주교에게 재판과정을 보고
39	서한	제주-107	1902. 1. 5.	유배인 이용호 · 이범주가 채구석 군수에 대하여 변호
40	서한	제주-76	1902. 2.(음)	교민 강인봉이 채구석 군수의 실형 선고를 주장
41	서한	제주-106	1902. 4. 5.	교민 최요한이 사후 처리 과정을 보고
42	서한	제주-151	1902. 5. 16.	교민 최요한이 사후 처리 과정을 보고
43	서한	제주-99	1902. 12. 5.	유배인 이용호 · 이범주의 실정 보고
44	招辭	제주-75	1901. 6. 20.	민군 백학탄의 초사
45	敎民和議約定	제주-143	1901. 7. 2.	찰리사 황기연과 제주목사, 3군수가 라크루 신부와 맺은 화의조약
46	서한	제주-68	1901. 9. 18.	제주목사 이재호가 화의조약 체결 이후의 상황을 보고
47	第一次, 二次, 三次 札謄草	제주-142	1901. 12.	교민살해자의 성명과 거주지
48	서한	제주-85	1902. 10. 18.	채구석이 뮈텔 주교에게 보낸 탄원서
49	呈單	제주-86	1903. 1. 17.	민군 지도자들의 재판 비용 협조 요청
50	청원	제주-89	1903. 1. 21.	민군 지도자들의 재판 비용 협조 요청
51	指令 第四號	제주-96	1903. 9. 14.	황사평 장지 문제

〈선교사 서한문 및 불어·라틴어 자료〉

선교사	번호	뮈텔문서 번호	날짜	내용 개요
김원영	1	제주-6	1900. 9. 6.	김 신부를 무함한 사람에게 신부가 매질
	2	제주-9	1900. 10. 12.	김 신부가 교민들에 대한 수탈에 저항, 관과 대립
	3	1901-59	1901. 5. 28.	김 신부가 목포에 있으면서 제주민란의 소식을 전해 들음
	4	1901-68	1901. 6. 9.	김 신부가 목포에 있으면서 제주민란의 소식을 전해 들음
	5	1901-75	1901. 6. 12.	김 신부가 목포에 있으면서 제주로부터 피신한 교민들로부터 제주민란의 소식을 전해 들음
무세	6	제주-118	1901.	제주민란의 전개과정과 결말
	7	제주-51	1901. 6. 11.	제주민란의 결말 - 진압 과정 -
	8	제주-56	1901. 6. 18.	제주민란의 결말 - 진압 과정 -
라크루	9	제주-7	1900. 10. 1.	김 신부와 주민들과의 갈등
	10	제주-12	1901. 3. 5.	오신락 사건
	11	제주-13	1901. 3. 13.	오신락 사건
	12	제주-14	1901. 3. 13.	오신락 사건
	13	제주-114	1901. 5. 8.	목포에서 제주민란의 발생 소식을 들음
	14	제주-17	1901. 5. 9.	제주민란의 원인 - 상무사와의 대립 -
	15	제주-30	1901. 5. 20.	포위 상황, 구원 요청
	16	제주-121	1901. 6. 11.	제주민란의 전개 과정, 결말
	17	제주-117	1901. 6. 11.	제주민란의 원인
	18	제주-128	1901. 6. 11.	제주 학살의 재발을 막을 수 있는 진압 방법
	19	제주-164	1901. 6. 4.	제주민란의 결말
	20	제주-55	1901. 6. 18.	제주민란 직후 상황
	21	제주-59	1901. 6. 20.	제주민란 직후 처리에 대한 라크루 신부의 입장
	22	제주-165	1901. 9. 28.	제주민란 직후 처리에 대한 라크루 신부의 입장
	23	1901-149	1901. 12. 17.	제주민란 당시 피살된 교민들의 자녀 양육 문제
	24	1902-64	1902. 2. 19.	민란 후 제주 관리들과의 관계
	25	1902-50	1902. 3. 24.	민란 후 제주 관리들과의 관계
	26	제주-83	1902. 6. 28.	보상금 문제
	27	제주-83	1902. 6. 30.	보상금 문제
	28	제주-66	1902. 7. 26.	민군 주도자 재판 처리 문제

선교사	번호	뮈텔문서 번호	날짜	내용 개요
라크루	29	제주-89	1903. 1. 12.	매장지 문제
	30	제주-91	1903. 6. 11.	채구석의 처리 문제
	31	1904-12	1904. 1. 20.	보상금 문제
	32	1904-6	1904. 6. 7.	매장지, 보상금 문제
	33	1904-35	1904. 8. 30.	매장지, 보상금 문제
	34		1901. 5. 13.	민란의 발발을 알리는 전문
	35	제주-31	1901. 5. 20.	제주도 신부 원조 요청
	36	제주-34	1901. 5. 23.	제주도 신부 원조 방안 모색, 김원영 신부 동향
	37	제주-36	1901. 5. 24.	제주도 신부 원조 방안 모색, 김원영 신부 동향
드예	38	제주-35	1901. 5. 28.	긴급 원조 요청 전문
	39	제주-37	1901. 5. 28.	제주에서 온 장윤선 등이 갖고 온 신부들의 서한을 통해서 본 민란의 전개 상황
	40	제주-41	1901. 5. 29.	제주에서 온 장윤선 등이 갖고 온 신부들의 서한을 통해서 본 민란의 전개 상황
	41	제주-52	1901. 6. 12.	민란 직후 상황, 43명의 교민 목포로 피신
	42	제주-54	1901. 6. 16.	43명의 피신 교민의 동정
	43	제주-58	1901. 6. 19.	새로이 목포로 피신한 교민들로부터 입수한 민란 직후 제주도의 상황
뮈텔주교	44	제주-116	1901. 5. 26.	민란의 원인과 전개과정(오신락 사건)
	45	제주-116	1901. 6. 13.	파리본부 참사회의에 보낸 제주민란 보고문
	46	제주-61	1901. 6. 18.	유배인 교민의 移配
	47	제주-124	1901.	제주민란에 대한 메모
	48	제주-127	1901.	상무사에 관한 자료
	49	제주-127	1901.	분실된 교회 측 물건과 목포 피신 교민들에 대한 원조금 내역
	50	1902-61	1902. 4. 23.	제주의 검사 시보가 제주도의 신부들을 대상으로 제기한 고소에 대한 주교의 답변
	51	1902-134	1902. 8. 30.	매장지 문제
	52	1904-34	1904. 2. 20.	보상금 문제
	53	1913-57	1913. 5. 28.	매장지 문제
기타	54	제주-65	1901. 10. 8.	서울 평리원 법정에서의 민란주도자 재판기 (1901. 7. 31.~8. 14.)
	55	제주-65	1901. 10. 8.	서울 평리원 법정에서의 민란주도자 재판기 (1901. 10. 5,7,8.)

2) 정부 공문서

(1) 민군지도부 평리원 판결선고서

1901년 7월 12일 민란 관계자 및 증인을 모두 서울로 압송하고 찰리사도 상경하라는 왕명이 내렸다. 이에 법부에서는 7월 13일 20명가량의 순검 등을 제주로 파견하여, 이재수 등 민란 주동자, 채구석·강봉헌 등 관리와 교민 일부를 창룡호에 태워 서울로 호송하였다. 이들에 대한 재판은 같은 해 7월 27일부터 평리원에서 치러졌다. 같은 해 10월 9일 이재수·오대현·강우백 등 3인의 민군 대장을 비롯하여 민군 측 관련자에 대한 최종 판결이 내려졌다. 이재수 등 3인은 교수형에, 김남혁·조사성은 15년형, 고영수·이원방은 10년형에 처해졌다. 교수형의 집행은 곧바로 다음날(10월 10일) 이루어졌던 것으로 보인다.

이 자료는 바로 1901년 10월 9일 민군 지도부에 대한 평리원의 최종 판결선고서이다. 원래 정부기록보존소에 소장되어 있는 것을 1995년 영인·간행한 『國權恢復運動判決文集』에 수록해 놓았다. 이 판결문은 민란 주도자들에 대한 평리원의 최종 판결선고서 원본으로서의 사료적 가치가 있다. 지금까지는 吳大鉉·李在守·姜遇伯의 판결 내용이 『舊韓國官報』(1901년 10월 18일자)에 수록된 것을 참고하였다. 그러나 이 판결문에는 이들 외에도 金南赫·趙士成·高永守·李元方·高三伯·姜伯伊·馬贊三 등의 관련 내용이 들어 있어서 사건의 내용을 좀 더 구체적으로 이해할 수 있다. 그리고 민란 주도자들에 대한 신상명세가 뚜렷하게 적혀 있어서 이들의 거주지, 나이, 직업 등을 소상히 파악할 수 있다.

또한 이 사건의 발단과 관련하여 종래 주목되었던 조직은 蔡龜錫 등이 주도하였던 '大靜商務社'였다. 그런데 이번에 발굴된 姜伯伊와 馬贊三의 판결문에는 '大靜商務社'에 이들이 관여한 내용이 간단히 정리되어 있다. 이외에도 강우백이 산포수를 모집한 경위, 각 리 동임들이 동원된 경위, 민군의 입성 후 천주교 신자들을 색출한 내용 등이 부분적으로 소개되어 있다.

다만 이 자료는 대한제국 정부의 입장이 반영된 판결문이므로, 사료를 취급할 때 주의를 기울이지 않으면 안 될 것이다. 즉, 민란을 바라보는 정부 측의 시각이 들어가 있다는 점을 유념해야 할 것이다. 그러므로 기타 다른 자료(金允植의 『續陰晴史』 및 교회 측 자료)와의 비교 검토 작업이 반드시 수행되어야 할 것이다.

(2) 蔡龜錫 평리원 판결선고서

채구석은 1901년 7월 13일 이재수 등 민란 주동자, 강봉헌, 교민 일부와 함께 서울로 호송되었다. 대정군수 채구석의 처리 문제는 대한제국 정부와 교회 사이에 매우 민감한 사안으로 부각되었다. 정부는 당시 뮈텔 주교에게 채구석의 석방에 협조해 달라는 외교적 노력을 기울였다. 채구석 자신도 뮈텔 주교에게 직접 서한을 띄워 자신의 무죄를 호소하고 석방을 청원하였다. 또한 제주도민들의 석방 청원 호소도 이루어졌다.

이러한 탄원 분위기를 파악한 제주본당의 라크루 신부는 재판 과정에서 사면되기 전에 주교 재량으로 용서할 수도 있다는 가능성을 주교에게 전하였다. 1903년 새로이 제주목사로 부임한 홍종우도 채구석의 석방을 라크루 신부에게 요청하였다. 결국 채구석은 1903년 9월 26일 평리원에서 징역 2년 반, 태형 90대의 형을 선고받았고, 1903년 11월 중순 배상금 문제를 책임진다는 조건으로 사면·석방되었다.

이 자료는 바로 1903년 9월 26일 채구석에 대한 평리원의 최종 판결선 고서이다. 원래 정부기록보존소에 소장되어 있는 것을 1995년 영인·간행한 『國權恢復運動判決文集』에 수록해 놓았다. 이 판결선고서에는 1901년 5월 초부터 비롯된 大靜郡 민인들의 民會 개최로부터 그 이후의 전개과정을 개략적으로 소개하여 놓고 있다. 뿐만 아니라 당시 民會에 집결한 민인들이 濟州牧使에게 稅弊와 敎弊의 시정을 호소하여 허락되지 않을 경우에는 上京하여 호소할 것을 결의하였음이 확인되어 주목된다.

(3) 濟州牧使 李在護 報告

- 『全羅南北來案』(규장각 소장, 17982-1) 濟州牧使李在護報告 제1호, 1901. 6.

민란 발발 직후인 1901년 5월 10일 제주에 새로 부임한 이재호 목사가 사태를 수습하여 그 결과를 중앙에 보고한 공문서이다. 사태가 어느 정도 진정된 6월 2일 보고한 것으로 되어 있다.

李庠珪 목사가 해임된 뒤 이재호 목사가 부임할 때까지 제주목사직은 제주군수 김창수가 겸임하고 있었다. 따라서 민란이 발발한 직후 사태 처리는 김창수 제주군수의 책임이었고, 진원지였던 대정군수 채구석의 입장도 중요하였다. 이재호 목사는 부임 직후 김창수 제주군수로부터 보고를 받았고, 채구석 대정군수와 김희주 정의군수의 보고 또한 참고하였다.

그러므로 이 보고서는 제주목의 세 군수로부터 보고받은 내용을 종합하여 결론적으로 목사 자신의 의견을 제시하는 내용으로 구성되어 있다.

(4)「旌義郡教弊成冊」

이 자료는 민란을 무마시키러 제주도에 왔던 察理使 黃耆淵이 민란참여자들과 지방관들의 진술을 토대로 작성하였다. 여기에는 정의군의 천주교민들이 행하였던 교폐의 내용이 각 지역별로 178개 조항에 걸쳐서 작성되어 있다. 이 자료는 현재 한국교회사연구소에 소장되어 있다.(「뮈텔문서」(제주-155))「정의군교폐성책」은 교회 측에 소장되어 있기는 하지만, 찰리사 황기연이 작성하였으므로 공문서로 분류하였다.

(5)「大靜郡教弊成冊」

이 자료는 민란을 무마시키러 제주도에 왔던 察理使 黃耆淵이 항쟁참여자들과 지방관들의 진술을 토대로 작성하였다. 3군 가운데 대정군의 천주교민들이 행하였던 교폐의 내용이 각 지역별로 48개 조항에 걸쳐서 작성되어 있다.「정의군교폐성책」·「제주군교폐성책」과 더불어 작성된 것이었으나, 현재「정의군교폐성책」은 한국교회사연구소에 있고, 최근 대정군 것이 발굴되었다. 이 자료는 현재 1901년 제주항쟁기념사업회에서 보관하고 있다.

(6) 「三郡平民敎民物故成册」

이 자료는 민란 과정에서 사망한 사람들의 명단을 수록한 명부로서, 제주목에서 평리원 안종덕 검사에게 보고한 문서이다. 안종덕이 뮈텔 주교에게 보낸 서한(1901. 9.)을 보면, 「濟民物故成册」이 평리원에 도착했다는 내용이 확인된다.

1901년 제주민란 당시 민군과 교회 사이에 제주성을 사이에 두고 치열한 공방이 전개되었고, 그 결과 민군과 교민 쌍방 간에 수백 명이 희생되었다. 당시 전체 희생자 수에 대해서는 교회 측에서는 대체로 5백~7백 명 정도로 보았고, 제주에 유배와 있던 김윤식은 5백~6백 명으로 보았다.

이 자료를 보면, 사망자 수는 도합 317명으로서, 교인이 309명, 평민이 8명이다. 그중 남자는 305명, 여자는 12명이다. 제주군 36개 리에서 93명, 대정군 26개 리에서 81명, 정의군 28개 리에서 142명이 확인된다.

지금까지 1901년 제주민란 과정에서 사망한 전체 인원 및 명단은 확인되지 않았다. 단, 천주교 측에서는 세례대장에 나타난 사망자 일부 명단을 갖고 있었으나, 세례명만 표시되어 있어 실명 확인이 어려웠다. 또한 이재수·오대현·강우백 등 세 장두는 1901년 10월 10일 처형되었지만, 나머지 민군 가담자 사망자 명단은 처음 알려지는 것이다. 한편 지역별 사망자 수가 소상히 밝혀져 있어, 당시 천주교가 각 지역으로 넓게 확산 보급되었음이 확인된다.

이 자료의 발굴로 인해 앞으로 1901년 민란에 대한 구체적인 연구가 가능해질 것이며, 제주지역의 근대사회사를 연구하는 데도 귀중한 근거자료가 될 것이다. 향후 마을별 호적 등 고문서와 대비하여 구체적인 검토

분석이 필요하다고 보인다.

3) 외국 자료

(1)『駐韓日本公使館記錄』

국사편찬위원회에서 간행한『駐韓日本公使館記錄』에는 목포 주재 일본 영사 森川季四郎가 서울 주재 일본 공사 林權助 앞으로 보낸 6건의 보고서가 수록되어 있다.[8] 특히 이 문서에는 別紙 형식으로 영사관 파견 순사 2명(巡査部長 古屋貞藏, 巡査 岩井德太郎)이 작성한 2건의 제주도 현지 조사보고서가 첨부되어 있다. 이 보고서는 제주도에서 일본 어민, 지방관, 선교사, 궁내부 고문관 샌즈, 유배인 김윤식, 민군 지도부 등을 두루 만나서 당시 상황을 정리한 것으로서, 매우 신뢰할 만한 사실을 담고 있다. 또한 일본 외교기관의 공식 보고서로 작성해서 서울 주재 일본 공사에게 보고되었기 때문에 일본 정부의 입장을 대변하는 문서로 볼 수 있을 것이다.

제1회 보고서는 1901년 6월 2일 목포에 있는 조선해통어조합연합회에서 운영하는 순라선을 타고 제주도로 향한 영사관 소속 순사 2명이 당일 오후 7시에 비양도에 도착해서 일본 어민들에게 물어본 내용과 다음날 6

---

[8] 국사편찬위원회,『駐韓日本公使館記錄』16권, 1996.「濟州島民蜂起 件」館第11號 1901. 6. 5.;「濟州島民蜂起 動態報告 件」館第12號 1901. 6. 12.;「濟州島民蜂起 動態報告 件」館第13號 1901. 6. 15.;「濟州島 暴徒에 관한 件」館第15號 1901. 6. 19.;「濟州島 暴民에 관한 件」館第16號 1901. 6. 23.;「濟州島 暴民에 관한 件」館第21號 1901. 7. 19.

월 3일 오후 4시 30분에 제주성내에 들어가서 실지 조사한 내용을 담고 있다. 보고서의 소제목을 보면, 〈폭도 봉기의 원인〉, 〈폭도 봉기의 발단〉, 〈도민파가 사방으로 격문을 보냄〉, 〈제1회 접전〉, 〈제2회 접전〉, 〈무기〉, 〈商務所〉, 〈천주교회당〉, 〈선교사〉, 〈해안의 경비〉, 〈일본인〉, 〈군함〉, 〈프랑스군함〉 등으로 구성되어 있다.

제2회 보고서는 2명의 순사가 6월 11일 제주도 현지에서 작성하였다. 보고서의 소제목은 〈기선 입항과 한국 병사 파견〉, 〈목사 방문〉, 〈일본인〉, 〈프랑스 군함〉, 〈고문관〉, 〈도민파의 세력과 그들의 동정〉, 〈한국 순검〉, 〈진정서 제출〉, 〈선교사〉, 〈살상자 수〉, 〈성내의 혼란〉 등으로 나누어졌다.

(2) 일본 신문 기사

일본 본국에서도 1901년 제주민란에 대한 관심을 표시한 신문이 많았다. 특히 제주도 어장에 진출한 어민들이 주로 거주하던 關西 지역(大阪·神戶 등지)과 九州 지역(長崎)의 신문에는 민란을 전후한 시기의 일본 어민의 동향과 사태의 진전 과정에 대한 기사가 많이 게재되었다.[9] 이들 일본 신문을 통해 일본인의 제주민란에 대한 인식과 더불어 제주도를 둘러싼 대한제국과 프랑스 등 서구 열강에 대한 인식을 엿볼 수 있을 것이다.

---

[9] 당시 일본 신문의 제주도 관련 기사를 추출하여 번역·편집한 다음의 책을 참조하기 바란다. 제주사정립사업추진협의회, 『자료집·일본신문이 보도한 제주도(1878년-1910년)』(제주: 2006).

(3) 미국 신문 기사

프랑스 군함과 일본 군함이 출동한 사실에 대해 미국 측도 민감한 반응을 보였다. 뉴욕타임스, 워싱턴포스트, 로스앤젤레스 타임스, 시카고 트리뷴 등 미국 언론은 제주도 민란의 발발 사실과 2척의 프랑스 포함, 1척의 일본 군함이 출동한 사실을 보도하였다. 이들 신문은 제주도 사건이 외세의 개입으로 이어지고 국제 문제로 발전할 가능성을 언급하였다.[10]

4) 개인 기록: 『續陰晴史』

1896년 12월 제주에 유배왔던 雲養 金允植의 일기이다. 제주에서의 유배 생활 중 1898년 '방성칠란'과 1901년 제주민란을 두루 겪으면서 사건에 관련된 일기체 기록을 남겼다. 김윤식은 이 일기에서 1901년 5월 6일부터 제주를 떠나는 7월 10일까지 민란의 전 과정을 하루도 빠짐없이 기록하였다. 따라서 1901년 제주민란을 연구하고 이해하는 데 가장 필수적인 자료라고 할 수 있다.

---

10) 제주4·3연구소에서 발행한 『4·3과 역사』 6호(2006)에 미국 언론에 보도된 기사와 서울 주재 알렌 미국공사가 본국 국무부에 보고한 리포트 내용이 번역·수록되어 있다.

제2장
19세기 말 제주지역의 사회경제적 상황

제2장
19세기 말 제주지역의 사회경제적 상황

1. 개항, 근대, 제주인

　19세기 말 제주지역은 근대사회로 넘어가기 위하여 꿈틀거리고 있었다. 1876년 개항 이후 제주도는 본격적으로 자본주의 세계체제의 영향권에 들어가게 되었다. 일본인 어부들이 제주도 어장으로 진출하며 제주도 연안 마을에 모습을 나타냈고, 천주교 선교사들이 섬에 들어와 서구의 종교와 문화를 전파하였다. 1894년 갑오개혁으로 제주도민은 중앙에 바치던 말·귤·전복 등 진상에서 해방되었고, 근대식 행정체계 및 교육제도가 마련되어 새로운 행정관리가 등장하고 신학문이 대두하였다. 개항과 개화정책의 시행에 따라 제주도는 새로운 기회를 맞이하고 있었다. 이제 제주도는 출륙금지령을 내려 유배의 섬으로 묶어놓았던 조선왕조의 변방이 아니라, 자본과 문명이 국경을 넘나드는 세계자본주의체제에 편입되어 갔다. 19세기 말 제주인들은 세계와 만나고 있었다.

원래 제주도는 독립국의 지위로 있다가 고려시대에 지방의 일개 군현으로 전락하였다. 이후 8백여 년이 지나가는 시간 속에서 제주도는 고려·조선 두 왕조의 지방으로서 변화 과정을 겪었다. 그 변화의 대체적인 방향은 조선시대를 거치면서 중앙의 강력한 집권체제에 제주도가 더욱 예속되어 가는 과정이었다. 조선 후기와 대한제국시기 빈발하였던 민란은 그 예속에 대한 처절한 저항이었다.

1901년 민란('이재수란')은 제주도가 근대사회로 넘어가는 과정에서 중앙과 지방의 갈등, 전통과 외래문화 사이의 충돌로 발발하였다. 이 사건으로 프랑스와 일본의 군함이 출동하여 제주도를 둘러싸고 무력 충돌이 빚어질 뻔하였다. 제주인들은 전통문화를 배척하는 외래 종교·문화에 강력하게 저항함으로써 한동안 근대화에 대한 반발감이 지속되었다. 그러나 외부인들의 섬 출입이 자유로워지고 향리층이나 서민층이 성장함에 따라서, 20세기 제주사회의 주도권은 서서히 새로운 문화를 수용하는 세력에게 넘어가고 있었다.

새로운 지역사회의 지배엘리트들은 시대적 변화를 자각하였고 섬 밖으로 유학하여 근대교육의 세례를 받았다. 전국적인 근대교육의 추세에 따라 의신학교·제주공립보통학교·신성여학교 등 근대학교가 속속 설립되었다. 개항은 교통과 산업의 변화를 가져왔고 새로운 교통수단을 통해 많은 제주도민들은 새로운 일터를 찾아 내륙지방이나 일본 등지로 나아가기 시작하였다. 1880년대 후반부터 시작된 해녀들의 내륙지방 출가 물질은 조선 후기 출륙금지령에 얽매여 있던 제주 여성들의 해양유목민 기질을 더할 나위 없이 보여준 특수한 현상이었다.

개항은 제주도민들에게 이전 시대에는 상상하지 못했던 새로운 외부

문명과 문화를 접촉하게 하였으며 이를 통해 제주도의 역사는 새로운 전환점에 들어서게 되었다. 종전의 중앙사·국가사·민족사 관점 또는 내재적 발전론, 근대화론에 비추어 볼 때 소외되었던 경계지대·주변부·마이너리티(minority) 제주섬 주민들이 새로이 경험한 세계관을 이제는 근대성의 관점에서 조명할 필요가 있을 것이다.

근대성(modernity)은 역사의 여러 요소가 구체적 관계 속에서 작용하여 만들어내는 중층적·복합적 성격을 띤 현상이다. 그러므로 근대성의 속성에는 자기 해방의 힘이 될 수 있는 긍정적 요소를 포함하며 거꾸로 통제와 억압의 힘으로도 작동하는 이중성이 내포되어 있다. 중앙과 멀리 떨어진 변방 섬 제주도에도 세계자본주의의 영향은 미쳐왔으며, 특히 왕조국가와는 다른 '지역의 전통'에서 해방된 '근대성'은 다양한 형태로 표출되었다. 특히 출륙금지와 폐쇄의 섬에서 벗어나 동아시아 해양공간을 향해 나아간 제주섬 주민들의 경험은 경계지대 주민들의 보편적인 근대성 체험을 이해하는 데 중요한 작업이 될 수 있을 것이다

2. 지방행정의 변화와 새로운 세력의 등장

한국사에서 근대는 1876년 개항 이후부터 시작되어 1894년 갑오개혁, 1897년 대한제국의 선포를 거치면서 그 시기적 특성을 강하게 띠었다. 갑오개혁은 전통적인 법과 제도를 근대적으로 탈바꿈하는 계기가 되었고, 대한제국 시기에 추진된 光武改革은 옛 제도와 신식제도를 절충하여 나라의 자주성을 유지하기 위한 시도였다.

갑오·광무정권의 공통된 지향인 근대화 정책은 정치·경제·사회·

문화 등 사회 전반에 걸치는 것이었다. 이러한 혁신적인 변화의 바람은 향촌사회에도 밀려 들어왔다. 특히 지방행정제도의 전면적인 개편으로 향촌사회의 질서가 이전과는 매우 다른 모습으로 짜여갔다. 향촌사회 내에 새로이 성장하는 세력이 등장하고 이들과 기존세력 사이에 심한 갈등이 빚어지기도 하였다.

갑오개혁 이후 추진된 지방행정제도의 개혁은 크게 행정구역과 행정조직의 측면에서 이루어졌다. 다시 말하면 道-郡-面으로 이루어지는 행정구역의 재편과 향리·향임층이 장악하던 행정담당자들의 교체를 의미하는 것이다. 이러한 개혁은 갑오개혁 때 강하게 추진되었으며, 광무개혁을 통하여 재조정되었다가, 1905년 이후 일제의 침략과 식민지 지배를 위한 조직으로 개편되어 갔다.

1894년 갑오개혁에 의해 지방제도에 관한 칙령 제98호가 이듬해인 1895년 5월 26일에 반포되었다. 이 제도 개혁에 따라 종래의 8道制를 23府制로 바꾸고, 하부 행정구역을 郡으로 모두 통합하였다. 제주부도 이때 설치되어 1895년 6월 3일부터 1896년 8월 4일까지 14개월 동안 지속되었다. 이에 따라 목사를 고쳐 관찰사 및 주사 13인을, 판관을 고쳐 참서관 겸 군수를, 양 현감을 고쳐 군수를 두었다. 새로이 경무청을 설치하여 경무관 및 순검 50인을 두고, 山馬監牧官과 明月萬戶 등의 벼슬을 없앴다. 즉, 제주부가 제주·대정·정의 3군을 관할하는 행정구역이 된 것이다.

이러한 23부제 실시는 근대적 행정제도의 확립과 함께 군현 폐합, 지방관으로부터 징세기구의 독립 신설, 결전의 정액화·금납화 등 지방지배체제를 근대적으로 개편하고자 한 것이었다. 이는 이서층과 향임층의 도

태, 징세체계에서의 이서층의 배제 등 기존 지방행정기구 내 구성원들의 불만을 초래하여, 결국 아관파천 이후 지방제도가 다시 환원되었다.[1]

갑오개혁이 실패로 돌아가자, 복고적인 분위기 속에서 23부제는 폐지되고 옛 제도를 절충한 13도제를 실시하게 되었다. 즉, 건양 원년(1896) 8월 4일자 칙령 제36호에 의해 전국을 13도로 나누고, 이를 다시 7부·1목·331군으로 세분하였다. 제주지역은 섬의 특수성을 감안하여 다시 전라남도에 소속된 전국 유일의 牧이 되었으며, 관찰사는 목사로 대체되었다. 이어서 광무 원년(1897) 가을에 다시 제주군수를 둠으로써, 제주지역에는 제주목사 1인과 제주·대정·정의군에 각각 군수가 부임하게 되었다. 이로써 5백 년간 이어왔던 제주지역의 '1목 2현' 체제는 '1목 3군' 체제로 개편되어 일제침략기 '島-邑·面' 체제로 바뀌기 전까지 계속되었다.

1906년 당시 기록에 의하면, 제주목사의 관할하에 제주·대정·정의 3군이 있고, 이들 군은 5등 군에 속하였다. 제주지역 내의 리(里)는 총 170리였고, 그것들을 12면으로 나누었다. 제주군은 5면 89리, 대정군은 3면 34리, 정의군은 4면 47리였다.

이러한 지방행정구역의 개편은 행정조직의 개혁을 동시에 가져왔다. 조선시대 향촌사회의 행정 및 자치조직은 엄격한 신분제에 입각해 편성되어 양반사족층(유림층)이 향촌사회를 지배하였는데, 갑오개혁에서 신분제를 폐지함으로써 사족층은 심한 타격을 입었다. 또한 지방군현의 자치에 맡겨져 있었던 吏胥층의 인원과 보수규정을 중앙정부가 장악하게

---

1) 이상찬, 「갑오개혁과 1896년 의병의 관계」, 『역사연구』 5, 1997.

됨으로써 이서의 정원이 감축되었다.[2]

아울러 향임들의 결집체였던 향회가 행정조직으로 전환되고 鄕長制가 실시되면서 기존 향임층 또한 타격을 입었다.[3] 향장은 예전 같으면 양반 신분의 座首에 다름없는 지위였으나, 이 시기에는 사족·평민·향리를 가릴 것 없이 마을 주민들의 회의를 거쳐서 선정되었다. 이제 자신의 신분이 문제가 아니라 경제력만 있으면 군수에게 뇌물을 바쳐서라도 향임직을 얻을 수 있게 되었다. 각 지역에서 향리 출신이나 서민부호층 가운데 향임직을 사들이는 사례가 빈발하였다. 나아가 이러한 현상은 19세기 세도정치기 이래 만성적인 매관매직 현상까지 부채질하였다.

제주라고 예외는 아니었다. 오히려 제주지역은 기존 양반사족층의 영향력이 타 지역에 비해 덜하였기 때문에 서민부호층이나 중간층이 사회적 지위를 상승시키는 현상이 더욱 두드러졌다. 개항 이후 조천포구를 통해 내륙 상인들과의 물물교역을 주도하여 부를 키운 중간층 출신의 신흥 유력가문이 등장하기도 하였다. 이런 가문에서는 경제력을 바탕으로 각종 향임직과 군수직에 진출하였다.

행정조직의 개혁은 말단행정조직인 면과 리의 운영에까지 영향을 미쳤다.[4] 1906년 제주의 실정을 소개한 자료에 의하면, 각 면의 면장은 목사가 任免하여, 목사 및 군수의 명령에 따라서 면을 지배하였지만, 里는

---

[2] "경장 이후로 이교의 수효가 대폭 감축되어 각 관가의 집들이 거의 모두가 텅 비고 버려져 있어서 애석하다."(『續陰晴史』 光武 3년 4월 27일).
[3] 윤정애, 「한말 지방제도 개혁의 연구」, 『역사학보』 105, 1985; 이영호, 「갑오개혁 이후 지방사회의 개편과 城津民擾」, 『국사관논총』 41, 1993.
[4] 이하 이 시기 제주지역 행정조직의 개편에 대해서는 다음의 자료가 참조된다. 神谷 財務官, 『濟州嶋現況一般』, 1906.

완전한 자치제로 운영되었다. 마을 주민들의 회의를 통하여 尊位 · 警民長 · 洞長 · 議察將兼農監 · 里任 등 5인[5)]을 추대하였다. 존위는 마을의 장로이고, 경민장은 마을의 사법행정을 장악했다. 동장은 촌장의 지위였으나, 사실 경민장의 일을 도우는 처지였고, 의찰장겸농감은 마을의 警官이었다. 이임은 곧 서기였다. 마을 내의 공적인 일은 모두 이들 5인의 협의를 거쳐서 처리하였다. 이들 마을을 대표하는 자리에 서민부호층의 진출이 있었음은 말할 나위도 없다.

향임직을 돈으로 사들이는 현상은 또 다른 사회적인 문제를 야기시켰다. 지방관청의 재정을 메우기 위해서, 또는 향리층의 중간 농간으로 향임직이 남발되었다. 掌議와 같은 향교의 직임도 예외는 아니었다. 장의는 원래 유력한 양반가문이 맡았고, 제주지역의 경우 대정현의 정원이 2인이었으나, 1898년의 경우 대정군 중문리 전체 인구 210명 가운데 115명이, 동성리 전체 163명 가운데 54명이 장의 직역자로 나타나고 있다. 이들 직역은 대부분 금전을 들여서 空名帖을 매입함으로써 획득하였던 것으로 보인다.

위의 1906년 자료에 따르면, 제주지역에서 향임직의 매매가 성행하여 아예 별감 4백 냥, 좌수(향장) 2백 냥, 훈장 2백 냥, 장의 1백 냥, 有司 5십 냥으로 정가가 매겨질 정도였다. 또한 1901년 제주민란('이재수란') 당시 자료에는 "제주사람 가운데 將校나 향임의 명분이 없으면 죽을 때까지 폐단에서 벗어나지 못하므로, 아전무리들이 간교한 짓을 꾸며 향임이 교체될 때마다 空帖 수백 장에 몰래 도장을 찍어 새로 첩을 만든다. 그리

---

5) 김윤식은 5所任을 尊位 · 警民長 · 譏察 · 洞長 · 座主라고 하였다(『續陰晴史』 光武 2년 3월 14일).

고 만만한 사람을 뽑아 거기에 이름을 기재하고 억지로 그들에게 재산을 빼앗는 경우가 많다."6)라고 할 정도이다. 1899년 김원영 신부는 "박 목사(박용원)는 서울에서 임금이 벼슬을 팔고 있다는 말을 듣고는 방금 면직되었음에도 불구하고 지금 벼슬을 팔고 있습니다. 하룻밤 사이에 63개의 座首職이 강제로 각기 100냥 또는 200냥에 팔렸다고 합니다."라고 그 실정을 전했다.7)

이러한 지방행정 등 여러 제도의 개혁은 예전 제도에 젖어있던 세력들의 반발을 불러일으켰다. 건양 원년(1896) 3월에 강유석과 송계홍 등이 민란을 일으켜 경무청을 파괴하였는데, 이 사건은 갑오개혁 이후 벌어진 기존체제의 동요에 불만을 품은 데서 비롯된 것이었다.

3. 지방재정의 악화와 지역민의 부담

19세기 말 우리나라는 근대적 재정제도의 수립과 근대민족국가 건설을 위한 재원의 확보가 매우 중요하였다. 19세기 말 한국사회에 주어진 과제는 자주독립의 유지와 근대화였는데, 국가의 경제라 할 수 있는 재정의 운영 방향에 따라서 자주적 근대화의 성공 여부가 판가름날 정도였다.

조선 후기까지 정부는 전세·군역·환곡이라는 三政체제에 입각해 국가에 필요한 제반 경비를 백성으로부터 거두어들였다. 국가는 한 해 지출액수를 먼저 정해 놓고는 백성들의 실정은 아랑곳하지 않고 거두어들였

---

6) 「뮈텔문서」,(제주-149), 旌義郡敎弊卞白大槪.
7) 「뮈텔문서」, 김원영 신부의 1899년 10월 29일자 서한.

다. 재정 담당기관도 왕실·중앙관아·지방관아 등으로 나누어져 일관된 원칙대로 세금 징수가 이루어지지 못하였다.

　이러한 전통시대 재정 운영방식은 1894년 갑오개혁을 계기로 근대적으로 바뀌었다. 예산·회계제도가 마련되고, 재정기관은 단일화되어 중간수탈을 근본적으로 막을 수 있게 하였다. 세금은 금속화폐(엽전)로 납부하는 게 법과 제도로 정하여져서 상품화폐경제가 더욱 발달하게 되었다. 이러한 조세제도와 징세기구의 변화는 수령과 이서층을 징세기구에서 배제시켜, 지방행정제도의 변화와 함께 지방지배체제의 실질적인 붕괴를 가져왔다.[8]

　19세기 말 제주지방의 재정 운영 방식 역시 이전과 상당히 달라져 갔다. 우선 다양한 세목이 통합되었고, 관아의 세입이나 지출은 모두 금속화폐로 통용되었다. 갑오개혁 후 역을 대신해서 내는 平役米, 柴·草炭, 戶鷄, 참깨·들깨 등이 없어지고, 대신 洞布稅로 통합되어 엽전으로 거두어들였다. 1900년대 초에 도민들이 관아에 내야 했던 세금은 동포세·海稅·場稅·船稅·庖稅·烙馬稅·官有地稅 등이었다. 게다가 다양한 진상 품목들 가운데 대표적인 말과 전복 등이 금속화폐로 대신 납부되었다. 흉년에 구휼용으로 내륙지방에서 들어와 환곡으로 활용되던 移轉米에 대한 相換物도 예전에는 미역·양태 등으로 하였으나, 이 시기에는 모두 금속화폐로 대납되었다.

　종래 제주목뿐만 아니라 3군의 각 관아에는 세금징수 장부가 전부 구비되어 있었으나, 1898년 민란('방성칠란')으로 모두 불타 없어져 버렸

---

8) 이상찬, 위 논문.

다. 그 뒤 관아에서는 따로 장부를 작성하지 않고, 각 세목별 징수 액수 및 세율을 적은 임시기록물에 의거하여 세금을 거두었다. 이들 세목은 「應入支用簿」에 총괄적으로 기재되었는데, 이는 징세액과 지출 경비를 대비해서 볼 수 있게 만든 일종의 회계결산보고서라고 할 수 있다. 이 장부는 정부의 방침에 의해 각 군에 이르기까지 작성되었다.9)

1904년 당시 「응입지용부」에 기재된 응입(수입) 총액수는 60,153냥이었는데, 주요 세목 가운데 가장 큰 비중을 차지하는 것은 동포세로서 44,931냥이었다. 다음으로 장세(화전세)는 1천 석에 해당되는 7천 냥이었다. 이들 세입은 관아의 경비 지출에 맞추어진 규정액수이고, 실제로 들어오는 액수는 이보다 더 많았다. 실제로 징수한 동포세액은 50,238냥으로서 관아 재정에 쓰인 것은 44,931냥이고 그 차액 5,297냥은 다른 데 사용되었다. 화전세도 규정액이 1천 석이었지, 실제로는 이보다 많이 거두었을 것이다. '방성칠란' 이 일어나기 직전인 1897년 제주관아의 장부에 기재된 규정 집세액은 1,200석이었으나, 실제 도민들로부터 거둔 액수는 1,838석이었다.

이렇게 들어온 규정 세입액수 가운데 제주목 경비로 21,110냥, 3군 관아의 경비로 각 8,250냥, 재판소 운영비 6,030냥 등 총 51,890냥을 지출하였다. 잔액은 원래 정부(탁지부)에 상납하는 게 원칙이었으나, 당시 탁지부 훈령에 의해 1,700냥은 대정군 政堂 중건비로, 나머지는 1901년 민란 처리 과정에서 제주도민에게 부과된 배상금의 이자로 충당되었다.

---

9) 19세기 말 20세기 초 제주 지역의 재정운영 상황에 대해서는 다음 보고서에 상세하게 기록되어 있다. 神谷 財務官, 『濟州嶋現況一般』, 1906.

이외에 부가세로 貢馬代錢 8,360냥이 도민들에게 부과되었다. 원래 5천 냥은 목장 경작자들이 규정대로 내는 것이었으나, 나머지 3,360냥은 동포세로 보충되었다. 그리고 진상물을 대신하여 내는 돈 6,835냥이 도민들에게 부과되었는데, 징세 대상이 명확하지 않아서 정부로부터 상납 지시가 있을 때마다 마을별로 주민들에게 할당되었다.

결국 여러 차례 우여곡절을 겪으면서 정착된 19세기 말 재정구조는 대체로 수입면에서 동포세로의 통합, 지출면에서 지방재정 轉用의 관례로 굳어져 갔다. 중앙정부에 바치는 공마대전이나 진상품목 代價, 이전미 대가 등은 별도로 부가세로 처리되어 제주지역민들에게 분배 징수되었다.

이러한 재정구조로는 조선 후기 이래 만성화되어 온 지방관아 재정의 적자를 해소하기 어려웠다. 동포세나 공마대전 등은 원래 지방관이 각 면과 동에 명령을 내려 마을 책임자들이 주민들로부터 거두는 것이었다. 그러나 실제로는 관아의 이방이나 주사들이 회계 업무를 장악하여 농간을 부리는 게 상례로 되어 있었다. 결산을 명확히 하지 않아 세금을 유용하거나 세금을 저당 잡아서 주민들로부터 고리대금을 하는 일이 이때에도 여전히 벌어졌다. 이들에게는 자신들의 배를 채우는 게 급선무지 지방재정의 안정은 뒷전이었다.

이미 갑오개혁 시기인 1894~1895년에도 재정이 부족하여 2년 동안의 공마대전을 중앙정부에 바치지 않고 지방관아의 재정으로 임시 사용하였다. 이병휘 목사가 재임하던 1896년에 연체된 공마대전 1만 4천 냥을 갚기 위해 화전민들이 경작하던 공토를 매각하여 규정액을 채우기까지 하였다. 당시 대정군의 목장토는 기름지다 하여 6천 냥을 내게 하였는데, 이는 제주군 2천5백 냥, 정의군 4천2백 냥보다 큰 부담이었다.[10] 이로써

1898년 '방성칠란'이 대정군을 중심으로 일어났던 연유를 미루어 짐작할 수 있다.

1893~1894년 흉년 때 이전미 1천 석을 정부로부터 지급받아 도민들에게 나누어 준 바가 있었는데, 1896년 이전미를 갚아야 할 때 관아재정이 확보되지 않아서 1,200냥을 각 군수로 하여금 면과 동의 주민들에게 거두게 하였다. 당시 제주군 5면 각 리에 배당된 액수가 724냥이었는데, 특히 조천면 주민들이 납부를 거부하여 문제가 발생하기도 하였다.

이렇듯이 지방관아 재정의 부실은 고스란히 주민들의 부담으로 돌아왔다. '방성칠란' 직전에 화전세가 규정액인 1,200석을 훨씬 상회하는 1,838석이었다는 것은 당시의 실정을 뚜렷이 보여준다.[11] 결국 이러한 과정에서 주민들이 지방관아에 대한 불만을 품고 전도적으로 항쟁하게 되었던 것이다. 민란의 과정에서 재정 관련 장부가 전부 소각되었다는 것은 곰곰이 되씹어볼 만한 일이다.

'방성칠란'의 여진이 채 가시기도 전인 1899년 황실 재정을 담당하던 궁내부가 각 지방의 역둔토와 각종 잡세 수입을 독점하게 됨으로써 제주지방의 재정 운영에 커다란 위기가 닥쳐왔다. 지방재정에 한 몫을 담당하던 목장세(화전세)와 해세·선세·그물세 등 각종 잡세가 황실 소속 내장원으로 전부 들어가 버리게 되었다. 실제로 1899년 말에는 捧稅官 姜鳳憲이 내려와서 이들 세금을 직접 거두었다. 지방관아의 재정 고갈은 불을 보듯 뻔하였다. 이에 위기의식을 느낀 지방관 및 향임들은 즉각 봉세

---

10) 『濟州府令辭要覽』 1896년 12월.
11) 『司法稟報』, 「察理使兼濟州牧使 朴用元의 報告書」.

관에 대해 반발하였고, 화전민을 비롯한 전도민적 저항에 부딪혀 1901년 민란('이재수란')이 일어나게 된 것이다.

19세기 말 재정구조는 이전과 달리 개혁된 모습을 보이면서도 1905년 까지는 재래의 방식을 계승하고 있었다. 그러나 1907년부터 식민지 재정으로서의 성격이 뚜렷해지게 되었다. 세입부문에서는 고문경찰을 동원한 호구조사에 의해 호세가 급증하였고, 가옥세·주세·연초세 등 신세가 창설되었다. 일제는 징세기구를 확충하여 식민지 경영을 위한 재정 확보의 기반을 닦는 데 주력하게 되었다. 제주지방의 재정 역시 식민지 체제에 서서히 편입되어 갔다.

4. 경제와 산업의 변화

1) 화전 개간의 확대

1876년 개항 이래 우리나라 경제는 급격한 변화의 물결을 탔다. 개항장을 중심으로 외래 상품이 물밀듯이 들어오고, 거꾸로 농민들의 피와 땀의 결실인 곡물이 헐값으로 유출되어 나갔다. 개항을 통한 근대화가 민중들에게 밥과 떡을 안겨준 것은 아니었다. 농민들이 갈아먹을 땅에 대한 권리는 확보되지 않은 채 중앙정부의 수탈은 강화되고 나아가 일제의 본격적인 토지 침탈이 수행되어 갔다.

19세기 말 제주지역의 경제는 조선 후기 이래 중산간 지대 목장토·화전 경작의 확대, 지방재정의 악순환, 각종 산업부문의 변화로 특징짓는게 가능하다. 물론 육지부 개항장과 주요 도시를 중심으로 전개되던 변화상과는 거리가 있지만, 제주도 역시 개항 이후 서서히 자본주의 체제에 편입되어 갔다.

조선 후기로 들어서서 우리나라의 농업생산력은 급속히 발달하여 농민들의 토지 개간 및 경작이 활발하게 전개되었다. 제한된 토지면적 내에서 이루어진 농업의 진전은 능력이 있는 부농층들이 경작지를 늘리는 결과를 가져왔지만, 반면 대다수 농민은 소작농으로 굳어지게 되었다. 결국 19세기 들어와서 우리나라의 토지소유형태는 안정된 소농민들이 지주의 토지를 빌려 경작하는 지주전호제가 일반화되었다.

제주도의 상황은 육지부와 달랐다. 워낙 토지가 척박하여 조선 초기 세종 때에 시행된 貢法에서도 최하등급인 5~6등급에 해당되었다. 그렇기 때문에 해안지대를 중심으로 보리나 조를 재배하던 민유지가 일반화되었지만, 국가에서 이들 경작지에 대해서 조세를 부과할 여지가 없었다. 따라서 조선 후기에 와서도 제주도의 지배적인 토지소유관계는 지주전호제가 아니라 소농경영을 하는 자작농 중심의 소유관계였다.[12]

1906년 제주도를 시찰하고 돌아간 통감부 재무관은 "소작지는 비교적 적고 도민 대부분은 다소의 밭을 소유하고 있다."라고 하였다. 일제가 토지조사사업을 전개하기 직전의 자료를 보면, 1913년 당시 제주도 내 경지 면적은 49,520정보이며, 1호당 경작 면적은 1.3정보였다(전국 평균 1.14정보). 1정보 미만을 소유한 자작농의 비율이 71.9%로 절대적이었고, 지주라고 할 수 있는 5정보 이상의 대토지소유자의 비중은 0.3%에

---

[12] 이영훈, 「일제하 제주도의 인구변동과 사회경제구조」, 『제주항쟁』 창간호, 제주4·3연구소, 1991.

불과했다. 전국 평균을 상회하는 경작 면적을 가졌지만 낮은 토지생산성 때문에 노동력이 집중되는 농업이 전개될 수 없었다. 그러므로 자작농 중심의 소유관계가 일반적이었고, 육지처럼 지주전호제가 성립될 수 없었다. 이러한 토지는 국가의 수취 대상에서 제외되어 "제주도에는 갈아먹는 땅이 있으나 세금은 없다."라는 말이 나오게 되었다. 조선 후기 읍지 등에 마치 제주도에 국유지가 99%이고 사유지는 전혀 없는 듯이 기록된 이유는 관아에서 세금을 거두지 않는 해안지대의 민유지는 제외시킨 데 따른 것이다.

해안지대를 중심으로 소규모 토지를 경작하던 제주도 농민들은 19세기 후반에 이르러 중산간 지대의 목장전과 화전을 개간하여 갔다. 목장전은 貢馬를 기르는 목장 안에서 牧子들이 경작하는 토지, 화전은 중산간지대의 숲이나 나무를 불태워 개간 경작하는 토지를 이른다. 원래 중산간지대는 국마를 양성하는 목장으로 경작이 엄하게 금지되었으나, 19세기 들어와서 공식적으로 목장전과 화전 경작이 허용되었다.

19세기 중반부터 화전을 일구러 중산간지대로 이주하는 주민들이 늘어갔고, 화전동이 자연스레 형성되었다. 1862년 '강제검란' 당시 민란주도자였던 김석구 형제는 제주성내에서 대정현 덕수리 화전동으로 이주한 경우였다. 이런 현상은 19세기 말에 와서 더욱 두드러졌다. 1894년 공마제도가 폐지된 이후 목장토의 개간이 더욱 활발하여지면서 제주도 전 중산간 지역에 띠를 두른 듯이 화전이 확산되어 갔다. 이제 해안지대의 주민들뿐만 아니라 제주도 밖에서 흘러들어 온 이주민들이 화전지대로 집중되었다. 1898년 민란을 주도하였던 방성칠은 1891년 전라도에서 남학당 무리를 이끌고 입도하여 능화동 화전촌에 정착하였다. 1901년 민란이 터지기 전 양근이·녹화지·천서동 등 화전촌에 거주하던 천주교인들 또한 대부분 육지에서 건너온 자들이었다.

이들 화전민들은 농지를 전혀 소유하지 못하거나 빈곤 때문에 해안지대의 토지를 팔고 산으로 들어온 빈민층이었다. 이들에게 광활한 중산간 목장지대는 개척의 대상이었다. 자신의 노동력으로 단순한 개간기법만 익히면 먹고 살만큼의 생산량은 확보할 수 있었다. 비록 토지생산력은 형편없지만 자신의 힘으로 개간하여 경작지에 대하여 거의 주인이나 다를 바 없는 권리를 갖고 있었다. 화전은 법제적으로는 국가소유지이지만, 영구경작권을 인정받음으로써 실제로는 민유지나 다를 바 없었다. '방성칠란' 과 1901년 민란의 불씨가 되었던 이 땅을 당시 기록에서는 "주인이 있는 公土" 13), "빈민이 공토를 사들여서 세금을 내고 세세대대로 경작하는 토지" 14)라고 표현하고 있는 것이다.

문제는 이 화전과 목장전에 대하여 관리들이 국유지라 하여 세금을 과도하게 거두는 데 있었다. 19세기 이래 주로 지방관아의 재정을 메우기 위해서 지방관리들의 집중적인 수탈이 이루어졌다. 이에 대한 반발로 '강제검란' 과 '방성칠란' 이 일어났음은 잘 알려져 있다. 1899년 말에는 역둔토를 황실 소속 내장원에 귀속시킨다는 방침하에 봉세관 강봉헌이 입도하여 이들 토지에 대하여 직접 세금을 거두다가 전 도민의 반발로 1901년 민란이 일어나기도 하였다. 결국 1907년 이후 일제 통감부가 실시한 역둔토 조사과정에서 화전민들의 경작권은 완전히 무시되어 모두

---

13) 『皇城新聞』 1901년 6월 21일, 別報, 濟州民擾察理使 黃耆淵의 報告.
14) 『訴狀』 五, 全羅南道濟州旌義大靜請願人李箕範等請願書.

일제의 소유로 넘어가게 되었다.

　이런 과정을 거치면서도 화전은 꾸준히 확대되어 1926년에 제주도의 화전민 인구는 전국 26,427명 가운데 4,240명으로 가장 많았으며, 1919년부터 1924년까지 각 군 소재 화전 면적도 한강 이남에서는 가장 많이 차지할 정도였다. 한편 화전민들이 2·3년 경작한 후 지력이 떨어지면 다른 곳으로 이동하여 불을 넣어 개간하기 때문에 한라산 삼림의 훼손이 커다란 문제로 부각되기도 하였다.

　이렇듯이 근대 제주도 농업은 이전에 보지 못했던 화전 확대라는 변화를 겪었다. 화전 확대는 토지의 척박함과 해안지대 경지 면적의 부족에서 빚어지는 당연한 결과였지만, 근대 격변기에 제주도민의 생활 수준을 평준화시키는 중요한 요인이기도 하였다. 20세기 초 제주를 찾은 일본인들이 한결같이 "재산이 없는 자가 전체 인구의 10%를 넘지 않으며, 거지가 없고 모두가 근면하여 생업에 종사한다."[15]라고 지적하는 것은 제주인의 근면성과 삶을 개척해나가는 기질을 잘 보여준다 하겠다.

2) 교통과 상업의 변화

　조선 후기까지 출륙금지령의 영향으로 제주도에서 내륙으로 나가는 배편은 특산품인 미역·전복·말·양태 등을 싣고 왕래하는 便船(속칭 '덕판배')밖에 없었다. 19세기 상품화폐경제의 발달에 따라 출륙금지령은 유명무실하게 되었고, 개인적으로 미역·전복이나 양태 등을 내륙지

---

15) 神谷 財務官, 『濟州嶋現況一般』, 1906.

방에 내다 파는 상인들이 속속 나타나게 되었다. 이에 따라 육지와의 배편도 많아졌다.

1876년 개항이 되자 사정은 더욱 달라졌다. 원래 개항 직후에는 개항장 주변을 제외하고는 외국 상인이 출입하지 못하게 되었으나, 이를 어기고 몰래 교역을 하는 자들이 많았다. 더구나 제주는 원래 통상항구가 아니기 때문에 외국인의 물물교역은 아예 금지되었다. 그러나 1890년대 후반에 이르자, 일본인들이 배를 직접 몰고 와서 도내 연안지역에 머무르며 몰래 교역행위를 하는 일이 잦아졌다.

개항 후 외부와의 교역이 활발하게 이루어지자 근대형 기선이 비로소 제주를 출입하게 되었다. 1894년 이종문이 인천의 堀力商會와 교섭하여 沿岸汽船을 한 달에 한 번씩 제주에 부정기 기항하도록 했으나, 수지가 맞지 않아 3년 만에 중단하고 말았다. 그 뒤에도 창룡호·현익호·광제호 등이 제주~인천 간에 비정기적으로 출항하였다. 1903년 9월 제주에 순사주재소와 우편수취소를 설치한 이래로 일본형 범선이 매월 2회씩 제주~목포 간을 왕복하게 되었다. 1909년 봄에는 부산기선회사의 선박이 제주~부산 간에 월 1회 정기운항을 개시하였다. 또한 목포 후쿠다[福田]回漕店의 소형기선이 제주~목포 간을 월 6회씩 왕복했으나, 겨울엔 파도 때문에 월 1~2회 정도 왕복하였다. 이 밖에 제주도민들은 일본형 범선을 자체적으로 구입하여 목포·군산 등지를 왕복했는데, 이 배에 편승하는 여행자도 적지 않았다.

내륙과의 선박을 통한 교통이 발달함으로써 물품 교역이 더욱 활발해졌다. 당시 제주도의 생산품 가운데 전국적인 판매망을 가지고 있었던 것은 모자·양태·망건·빗·골패 등 공예품으로서, 매년 서울·인천 등지로 팔려나갔다. 말의 주산지인 제주에서 만들어진 말총망건이나 갓양태 등은 도민의 주요 상품이었으나, 1895년 단발령 때문에 갑자기 수요가 사라져 사양산업이 되고 말았다. 해산물 가운데 전복·소라 등은 목포·부산·인천 등 각 거류지의 중개인을 통해 거래되었다. 해산물은 주로 일본으로 팔려나갔는데, 어민들과 일본상인 사이에 직접 거래되거나 제주에 체류하는 일본인들의 해산물 가공공장을 거쳐서 수출되었다.

 반면 각종 소비재는 제주도 내 자체 제조업이 발달하지 않아 대부분 외부로부터 수입되었다. 19세기 말까지는 중국 상하이로부터 들어왔고, 20세기 초에 들어와서 목포·부산 등지로부터 공급받거나 도민 스스로 일본으로 건너가서 상품을 구입하는 경우도 늘어났다. 일본인들의 진출이 늘어나면서 목포·부산 등 개항장으로부터 일본제품의 수입이 증가하였다. 일본제 잡화는 제주도민들의 기호에 맞아서 점차 구매력이 늘어났다. 수입품으로는 주로 도기·광목·무명·석유·성냥·담배·솜·설탕 등이었는데, 일본산 광목은 질기고 가격이 싸서 도민들에게 인기가 있어 의복의 대부분을 차지할 정도였다.

 이러한 외부교역의 발달과 함께 도내 시장도 활성화되었다. 1906년 윤원구 제주군수가 부임하여 민간의 물자 유통을 원활히 하기 위하여 제주읍을 시작으로 삼양·이호·외도·애월·조천·김녕·세화·서귀포 등에 오일장을 개설하였다. 오일장의 개설은 제주도 내 각 농촌 마을까지 상거래의 비중이 활발해지는 계기가 되었다. 농산물·해산물 등을 망라하여 생산자인 농민이나 그 가족이 직접 거래에 참가하여 생산물을 판매하고 생필품과 같은 상품을 구매하였다. 제주성내의 시장은 관덕정 앞마당에 개설되었는데, 상설점포도 열려서 일용품 및 각종 잡화가 교환 판매

되었다. 또한 일본인·중국인 상점도 문을 열어 외국상품을 수입·판매하였고, 잠수기선 어업이나 기타 사업에 종사하는 일본인들이 어획물의 운반에 덧붙여 일본으로부터 여러 가지 잡화를 수입하기도 하였다.[16]

이러한 교역의 진전에도 불구하고 상품을 활발하게 유통시키는 금융화폐경제는 아직 미숙한 단계에 있었다. 1905년까지 그럴듯한 금융기관이 하나도 없었고, 자금 유통은 아는 사람들끼리 행하는 정도였다. 유통화폐는 모두 재래식 엽전이었고, 신식화폐는 제주성내 및 관아가 있는 곳에서만 약간 통용되었다. 신용거래는 차용증서를 통해 가끔 행해질 정도이고, 어음거래나 수표 사용은 거의 없었다. 1906년 당시 제주성내의 가게나 잡화점은 다섯 군데 정도였고, 성내를 제외하고는 점포가 거의 없었다.

이렇듯이 근대 제주의 교통과 상업은 전통시대의 모습에서 서서히 벗어나고 있었다. 그러나 이러한 변화가 곧바로 제주지역민들의 삶을 윤택하게 하였던 것은 아니었다. 주요 산업인 농업과 수산업·목축업의 발달을 기반으로 한 것도 아니고, 제조업의 성장이 이루어진 것도 아니었다. 개항 이후 외지 상인들의 제주 출입에 따라 상품성이 있는 일부 특산물을 거래함으로써 생기는 이익을 일부 상인이 차지하는 정도에 불과했다. 오히려 개방에 따른 외지 상품의 유입, 특히 일본상품의 범람으로 인하여 제주의 산업과 유통경제가 일본의 영향권에 예속되는 결과를 가져왔다.

---

[16] 진관훈, 「일제하 제주도 농촌경제의 변동에 관한 연구」, 동국대 대학원 박사학위논문, 1999.

5. 민란의 발발 – 1898년 '房星七亂'

1898년 제주도에서 '방성칠란'이라는 커다란 민란이 발생하였다. 이 민란은 제주도 밖에서 유입된 신흥종교인 南學의 교도를 중심으로 하여 발생하였다. 이 민란에는 당시 목장토를 경작하던 화전민들이 주로 참여하여 지방관리나 향임세력의 조세 수탈에 저항하였다. 그리고 일부 김낙영·최형순과 같은 유배인들이 처음에 민란지도부에 가담하기도 하였다. 그러므로 1898년 민란은 신흥종교와 화전민층이 결합하여 지방관·향리·향임층을 대상으로 전개되었다.[17]

이 민란의 주요 원인은 화전세와 목장세에 대한 과도한 수탈 때문이었다. 제주목사 이병휘가 수탈한 場火稅의 액수를 보면, 1897년의 제주읍의 장부에 기재된 규정 집세액은 1,200석이었으나, 실제 도민들로부터 집세한 액수는 1,838석이었다. 또한 이 민란에 참여하였던 민인들 가운데는 이전 1896년에 있었던 민란을 진압하였던 채구석 대정군수나 조천 김씨 등 제주도 토호 세력에 대하여 반감을 품은 자들이 많았다.

이 민란의 주역인 방성칠(당시 나이 50세)은 1891년 강벽곡·정선마 등 남학교도 수백 명의 무리를 이끌고 전라도로부터 제주에 들어와서, 제주군 능화동에 거주하며 화전 경작을 하였다.[18] 방성칠 등 남학교도들은 화전민을 주요 대상으로 하여 포교를 하던 중에 지방관아에 의한 화전세

---

17) 조성윤, 「1898년 제주도 민란의 구조와 성격-남학당의 활동과 관련하여-」, 『한국 전통 사회의 구조와 변동』, 문학과지성사, 1986.
18) 박찬식, 「방성칠란과 이재수란의 주도세력에 관한 새로운 자료」, 『탐라문화』 제16집, 1996.

과다 집세에 저항하여 민란을 주도하였다. 남학당은 대정군 광청리를 중심으로 하여 화전민들과 결합하여 민란을 주도하였고, 당시 제주에 유배와 있던 김낙영·최형순이 민군 지도부에 합류하여 민란에 참여하였다.

민란은 1898년 2월 7일 장두 방성칠과 촌민 수백 명이 제주목 관정에 몰려와 소장을 제출하면서 시작되었다. 이들은 화전세와 馬場稅·戶布·還上의 지나친 수취에 대한 시정을 요구하였다. 제주목사 이병휘가 시정할 것을 약속하여 일단 해산하였으나, 관에서 장두를 잡아들이려고 하자, 즉각 이에 반발하여 봉기하게 되었다.

남학당 간부 방성칠·강벽곡·정선마 세 사람이 직접 장두가 되고, 강제평·김안일을 先軍領으로, 양용이·강명송을 後軍領으로 정하고, 오을생과 방성화(방성칠의 동생)는 장정들을 모집하는 역할을 담당시킴으로써 민군의 조직을 편성하였다. 그리고 방성칠의 심복 부대인 御南軍은 200명으로 구성되었는데, 각자의 목봉 머리에 '南'자를 새겨서 남들과 구별하였다. 남학교도들이 친군을 구성하여 민군 체제를 갖추게 되자, 2월 28일 곧바로 제주성으로 입성하였다. 민군은 곧바로 제주목사와 대정군수를 성 밖으로 축출하여 성내를 장악하였다. 방성칠은 이어서 유배인 김낙영과 최형순을 좌우대장으로 삼아 外陣을 구성하였다.

방성칠은 제주성을 장악한 뒤 別國을 세우려고 시도하였다. 처음에는 강벽곡이 오등촌의 고여송이란 인물을 主法으로 세울 것을 제안하였으나, 방성칠은 鄭鑑錄의 참언에 따라 유배인 정병조를 주법으로 삼을 것을 구상하였다. 그러나 정병조가 도피하여 버림에 따라서 결국 자신이 스스로 法司가 되어 독립정부의 건설을 시도하였다. 이때 방성칠은 제주의 유배인들로 하여금 六曹를 구성케 하여 중앙정부와 같은 체제를 수립하려

고 하였다.[19]

한편 제주성에서 도망쳐 나온 송두옥·홍재진 등 토착지배세력들과 유배적객들은 조천의 토착양반세력과 연합하여 반군을 구성하였다. 이들은 민군지도부로 나섰던 김낙영·최형순 등을 회유하여 반군에 합세시키고, 전열을 정비하여 3월 13일 방성칠이 제주성을 비운 사이 진입하여 다시 성을 장악하였다. 방성칠 등은 일본에 부속을 청하기 위하여 노력하였으나 실패하고, 오히려 민군에 참여한 민인들의 신뢰를 잃어버리게 되었다. 결국 사기가 떨어진 방성칠과 남학당은 제주군 귀리로 퇴각하였다가 모두 궤멸되었다. 이로써 '방성칠란'은 결국 실패로 귀결되었다.

1) '방성칠란'의 주도세력

순번	성명	거주지	나이	신분(직업)	비고
1	房星七 (甲, 黛杜)	大靜 光淸 菱花洞	50		1891년 전라도에서 입도 피살, 狀頭·民軍의 總大將·法司
2	姜辟穀				南學黨 지도부, 피살
3	鄭先馬 (山魔)				南學黨 지도부
4	崔亨順	濟州邑內	28	出身, 유배인	民軍의 右大將(中軍)
5	金洛榮	濟州邑內		유배인	피살, 民軍의 左大將(大將)
6	梁明模	大靜 上文里	35	농업, 前座首	징역 15년
7	白鶴彈	濟州 一徒里	37	笠工	징역 15년, 左翼將
8	朴信吉	大靜 鹿下旨	47	농업	종신형
9	姜齊平	大靜 瀛南里	28	농업	종신형, 民軍의 先軍領

---

19) 박찬식, 위 논문; 오세창, 「1898년 제주 방성칠란고」, 『한국민족운동사연구』 제21집, 1999.

순번	성명	거주지	나이	신분(직업)	비고
10	金才能	大靜 大浦里 火田	36	농업	징역 15년
11	金安日	大靜 道順 法井洞	48	농업	종신형, 民軍의 先軍領
12	梁用已	大靜 上文里	44	농업	종신형, 民軍의 後軍領
13	姜如云	大靜 西峙	46	농업	징역 15년
14	姜明松				民軍의 後軍領, 도망
15	吳乙生				聚丁 來會, 도망
16	房星化				방성칠의 弟, 聚丁 來會, 도망
17	文基成				방성칠을 隨從
18	房鎭玉				방성칠의 친족
19	金成均				請兵書와 都錄册 작성, 도망

(『司法稟報』, 察理使兼濟州牧使 朴用元의 보고서;『光武四年 濟州牧刑名簿』(奎-21278))

2) '방성칠란' 일지

2. 3. 제주목사 이병휘가 탐학하여 도민의 원성을 삼.

2. 7. 장두 방성칠을 비롯한 수백 명이 화전세·마장세·호포의 지나친 징수, 환곡 폐단을 이유로 소를 제기했으나 목사 이병휘의 회유로 해산함.

2. 20. 제주목사 이병휘가 면직되고, 신임 제주목사 박용원이 제수됨.

2. 26. 민요의 설이 파다하게 퍼짐.

2. 28. '방성칠란' 발발.

3. 1. 민당 수만 명이 성 밖에 운집함.

3. 2. 목사 이병휘, 대정군수 채구석이 민란 와중에 중상 입음.

3. 3. 목사 이병휘 피신.

3. 5. 김응빈이 창의장이 되어 민당 討賊을 결의함.

3. 6.   민당 2천여 명이 조천을 공격.

3. 7.   장두 방성칠이 각 포구에 명령을 내려 선척 출입을 엄금함.

3. 8.   민요와 관련 신임 제주목사 박용원을 찰리사로 임명. 대정군수 채구석을 파면함.

3. 9.   법부가 제주목사 이병휘를 체포토록 함.

3. 14. 제주성 수복됨.

3. 15. 장두 방성칠 피살.

3. 17. 제주민들, "이병휘 목사의 죄가 방성칠보다 심하다."라며 이병휘 목사의 명을 거부함.

3. 22. 제주도민 정서는 방성칠이 억울하게 죽었다고 크게 분하고 억울해함.

4. 2.   전 목사 이병휘와 대정군수 채구석을 법부에서 압송 조사.

제3장

천주교의 제주지역 전래와 토착문화와의 갈등

제3장
천주교의 제주지역 전래와 토착문화와의 갈등

1. 천주교의 제주지역 전래

　제주지역에 대한 천주교 전교는 1899년 4월 22일 뮈텔 주교가 페네 (Peynet) 신부와 金元永 신부를 제주도에 파견하면서 시작되었다. 페네 신부는 제주에서의 전교에 상당한 어려움을 겪었다. 결국 페네 신부는 1900년 2월에 제주를 떠났고, 4월에 서울에서 열린 사제 피정에 참석한 후 전라도 수류 본당(김제군 금산면 화율리)으로 전임되었다. 따라서 제주에서의 초기 전교 활동은 김원영 신부가 주도하였다. 1900년 3월 22일자 김원영 신부의 편지에 의하면, 신자 수가 5명인데, 부활 때까지는 10~15명이 될 것이라고 하였다.[1]

　1900년 4월 말의 정기 피정이 끝난 후 뮈텔 주교는 페네 신부 대신에 수

---

1) 「뮈텔문서」, 김원영 신부의 1900년 3월 22일자 서한.

류 본당의 라크루(Lacrout) 신부를 제주에 파견하였다. 라크루 신부의 부임 이후 라크루 신부는 제주본당을 담당하고, 김원영 신부는 1900년 6월 12일 정의군 하논(大畓洞)에 정착해 이곳을 중심으로 전교하였다.

제주 선교 1년밖에 안 된 1900년 후반에 이르자, 교세는 급속도로 확대되었다. 제주본당의 경우, 1900년 8월에 이르러서는 성당으로 사용되는 사랑을 증축하든지 아니면 새로 큰 집을 마련하지 않으면 안 될 정도로 교민 수가 급증하였다. 하논본당의 경우, 9월에 이미 6·70명의 예비신자가 있었는데, 1901년 초에는 영세자 50명을 배출하였고, 예비신자가 4백 명으로 급증하였다. 결국 1901년의 보고에 의하면, 2년간의 전교로 242명이 영세하고, 6·7백 명의 예비신자를 확보하게 되었다.

1) 교세의 확대

1901년 민란이 일어나기 전까지 교세는 하논본당 관할 구역인 제주도 남부 지역이 제주본당 관할 구역인 북부 지역보다 강하였다. 그 까닭은 북부 지역의 페네 신부가 외국인 신부로서 전교상의 어려움을 겪었던 반면, 남부 지역을 맡았던 김원영 신부는 한국인으로서 1900년 6월 하논본당의 설립을 계기로 교세를 확장시켰기 때문으로 보인다.

민란이 발생하기 전의 지역별 교민 수가 파악되는 하논본당 관할 구역만 대상으로 하였을 때, 우선 정의군 관내에서는 본당이 있었던 하논 지역과 그 인근 홍로 지역의 교세가 가장 강하다. 그런데 정의군 내에서 주목되는 곳은 양근 지역이다. 양근리는 중산간 화전 마을로서, 빈농들이 거주하였던 곳이다. 이곳은 하논본당과 떨어진 벽지에 위치해 있으면서도 교세가 강하게 나타나고 있다. 아마 이 지역은 일종의 교민촌을 형성하였던 것이 아닌가 생각된다.[2] 대정군 관내에서도 교세가 강한 지역은 산촌인 색달리(중문면 색달리)로 나타나고 있다. 이곳도 당시에는 화전민들이 다수 살았던 곳으로서, 교민촌을 이루었던 곳으로 보인다.[3] 따라서 하논본당의 교민들은 대체로 본당이 위치한 지역을 중심으로 하여 산간벽지에 이르기까지 넓게 분포하고 있었던 것으로 보인다. 그러나 제주도 남부 지역의 경우 邑治 지역인 대정과 성읍에는 교민이 거의 확인되지 않고 있다.

북부 지역인 제주군의 경우에는 1901년 당시 교세를 파악할 자료는 없다. 그러나 「뮈텔문서」 가운데 당시 천주교 측 피해자 명단이 나와 있는데,[4] 제주본당이 있던 읍내와 가까운 광양동에 교민이 집중되어 있음을 알 수 있다. 그리고 금악리와 연평리는 산간벽지와 섬 지역으로서, 제주군의 교민들도 본당과 떨어진 벽지에까지 교민촌을 이루고 생활하였음을 알 수 있다.

하논본당 신자 가운데 남자는 87명, 여자는 37명으로 파악되어, 남자 신자의 수가 상당히 많음을 알 수 있다. 특히 남자 신자 가운데 20대에서 40대에 걸치는 청장년층은 42명으로서 같은 연령대의 여자 신자가 17명이었던 데 비하여 압도적으로 많다. 이는 19세기 조선 천주교 신자의 반

---

2) 양근리 외에도 화전·수망·민오름·도노름·가지롬 등의 지역은 중산간 지대로서, 화전민들이 많이 거주하던 곳이다.
3) 색달리 외에도 창천, 녹화지, 새당, 도래물, 상천 등이 산촌으로서, 화전민들이 주로 거주하던 지역이다.
4) 「뮈텔문서」(제주-70), 「辛丑八月 濟州三郡敎人家舍什物燒盡成冊」.

수 이상을 여신도가 차지하였던 것5)과는 다른 양상이다. 이는 19세기 천주교회가 정부의 탄압을 받으면서 은밀하게 주로 부녀자들을 대상으로 포교가 이루어졌던 반면, 19세기 말에 와서는 공개적인 포교가 이루어져서 남성 위주의 교회로 변화한 결과일 것이다. 물론 이 시기에도 여성들의 경우 일과 후에 성당에 모여서 정기적으로 기도 모임을 갖는 등6) 내세 지향적인 성향이 강하였다고 보인다. 그러나 남성 위주의 교민 구성은, 당시 천주교회가 사회적 이해관계에 민감한 사람들로 구성되어 있었음을 보여 준다고 할 수 있다.

2) 교민 구성

하논성당 세례대장을 통하여 교회 지도자로서 세례 때 대부를 맡았던 남자 신자들로는 박고스마, 신바오로·신아오스딩, 신이시돌, 최요한, 김도마, 강도비아, 강마오로, 김시메온 등이 확인된다. 그리고 대모를 맡은 여신자는 이마리아, 임프란치스까, 백말따, 한막달레나, 김글라라 등이다. 이들 가운데 박고스마, 김도마, 이마리아, 백말따는 제주도 외에서 들어온 신자들로 확인된다. 특히 박고스마는 김원영 신부의 충실한 복사였고 회장이었다. 그는 본시 경상도 출신으로 영세한 지 몇 년 되지 않았지만 젊고 능변이며 교리에 통달하여서 선교사들에게 유능한 인물로 인정받고 있었다고 한다.7) 그는 1901년 3월에 교민 무리를 이끌고 산저포

---

5) 趙珖, 「辛酉迫害의 分析的 考察」, 『敎會史硏究』 1, 1977, 45~46쪽.
6) 「뮈텔문서」, 김원영 신부의 1900년 9월 6일자 서한.
7) 金玉姬, 『濟州島辛丑年敎難史』, 27쪽.

로 가서 체임되어 가는 전 목사 李庠珪에게 시위를 전개하는 데 주동 역할을 하였다.[8] 그 뒤에 그는 민란 참여세력에 의해 살해당했다.

한편 제주본당의 경우, 라크루 신부가 1900년 5월 전라도 水流본당에서 제주본당으로 부임할 때 식모와 복사로 각각 데리고 왔다는 이마리아·신재순(아오스딩) 모자 또한 충청도 출신으로 천주교 탄압 시기에 사형당한 집안 출신이었다고 한다.[9] 또한 제주본당의 지도자였던 자들은 대부분 崔亨順·李容鎬·張允善 등 유배인이었다. 그러므로 당시 제주지역 천주교회의 지도자들 가운데 다수가 도외에서 새로이 입도한 자들이었다는 특징을 살필 수 있다. 이러한 점은 민란 당시 제주도민들의 배타적 정서를 부추기는 결과를 초래하였을 것이다.

민란 직전 제주지역의 천주교민 가운데 주목되는 자들은 유배 죄인들이었다.[10] 이들 가운데 이용호·최형순·李範疇·장윤선 등이 천주교에 의탁하여 자신들의 지위를 도모하거나 신변 보호를 위해 입교하였다. 다음으로는 육지에서 섬으로 들어온 관리들 가운데 일부가 입교하였다. 우선 민란 직전에 제주도를 다녀갔던 內部視察官 丁裕燮이 확인된다. 그는 1900년 10월에 제주에 도착하여 세무 시찰 활동을 펴다가 김원영 신부의 본당에 예비신자로 입교하였다.[11] 그리고 1899년 11월(음)에 입도 부임한 봉세관 강봉헌도 입교하였던 것으로 보인다.[12] 마지막으로 西歸鎭將

---

8) 『續陰晴史』 光武 5년 3월 5일.
9) 金眞召, 「소년服事 申재순의 최후」, 『교회와 역사』 104, 1984, 15~17쪽.
10) 1901년 초 제주도에는 11명의 유배인이 있었다(『光武五年濟州牧刑名簿』, 奎-21123).
11) 「뮈텔문서」, 라크루 신부의 1900년 10월 20일자 서한.
12) 강봉헌은 1899년 12월 7일 내장원 소관 경기도 각둔토목장 사검위원으로서 전라남도 제주목 각둔토목장 사검위원을 겸임하였다(『官報』 1899년 12월 11일). 『駐韓日本公

에 부임하였던 許俊도 천주교에 입교하여 남부지역의 하논본당을 중심으로 상당한 영향력을 행사하였다.13)

다음으로 제주지역의 향리들 가운데 일부가 천주교에 입교하였다. 제주목 書記 高百齡, 대정현 副吏房 金玉㱔, 제주읍의 향리 高時俊·金壽石 등이 그들이다. 이들 외에도 민란참여자들에게 처단자로 지목되었던 高伯龍(고백령과 동일인인 것으로 여겨짐)·高千龍·高蘭天·高一書 등도 향리층인 것으로 보인다.14)

교민들 가운데 일반 평민들의 명단은 「뮈텔문서」의 「敎弊成冊」을 통하여 일부 파악된다. 정의군 교민들의 이름과 사회적 지위는 다음과 같다.

使館記錄』에는 봉세관 강봉헌의 입도 시기를 1899년 음력 11월로 기록하였다. 대한제국 황실고문이었던 샌즈의 기록에 의하면, 강봉헌은 천주교 신자였다고 한다.
"올해 초기, 악마같은 수단꾼 무리 중 한 명이 황제에게, 몇 년 전에 경감되었던 세금을 포함하여 제주도에서 체불된 세금을 모두 징수하여 황실내탕금에 필요한 돈을 마련할 것을 제의하였다. (제주도에) 도착하자마자 그는 거기에 덧붙여 몇 가지 새로운 세금들을 만들어냈다. 도민들이 반대했을 때, 그는 이전에는 자신이 프랑스 선교사의 수행원이었던 것을 기억하고는 다시 천주교도가 되었다. 심지어는 신부들에게 알리지도 않고 그는 원주민 천주교도에 대해서는 세금을 면제해 주겠다고 주장하기까지 했다. 반란이 일어났을 때 그는 피난해 버렸고, 천주교가 그 싸움의 논쟁점이 되었다." (『조선비망록』, 집문당, 1999).
13) 「뮈텔문서」(제주-149), 「旌義郡敎弊卞白大槩」, 成冊中敎人許俊某件作弊等事條.
14) 敎堂設始魁首 高平巳·高日西·高蘭天 三父子 不參於吏校事(「뮈텔문서」(제주-139), 「都會所의 大小民人들에게 보낸 通文」). 이 자료를 보면, 이들은 민군에 의해서 처단자로 지목되었던 교민들이었고, 교당 설립을 주도하였음을 알 수 있다. 민군 측에서는 이들을 吏校들의 일에 참여하지 못하게 하였던 것으로 보건대, 이들은 향리층이었음이 분명하다.

〈표 3-1〉 정의군 교민들의 사회적 지위

이름	사회적 지위	근거 자료
李己善	耕農者, 舍音職員	「教弊卞白」1조, 19조
洪信圭	殘民(至貧)	「教弊卞白」7조
洪章善 형제	商業資生, 無資本之致로 生道極艱	「教弊卞白」27조
吳致權	新山里 金明廉家의 1년 雇工	「教弊成冊」31조
吳永信	어민, 旌義郡守 金熙冑의 사돈	「教弊卞白」66조
玄在桓	西烘里 邊用世家의 婢夫	「教弊成冊」・「教弊卞白」133조
洪淳炳	舍音	「旌義郡各公土調査成冊」・「教弊成冊」142조
洪南一	舍音	「旌義郡各公土調査成冊」・「教弊成冊」141조
申永希	舍音	「旌義郡各公土調査成冊」・「教弊成冊」137조
吳致憲	舍音	「旌義郡各公土調査成冊」・「教弊成冊」159조
金弘祚	作人	「旌義郡各公土調査成冊」・「教弊成冊」147조

이 표에서 보듯이, 이들 가운데 다수가 경제적으로 빈민층에 속한다고 볼 수 있다. 물론 마름들이 다수 보이는데, 이들은 기존 마름이 아니라 교세에 의지하여 새로이 마름이 되었던 자들이므로 이들의 경제적 처지가 모두 좋았다고는 할 수 없다. 즉, 19세기 말 제주지역의 천주교민 가운데 유력양반층은 거의 보이지 않는다. 반면 향리층의 천주교 입교는 두드러졌다. 그리고 나머지 대부분의 교민은 일반 평민층으로 여겨진다. 앞의 지역별 분포에서도 보았듯이, 화전민과 같은 빈민층 입교자는 상당수에 달하였다. 이들 평민층 교민들 가운데는 도외에서 입도한 자들도 다수 존재하였다는 점이 특색으로 보인다. 그리고 유배인들 중 4명이 이 사건에 연루되고 있음이 주목된다.

이들 교민들은 각 계층별로 천주교에 입교하게 된 동기가 달랐을 것이다. 우선 주목되는 계층은 향리층인데, 이들은 향촌사회의 중간계층으로서 특히 조세 수취의 실질적 업무를 담당하던 자들이었다. 그러므로 이들의 입교에는 현실적 이해관계가 크게 작용하였을 것이다. 이들은 제주에 파견되었던 봉세관 강봉헌을 도와서 새로운 수세담당세력으로 등장하였다. 이들은 천주교 신자라는 특권을 가지고 세력화하여 갔다.

한편 일반 평민층의 입교에는 물론 내세지향적인 동기가 작용하였을 것으로 보인다. 그러나 이들이 입교한 주요 원인은 당시 현실적인 어려움에서 탈피하고자 하는 의도가 많이 작용하였다. 특히 교회가 지방관리들의 수탈로 어려움을 겪었던 민인들의 보호처로 인식되면서 다수의 입교가 이루어진 것으로 보인다.[15]

마지막으로 유배인들은 제주도 내에 분산되어 있는 것이 아니라, 제주읍내에 함께 거주하면서 서로 교유하고 있었다. 그리고 김윤식의 『續陰晴史』를 통하여서도 알 수 있듯이, 이들은 당시 국내외정세에 대해서도 민감하게 반응하고 있었다. 그러므로 이들은 순수한 종교적 동기에 의한 것이라기보다는 프랑스를 배경으로 사회세력화한 천주교회의 힘에 의지하고자 입교하였던 것으로 보인다.

2. 천주교의 토착문화 인식

1899년 제주지역에 첫 발을 디딘 천주교 선교사들은 제주도에 대해 전혀 사전 지식이 없었다. 또한 제주에는 교민촌도 없었기 때문에 이들은

---

15) 舊牧 李庠珪가 敎鍊廳에 退住하나 候船하여 未發하다. 向月 錢財를 見奪한 民이 많이 西敎에 入하여 勢에 依하여 作梗코자 하여 舊牧을 往見하고 索錢하니 其困을 不堪하다(『續陰晴史』光武 5년 3월 4일).

현지의 실정에 어두운 조건에서 포교에 나설 수밖에 없었다. 이들의 눈에 제주의 주민들은 "거칠고 미개하며 배타적이며 미신에만 열중하는" 것으로 비쳤다.16) 천주교회는 제주사람을 "난폭하고 잔인",17) "완고"18), "남을 백방으로 비방하고 무고하는"19) 존재로 인식하였다. 1899년 봄 광견의 유행에 같은 서양인 개신교도들이 관련되었다는 풍문이 돌았었는데, 이 때문에 자신들의 선교에 어려움이 있었다고 하였다.20) 페네 신부는 제주에서의 전교의 어려움을 극복하지 못하고 1900년 2월 제주를 떠났다.

교회의 눈에 제주민들의 풍속은 매우 야만적이고 문란한 것으로 받아들여졌다. 교회가 가장 주목한 제주의 풍속은 결혼의 문란함과 무속의 만연이었다. "한 남자가 4~5명의 첩을 맞아들이는 이가 허다하며, 마음대로 본처를 구박하는"21) 일이 흔했고, 지방관이나 유배인들이 공공연히 기생을 첩으로 삼는다고 하였다.22) 제주사람들은 "아주 타락하여 천성적으로 본토의 한국인보다 못하며, 지독한 미신을 갖고 있다."23)라고 하였다. 제주지역 각 마을마다 두어진 신당을 "요사한 무당이 수풀이나 괴상한 돌을 지정하여 당집"이라 한다고 보았고, "살무사와 뱀을 조상인 어머니이니 하면서 아침저녁으로 향을 피우고 공궤한다."라고 하여 이를

---

16) 「뮈텔 주교가 파리 외방전교회에 보낸 연말보고서」, 1899년.
17) 「뮈텔문서」, 김원영 신부의 1899년 7월 27일자 서한.
18) 「뮈텔문서」(제주-150), 제주 소요에 대한 기록.
19) 「뮈텔문서」(제주-135), 제주 교우의 서한.
20) 「뮈텔문서」, 페네 신부의 1899년 10월 31일자 서한. 당시 제주에 유배와 있던 김윤식의 일기에도 이와 같은 내용이 적혀 있다(『續陰晴史』 光武 3년 3월 16일; 4월 20일; 4월 21일; 4월 25일).
21) 『수신영약』 21항, 주색잡기.
22) 「뮈텔문서」, 라크루 신부의 1900년 8월 12일자 서한.
23) 「뮈텔문서」, 페네 신부의 1899년 10월 8일자 서한.

믿는 부녀자들을 "우매하다."라고 지적하였다.24) 더구나 제주의 무당들이 계를 조직하여 치부함으로써, "우매한 백성들을 유혹하고 속인다."라고 강력히 비판하였다.25)

교회의 입장에서 제주사람들은 야만인이고 교회 설립에 반대할 것이 분명하므로 선교를 통해서 계몽해야 할 대상이었다. 교회는 이러한 풍속을 전교에 방해가 되는 것으로 판단하여 적극적으로 배척하는 데 주력하였다. 김원영 신부는 결국 1900년 초 천주교 교리에 입각하여 제주도의 여러 풍속을 교정하기 위해 『修身靈藥』이라는 글을 작성하였다.

『수신영약』은 제주사람들이 행하던 유교제례와 무속신앙 등을 이단으로 규정하고 이를 원시유학과 천주교 교리를 동원하여 이론적으로 비판한 호교서적이다. '修身靈藥'의 의미는 이 글의 끝에 "좋은 肉身의 敎師宅에 있는 藥만 求請할 것이 아니라, 靈魂의 좋은 藥을 얻어 듣고"26)라는 문구에서 보듯이, '몸을 수양하는 데 필요한 영혼의 명약', 즉 천주교 교리를 일컫는 것이었다.

김원영 신부는 제주 선교 초기에 상당한 어려움을 겪었는데,27) 이 글을 쓰게 된 동기도 여기에서 비롯되었다. 글 서문에서 그는 제주사람들이 "하느님은 공경치 아니하고 이단사상에 골몰하며", "성교하려 하는 사람까지 모함하고 훼방하는" 일을 안타까워하였다.28) 앞으로는 제주민들이

---

24) 「뮈텔문서」(제주-149), 旌義郡敎弊卞白大槩.
25) 위와 같음.
26) 『수신영약』 26항, 약.
27) 「뮈텔문서」, 페네 신부의 1899년 7월 21일자 서한; 「뮈텔문서」, 김원영 신부의 1899년 10월 29일자 서한.
28) 『수신영약』, 탄식서.

"土木사상과 이단 숭배"를 끊고 천주교를 믿게끔 하려는 것이 이 글을 집필하게 된 주요 의도였다. 그는 이 글의 집필을 위해 제주에 유배와 있던 전 한성판윤 金經夏로부터 제주도에 관한 역사책을 얻어서 국한문으로 요약했으며, 조선 포교를 위한 불어판 관습법을 읽기도 하였다.[29] 그는 이 책을 교민들을 위한 강론에 활용하고자 하였다.[30]

이와 같은 점에서 『수신영약』은 당시 제주지역의 천주교회가 토착문화를 어떻게 이해하고 있었는지를 파악하는 데 중요한 자료가 아닐 수 없다. 목차를 통해 알 수 있듯이, 김원영 신부는 우선 천주교의 교리를 유교 이론이나 경전 문구를 인용하여 설명함으로써 유교의례나 관습에 젖어 있던 제주민들의 천주교 입교를 유도하였다. 여기에서 더 나아가 전면적으로 유교식 제사를 부정하는 내용이 전개된다. 이어서 18항(내외유분별), 19항(혼배), 20항(첩을 불취), 21항(주색잡기) 등 4개 항이나 할애하여 제주지역 결혼 풍속의 문제점을 지적하였다. 마지막으로 『수신영약』에서 가장 핵심적 내용이라 할 수 있는 제주지역의 민간 신앙 및 각종 제사의례를 소개하고 이를 이단으로 규정, 부정하는 내용이 들어 있다. 이런 내용 구성에 비추어 볼 때, 이 글을 통하여 당시 천주교회의 토착문화 인식을 충분히 엿볼 수 있다. 조선시대 제주지역 토착문화의 지속적인 변화 과정을 고려하면서 하나하나 살펴보도록 하자.

조선 초기 제주지역에도 鄕校·精舍·學堂의 설치, 각종 유교식 제사의례의 실시 등을 통해 유교문화가 국가적으로 파급되었다. 그러나 조선 중기까지 국가의 유교적 興學 정책은 실효를 거두지 못하였다. 17세기 초

---

29) 「뮈텔문서」, 김원영 신부의 1900년 9월 8일자 서한.
30) 「뮈텔문서」, 김원영 신부의 1900년 6월 10일자 서한.

제주에 어사로 파견되었던 金尙憲은 "제주의 지식인들이 향교 출입을 꺼리고 武任職을 선호한다."라고 할 정도였다. 뿐만 아니라 인조대 이전까지 제주 출신으로 과거에 합격한 자가 전무하였다는 점은 이를 충분히 입증한다. 심지어 18세기 초 숙종대에도 "삼읍에 문과급제자 두 사람 있는데, 문에는 방문하는 자도 없고, 길에서 절하는 사람도 없으며, 사람들이 이들을 대함이 面任이나 將官만 같지 못하다."라고 하였다.[31]

그러나 조선 후기에 들어와서 조정에서 어사를 자주 파견하여 文武科를 設行함으로써 과거입격자가 꾸준히 증가하였고, 유력 정치인들의 유배 入島에 영향을 받아 교학이 진흥됨으로써 제주지역의 유교문화는 그 기반을 다져가게 되었다. 이를 토착문화의 면에서 엿볼 수 있는 것이 각종 의례의 변화라고 할 수 있다. 즉, 탐라국시대 이래 치러지던 각종 국가의례의 정비, 민간의례의 경우 개개 가호에서의 유교식 제사의 일반화 및 마을 단위에서 巫敎式 신당굿과 유교식 酺祭의 이원적 致祭 등을 특징으로 한다.[32] 특히 조선 후기 의례의 유교식 변화에 결정적 계기가 되었던 사건은 18세기 초 李衡祥 제주목사의 신당 파괴 및 각종 국가의례의 정비라고 할 수 있다.[33] 이형상 목사는 광양당신제·차귀당신제·풍운뇌우

---

31) 『南宦博物』, 誌風俗.
32) 이에 대해서는 다음의 글들이 참조된다.
　　조성윤, 「19세기 제주도의 국가제사」, 『19세기 제주사회 연구』, 일지사, 1997.
　　박경하, 「조선후기 유교제의와 토착신앙과의 관계」, 『역사민속학』 7, 1998.
　　조성윤·박찬식, 「조선후기 제주지역의 지배체제와 주민의 신앙」, 『탐라문화』 19, 1998.
　　이대화, 「제주도 포제의 역사민속학적 고찰」, 한국정신문화연구원 한국학대학원 석사학위논문, 1999.
33) 조성윤·박찬식, 위의 글.

제 등 민간 제사를 유교식으로 개혁하고자 하였지만, 광양당은 한라산제로 오히려 수용되었고, 풍운뇌우제는 잠시 폐지되었다가 도민들의 반발로 이형상 목사가 퇴임하자마자 다시 모셔졌다.

19세기에 이르기까지 제주지역 유교문화는 무교와의 대립 및 상호 보완의 과정을 거쳤다고 요약할 수 있다. 제주도에서 실시된 국가의례는 다른 지방과 비슷하지만, 풍운뇌우제나 한라산제와 같은 특수한 것도 보이는데, 이는 제주도에서 실시된 유교식 국가제사가 우여곡절을 겪었으며, 탐라국시대 이래의 무교식의 전통적인 제사방식과 상당한 정도로 대립하며 진행되었음을 말한다. 그러나 제주민들은 사직대제나 석전제 등에 대한 관심은 덜하였고, 성황제와 여제·풍운뇌우제에 관심이 컸으며, 여기에서 모시는 신이 제주민의 신앙 대상이었다. 국가는 계속적으로 제주민들을 유교적인 질서 속에 묶어두려고 하였으나 19세기 말에 이르기까지 유교식 제사가 우위를 보였다고 말하기는 힘들다.[34] 이런 유교와 무교와의 대립 과정에 19세기 말 천주교가 들어와 새로운 문화적 갈등을 야기함으로써 제주지역의 토착문화는 복잡한 양상을 띠게 되었다.

조선 후기 제주지역 토착문화의 변화를 주도하였던 유교문화집단, 즉 유림의 동향에도 주목할 필요가 있다. 이와 관련하여 순조 19년(1819)에 이형상이 제주유림들에 의해 鄕賢祠에 배향되었다는 사실은 주목된다. 신당을 격파하고 각종 의례를 유교식으로 바꿈으로써 제주민들에게 원성의 대상이었던 이형상이 오히려 19세기 전반에 와서 유림들에 의해 배향되는 사실은 이제 유교가 지배적인 이데올로기로 자리 잡아 가고 있음

---

[34] 위와 같음.

을 보여주는 단서라 할 만하다. 이와 함께 마을공동체 제사인 酺祭가 19세기 후반에 제주도 전역으로 파급되어 감으로써 무교식 본향당굿과 함께 촌민들에 의해 치제되었다.35) 포제의 주도권은 마을의 유력자로서 남성들이 주도하였고, 이에 따라 개개 가호에서도 남성 위주의 유교식 제사가 일반적으로 보급되었다.36)

한편 19세기 후반 유교문화의 보편화와는 달리 제주유림의 세력은 약화되었던 것으로 보인다. 순조 11년(1811) 제주목사로 왔던 趙貞喆이 "귤림서원의 선비들이 도학을 서로 숭상하여 학문을 보는 경향이 융성하다."라고 한 것과는 달리, 광무 2년(1898) 제주에 유배 중이던 김윤식은 이들 서원의 선비를 다시 볼 수가 없다고 하였다.37) 또한 1898년 당시 司馬齋가 제주읍내 소년들을 모아서 일본어를 가르치는 곳으로 바뀜에 따라 李奎恒 훈장 및 유생들 39명이 회의를 하고 목사에게 사마재를 돌려줄 것을 호소하는 지경에 이르기도 하였다.38) 이는 이전에 보지 못하였던 신학문과 구학문의 충돌로서 제주 유림들의 세력 약화를 단적으로 보여준다.

이러한 현상은 대원군의 서원훼철령에 따라 귤림서원 등이 폐지됨으로써 유생들의 결집체가 와해된 데에도 원인이 있다. 그러나 새로이 성장한 향촌사회 내 신흥세력들도 유교 명분을 강조하며 자신들의 권위를 내

---

35) 이대화, 앞의 글.
36) 김윤식의 『續陰晴史』에 의하면, "섬사람들은 단오를 가장 중하게 여긴다. 집집마다 쌀밥으로 그 조상을 제사한다."(光武 2년 6월 23일), "(한가위 날) 읍성 안에서 소를 도살하는 게 40여 마리, 돼지를 잡는 게 100여 마리가 되며, 비록 가난한 집일지라도 모두 쌀밥과 고깃국으로 그 선조에게 제사한다."(光武 2년 9월 30일)라고 하여, 19세기 말 제주지역의 민간 제사문화가 일반화되었음을 알 수 있다.
37) 『續陰晴史』 光武 2년 4월 17일.
38) 『續陰晴史』 光武 2년 8월 4일.

세움으로써 유생들의 이념 독점은 가능하지 않았다. 향임직에 대거 진출한 신향층은 마을 포제 등을 주도하게 됨으로써 유생들은 사직대제·향교 석전제 등 공식적인 의례에 참여하는 데 만족하여야 했다.39) 갑오·을미개혁에 따른 신식 행정제도의 실시와 단발령의 단행에 반발해 건양 원년(1896) 제주군 漢北里 유생 姜瑜爽과 宋啓弘 등이 민란을 일으켜 경무청을 파괴하였는데, 이는 당시 유생층의 불만을 대변한 것이었다.

　이러한 19세기 말 제주지역 토착문화의 구도 속에 전래된 천주교는 유교문화 및 무속문화에 대해 각각 대응하지 않으면 안 되었다.『수신영약』은 그러한 교회의 고뇌를 잘 담고 있다. 우선 유교문화에 대하여『수신영약』에서는 정면 배격을 피하였다. 오히려 유교논리를 이용하여 천주교 교리를 설명함으로써 서양 외래종교라는 편견을 완화시키고자 하였다. 김원영 신부는 해박한 유교경서에 대한 이해를 바탕으로 경서의 문구를 적극적으로 인용하여 교리를 해설하였다.40)

---

39) 1883년과 1884년에 제주목·대정현·정의현에서 행해진 제사 종류와 獻官들의 직위를 보면, 사직대제와 석전제를 제외하고는 유학·진사 등이 헌관으로 참여한 예가 거의 보이지 않는다(조성윤, 앞의 글 참조).
40) 다음과 같은 표현들을 예로 들 수 있다.
　"사람이 천주께로 조차 오는 고로 천주의 모상이 있어 元亨利貞과 仁義禮智로 범백사를 다 행하고, 三綱五常이 擇善하게 하고 非禮非義의 일을 행하지 말게 하나…." (『수신영약』 4항, 사람이 무엇이뇨)
　"옛날 孔子와 같이 하여 '朝聞道면 夕死라도 可라' 하는 말씀 模本하소."(『수신영약』 8항, 타인이 불봉성교)
　"老兄도 儒道法理를 알면서 선생되시는 孟子의 말을 輕忽히 하려 하오. 孟子 일권에 어찌 이런 말로 미리 경책치 아니 하셨으리오. '何必日利 而亦有仁義이라' 하니, 仁義禮智로 줄진 천주성교 하시기로 정심하오."(『수신영약』 13항, 우리지방 성교인적음)
　"普世萬民이 孝悌忠信을 알되 우리 성교인만 不忠不孝하랴."(『수신영약』 17항, 성교능욕)
　"어찌 우리 성교하는 사람은 五倫과 三綱이 없단 말이오."(『수신영약』 18항, 내외유

그러면서도 "태서양 각국과 중국과 일본과 조선까지 전하여 내려오니, 공평한 우리 천주교는 무론귀천 노소남녀 사농공상하고 다하니 그 수 참 누억에 넘고 넘느니라."[41]라고 하여 유교의 명분론에 입각한 신분제 및 중국적 세계관을 부정하였다. 신분제를 부정하지만 각 계층에 대한 포교의 전략은 따로 제시하였다. 양반유생층을 향해서는 한국 천주교 수용의 주역이 양반이었음을 강조하였고, 기층민에게는 "부귀한 자는 성교하기에 担擔이 많고, 가난한 촌백성들은 성교하기에 어려운 사정이 많지 않음이라."[42]라고 하여 계층별로 설득력 있는 포교 논리를 제시하였다. 천주교가 외래종교라서 마땅히 배척해야 한다는 척사적 논리에 대하여는 유교도 불교도 외래종교임을 강조하면서 서교(천주교)를 배척함은 사리에 맞지 않다는 논리를 펼쳤다.[43] 유교 논리를 이용하기는 했지만 유교와의 차별성은 분명히 강조하였다. 유교는 단지 두세 나라에서만 봉행되어 공변되지 아니하며, "부처, 노자, 공자 모두 다 천주 성교에 미치지 못한다."[44]라고 하였다.

　19세기 말 기층민들에게도 일반화되었던 조상 제사에 대해서는 강력히 부정하였다. 3·4대 부모만 제사를 지내는 것, 영혼이 없는 목패를 신주 삼아 혼을 불러 헛되이 배례하는 의식, 제상에 음식을 올려놓는 방식 등의 문제점을 지적하였다.[45] "주자께서 죽은 부모 앞에 음식을 차려 두라 함

　　분별)
　　"대개 부부는 爲五倫之首로다."(『수신영약』 19항, 혼배)
41) 『수신영약』 9항, 많은 편을 따른다.
42) 『수신영약』 11항, 부귀한자 불봉성교.
43) 『수신영약』 5항, 사람이 무엇이뇨.
44) 『수신영약』 12항, 만민이 마땅히 봉사천주.

은 기왕 돌아가신 부모 생각하라 하셨지 초혼하여 虛拜하라는 말씀은 없으며, 또 옛적 夏·商·周朝에 이런 제사로 돌아가신 부모를 공경하지 아니하였어도 堯舜·禹湯 같은 성인네는 부모에게 효성이 지극하셨으니, 가히 제상 아니 차려 놓고 虛拜 아니 하였다.", "상고시에는 郊社之禮로 所以祀上帝하였다."라고 하여, 원시유학의 취지에 어긋나는 것이며 주자의 가례에도 어긋나는 것이라 하여, 같은 유교 논리로 배격하는 방법을 취했다. 그러나 이는 제사를 이단으로 취급함으로써 유교 명분을 강조하는 척사 유생층이나 마을 신향 유력자들을 모두 자극시킬 개연성이 있었다.

다음으로『수신영약』에는 토착문화의 근간을 이루는 민간 무속신앙과 제주지역에서 행해지는 각종 제례에 대해 소개하고 이를 이단으로 규정하여 배격하는 내용이 담겨 있다. 이 내용은『수신영약』의 핵심으로서, 김원영 신부를 포함한 제주지역 천주교회가 가장 관심을 가지고 대응했으며, 뒤에서 보듯이 1901년 제주민란의 주요 발발 원인으로 작용했다.

김원영 신부는『수신영약』에서 제주지방에 천주교인이 적은 까닭을 "근래 여러 이단이 발기한 때문"으로 파악하였다.[46] 글의 말미에서 그는 제주도가 면적은 작지만 이단사상은 풍부하여, 자신이 힘을 다해 파악하고자 했으나 만에 하나둘 정도만 기재했다고 하였다.[47] 그 가운데 뱀 신앙을 교회는 가장 주목하였다. 뱀을 칠성할망이라 칭하며 쌀이나 밥을 뿌려주며 봉양하는 것을 요사스럽다고 했다.[48] 특히 徐憐 판관이 김녕사굴

---

45)『수신영약』7항, 누대 목패봉사.
46)『수신영약』13항, 우리지방 성교인 적음.
47)『수신영약』25항, 제주 각 이단.
48)『수신영약』12항, 만민이 마땅히 봉사천주; 22항, 배암을 공경치 못함이라.

뱀신을 죽인 것49)과 이형상 목사가 무당과 승려들을 혁파해버린 사실50)을 예로 들면서 이를 적극 옹호하는 태도를 취하고 있다.51) 김원영 신부는 제주도 역사를 살펴보면서 이 두 가지 사례에 상당히 주목했던 것으로 보인다. 즉, 제주도 민간 구비전승에서 매우 부정적으로 그려지고 있는 두 인물을 교회의 무속신앙 부정을 정당화시키는 역사적 상징으로 받아들였던 것이다.

이어서 『수신영약』 25항에서는 제주지역에서 행해지는 각종 제례 및 미신을 22가지로 분류하여 이단으로 규정하고 부정하여 놓았다.52) 이를 김원영 신부는 "내가 신부가 되어 제주도에 와서 풍속을 견문하니 내지와 다른 것이 허다하다."라고 하였다. 이것들을 차례대로 열거하면 다음과 같다.

1) 삼성사 시조제 2) 거리제 3) 신당/신목 숭배(본향당굿) 4) 명감 5) 포제/천제 6) 절터에서 무당이 굿함 7) 용신제(요왕굿) 8) 칠성제 9) 전방귀신 숭배 10) 집터 사문제 11) 지붕 새로 인 다음에 비 오면 부자 된다는 미신 12) 집이 불탔을 때 무당 불러 굿함 13) 집을 새로 일 때 택일하지 않고 넘길 수 있는 방법(미신) 14) 영등제 15) 뚝할망제 16) 마주단(마조제) 17) 풍우래단(풍운뇌우제) 18) 해신제 19) 예단(여제) 20) 석전제 21) 소렴당 22) 배 출선시 고사 지냄

---

49) 서련은 중종 8년(1513)~중종 10년(1515) 제주판관으로 재직했는데, 재직 시 김녕사굴에 있는 妖蛇를 죽였다고 한다.
50) 이형상은 숙종 28년(1702)~숙종 29년(1703)에 제주목사로 재직했다. 목사 재직시 제주도 내 신당 129개소를 소각하였고 무당 수백 명을 귀가시켰다(『南宦博物』 誌風俗).
51) 『수신영약』 12항, 만민이 마땅히 봉사천주; 25항, 제주 각 이단.
52) 『수신영약』 25항, 제주 각 이단.

이것들은 크게 국가제사, 마을제사, 각종 미신으로 구분할 수 있다. 여기에서 주목되는 것은 군현에서 지방관이 주관하여 행하던 국가제사와 민간에서 유교식이나 무속으로 행해지던 각종 마을제사들이다. 이들 제사들은 대부분 이전부터 제주지역에서 행해지던 제사들로 보인다.(다음의 표 참조)

〈표 3-2〉 조선시대 제주지역의 각종 제사

제사의 종류		新增東國輿地勝覽(15세기)	耽羅志(17세기 중)	南宦博物(18세기 초)	耽羅誌(19세기 중)	修身靈藥(20세기 초)
국가제사	삼성사 시조제사			○	○	○
	사직제	○	○	○	○	
	석전제	○	○	○	○	○
	풍운뇌우제		○	○	○	○
	성황제		○	○	○	
	여제	○	○	○	○	
	둑제		○	○	○	
	한라산제			○	○	
	칠성제					
	마조제			○		○
	해신제				○	
마을제사 (민간제사)	본향당굿	○	○	○		○
	거리제	○	○	○		○
	영등제	○	○	○		○
	광양당제	○	○	○		
	차귀당제	○	○	○		
	명감					○
	포제					○
	용신제(요왕굿)					○

(※ 각 문헌에 관련 제사 내용이 수록되어 있으면 ○로 표기하였음. ○표기가 없다고 하여 제사가 실시되지 않은 것은 아님)

『수신영약』에 소개된 제사들은 거의 어김없이 조선시대 이전부터 지속적으로 이어져 내려온 것들이다. 국가제사는 대부분 조선 초기에 정비되고, 특히 이형상 목사 재임 기간에 유교식으로 바뀌긴 하였지만, 상당수의 것들이 독특한 양상을 띠고 있었다. 그 대표적인 것이 풍운뇌우제와 둑제로 보인다. 풍운뇌우제는 탐라국시대로부터 계속 실시되어 왔는데,53) 이형상 목사의 건의에 의해 일시적으로 중지되었다가 복설된 것이다.54) 둑제(纛祭)는 군대의 깃발 중 가장 중요한 纛旗에 지내는 제사로서, 원래 일 년에 두 차례 모두 격식을 갖추어 실시되었는데, 국가 방위 차원에서 중요시되어 예외 없이 진행된 국가제사이다. 그러나『수신영약』에는 "둑할망은 其前에 제주사람이 표풍하여 기 지사경에 외눈박이 장수하고 싸울 제 이 둑할망이 도와주고 제주까지 데려다 주었다 하여 당을 지어 위하니…"라고 하여, 제주사람을 위한 제사로서, 국가를 위한 제사와는 성격을 달리하였다.

즉, 위의 제사들은 제주지역의 수호를 위한 제사로서, 탐라국의 독립성을 계속 유지하고자 하는 제주민들의 기원 및 심성이 내면화되어 있는 것으로 보인다. 이와 관련하여 탐라국시대의 유제인 광양당제와 차귀당제는 이형상 목사가 신당 129개소를 소각해 버릴 때 없어진55) 뒤 복설되지

---

53) "군을 설치한 초부터 풍운뇌우단이 있어서 본주에서 치제하였다."(『숙종실록』숙종 45년 11월 임신); "본주의 구례에 의하면 매년 봄과 가을의 사직단 祭日에 별도로 사직단 밑에 단 하나를 만들어 풍운뇌우의 제를 지냅니다… 이는 반드시 탐라의 옛 사례를 이어받은 것이 틀림없다고 생각됩니다."(『南宦博物』26, 誌祠堂)라고 하여, 탐라국시대부터 계속되다가 고려 숙종 때 군현제에 편입되면서도 계속되었음을 알 수 있다.
54) 조성윤·박찬식, 앞의 글, 212~213쪽.
55) 『南宦博物』誌風俗.

못했던 것으로 보인다.56) 그러나 광양당제는 한라산제로 계승되었고,57) 차귀당제는 개별적인 뱀 숭배신앙으로 전승되어 내려왔다.

한편 삼성사 시조제에 대해서는 "당을 지어 춘추로 제사하는데, 고·양·부의 후예들이 모든 타성 가진 이에게 수렴하여 奠祭하니"라고 하여, 이 시기 공식적인 국가제사로 인정받지 못했음을 알 수 있다. 원래 三姓祠는 이형상 목사가 삼성에 대한 제사를 사라진 나라의 시조를 모시는 제사로 간주하여 정부에 賜額해 주도록 요청하여 만들어진 것이다.58) 이는 삼성을 위주로 하는 제주토호 세력을 무마하기 위한 것으로 보이는데, 이 또한 대원군 집권기 서원훼철령으로 타격을 받은 듯하다. 이에 대해서는 유배인 김윤식도 "(삼성사는) 옛적에는 사액묘여서 봄·가을에 향을 내려주었으나 지금은 폐지되어 삼성의 자손들이 사사로이 지붕을 얽어매고 협력하며 모시고 있다."59)라고 하여 저간의 사정을 읽을 수 있다.

다음으로 마을제사로는 거리제·본향당굿·영등제 등이 소개되고 있다. 『신증동국여지승람』에 이들 제사의 내용이 상세하게 나오는 것으로 보아, 이들 제사 또한 연원이 탐라국시대로 거슬러 올라간다고 할 수 있다. 마을제사 가운데 독특한 것은 포제이다. 酺祭는 원래 蝗蟲이 창궐할

---

56) 1898년 당시 김윤식이 '광양당 옛터'를 지나친 적이 있다고 하는 것으로 보아, 이때 광양당 당신제는 치르지 않았다(『續陰晴史』 光武 2년 7월 10일).
57) 조성윤·박찬식, 앞의 글, 213~214쪽. 『수신영약』에는 소개되지 않았지만, 1883년과 1884년에 제주목사가 주재했던 것으로 나오기 때문에 김원영 신부 체류 시에도 치러졌음이 분명하다.
58) 조성윤·박찬식, 앞의 글, 214쪽.
59) 『續陰晴史』 光武 2년 7월 10일.

때 지내던 제사였으며, 京中은 물론이고 州縣에서 지내도록 조선 초『國朝五禮儀』에 규정되었으며, 제주에서도 따로 酺祠를 두어[60] 치제하였다.[61] 그러나 19세기 이후의 제주지역 포제는 국가제사가 아니라 거의 모든 마을이 빠짐없이 행하던 마을제사로 바뀌었다.[62] 마을제사로서의 포제는 이 시기 제주지역에서만 보이는 사례여서 민속학자들의 관심을 끌고 있다.

이와 같이 장기지속적인 문화적 전승으로서 모든 제주민들의 생활 속에 배어있는 신앙형태로서의 제사를 교회가 모조리 이단으로 배격한다는 것은 커다란 문화적 갈등 또는 충돌의 개연성을 안고 있는 것이라 하지 않을 수 없다. 국가제사를 이단으로 규정한 것에서 지방관뿐만 아니라 유림·향임세력과의 문화·종교적 마찰을 예견할 수 있다. 특히 탐라국 시대 이래의 전통을 갖는 제사를 부정한다는 것은 제주민의 문화적 독립성을 부정하는 것이며, 도민공동체를 부정하여 전도민적인 반발을 불러올 가능성을 내포하는 것이다. 나아가 마을제사를 이단으로 규정하면 마을공동체의 전통신앙과 문화를 부정하게 된다. 19세기 이후 집단적인 마을제사는 유교식 포제와 무교식 본향당굿으로 이원화되는데, 이 둘 모두가 이단이라면 제주지역 토착문화 전체를 부정하는 것이 된다. 또한 본향당굿·요왕제·영등굿·뱀신앙 등 제주여성과 밀착된 마을제사를 부정함으로써 여성들과의 문화적 갈등이 심화될 가능성이 높아지게 되는 것이다.

---

60)『南宦博物』誌祠堂.
61) 박경하, 앞의 글, 136~137쪽.
62) 이대화, 앞의 글.

이를 감안한 듯 김원영 신부는 『수신영약』 25항(제주 각 이단)에서 "도구내 마을 사람이 山祭를 하러 갔다가 제주를 지키는 신령이 나타나 '未久에 병선이 와 우리를 칠 것' 이기에 제주를 버리고 떠나갈 터이니… 그 후에 윤선으로 천주성교 전교사가 입도하시니, 해몽하건대 우리 성교가 이 섬에 들어오므로 악귀들이 원한하는 듯하니, 제주 諸僉君子들은 이 핑계 저 핑계 하지 말고 邪神이 기왕 떠났으니 무엇을 바라고 이단을 더하여 斗護치 아니하는 악귀를 공경하리오."라고 하였다. 이러한 내용은 광양당제 신앙의 대상인 廣壤王과 고려시대 제주 지맥을 끊으러 왔다는 胡宗旦과의 대결 모습63)을 연상시킨다. 이는 김원영 신부가 『수신영약』을 쓰기 위해 제주역사서를 읽다가 이 호종단 설화에 주목하여 제주신령과 병선(천주교)과의 대결 속에 성교가 제주신령을 물리쳤다고 묘사한 것으로 추정된다.

그러나 제주신령을 힘으로 물리친다는 인식은 자칫 교민들로 하여금 강압적인 포교를 허용하게 하고, 뒤에서 보듯이 무리한 신당 파괴 등을 가능하게 한 요소가 되었다고 보인다. 이러한 제주신령으로 대표되는 토착문화 전반에 대한 배척은 곧 제주민들에게 천주교를 무력을 갖춘 침탈

---

63) "廣壤堂: 제주성 남쪽 漢拏 護國神祠에 있다. 속설에 전하기를, '한라산신의 아우가 나서부터 성스러운 덕이 있었고, 죽어서는 신이 되었다. 고려 때 송나라 호종단이 와서 이 땅을 壓禳하고 바다에 떠서 돌아가는데, 신이 화하여 매가 되어 돛대 머리에 날아 올랐다. 조금 있다가 북풍이 크게 불어 종단의 배를 쳐부수어 서쪽 지경 비양도 바위 사이에서 죽었다. 조정에서 그 신령스럽고 이상함을 포창하여 食邑을 주고 廣壤王을 봉하고 해마다 좀과 幣帛을 내려 제사하였고 본조에서는 본읍으로 하여금 제사지내게 하였다.' 한다"(『新增東國輿地勝覽』38권, 濟州牧 祠廟). 때문에 여기에 보이는 한라산신과 그 아우 광양왕은 제주민들이 탐라국을 지키는 護國神으로 받들어 왔다.

세력으로 인식하게 하였다.[64] 그리고 민란의 전개 과정에서 장두로 나선 이재수를 "인물됨이 영웅호걸이라고 하며, 커다란 일을 결정할 수 있었던 한라산의 정기를 타고 난 예사 사람이 아니라고 하였다 … 읍안의 인민들이 '장군의 덕에 힘입어 교인들을 죄다 없앰으로써 이 삼군의 인민들이 안도할 수 있게 되니 감대가 하늘과 같습니다.' …"[65]라고 하듯이, 제주를 지켜주는 한라산신의 정기를 이어받은 인물로 인식하고 있었던 것이다.

결국 제주지역에 파견된 선교사들은 제주민을 야만인으로, 제주도를 미신적인 무교의 마법사들이 지배하는 곳으로 인식하였다. 교회는 제주민의 전통적인 토착문화-가치체계, 전통, 관습 및 신앙체계-는 모두 파괴되어야 하고 천주교의 가치질서 아래 재편되어야 한다고 생각했던 것이다. 이는 당시 천주교회의 포교를 담당하였던 프랑스 교회 및 선교사들의 입장과도 상통하는 것으로서, 제주민란 발발의 바탕에 깔린 근본 원인으로 작용하였다고 할 수 있다.

---

[64] '이재수란'에 대한 구비전승 자료를 보면, "서양 법국인들이 총을 가지고 침범했다.", "제주를 빼앗기 위해 외국놈이 왔다."(『한국정신문화연구원 편, 『한국구비문학대계』 9-2, 제주도 제주시편, 1981, 116~123쪽)라는 등의 내용이 있어, 당시 제주민들의 교회에 대한 인식의 편린을 확인할 수 있다.
[65] 『續陰晴史』光武 5년 5월 30일.

3. 천주교회와 토착문화집단과의 갈등

1) 관·토착지배층과의 갈등

① 지방관과의 관계

　1899년 전교에 착수한 교회는 초기에 관과의 관계를 원만하게 유지하였다. 1900년 8월까지만 하여도 라크루 신부는 제주목사 李庠珪 및 제주 판관과도 원만한 관계를 유지하고 있었다. 그러나 1900년 9월에 발생한 라크루 신부의 복사와 김경하·한선회·주사 金種河, 김원영 신부와 정의·대정군수와의 대립 사건으로 교회와 관과의 사이는 상당히 악화되었다.
　이후 제주목사 이상규와 교회 측과의 갈등은 극에 달하였다. 도민들 가운데 상당수가 이상규의 수탈을 피하기 위하여 교회에 입교하였다. 라크루 신부는 교민들 가운데 입교하기 전에 수탈당한 돈의 총액은 대략 2만냥이 넘는다고 하였다. 이러한 상호 대립의 결과, 1901년 3월 5일 이상규가 제주를 떠날 때 하논성당의 박고스마 회장이 교민들을 이끌고 산저포로 가서 폭행을 가하려고 하였던 것이다.
　교회 측은 지방관을 비롯한 관리들의 官弊를 매우 심각한 것으로 인식하였다. 교회 측은 위에서 보았던 이상규 등 지방관의 금전 수탈뿐만 아니라, 鄕職이나 吏職을 둘러싼 폐단, 山訟 과정에서의 뇌물 수수, 향교의 掌議職 매매 등을 그 사례로 거론하였다. 이러한 관폐 때문에 일반 교민들도 지방관에 대한 심한 반감을 가지고 있었다. 민란 직전 오대현과 대립하였던 교민 김옥돌은 지방관의 수탈을 피하여 다수의 민인들이 입교함으로써 교회와 관 사이에 대립이 심화되었다고 하였다.

결국 교회와 지방관과는 우호적인 관계에서 상호 불신·대립으로 진전되었다. 교회가 관의 재판과 명령을 무시하는 사례가 빈발하였다.[66] 나아가 관권의 집행을 방해할 뿐만 아니라 私刑을 자의적으로 시행하기도 하였다. 라크루 신부가 유배인 이범주를 교민이라 하여 옥문을 열고 구출한 일, 김원영 신부가 사형을 자주 가하다가 오신락 노인이 치사한 사건 등이 대표적이다.

교회와 관과의 대립은 민란 과정에서 더욱 두드러졌다. 교회는 시종일관 채구석 대정군수가 민군을 선동했다고 의심했고, 찰리사 황기연이 작성한 보고서는 정의군수 김희주의 허위 기록에서 나온 것이라 하였다.[67] 교회는 찰리사와 신임목사 이재호가 천주교를 이단으로 배척하고 있다고 불만을 털어놓았다.[68] 교회의 지방관 인식은 곧 대한제국 정부의 부패와 관리엘리트 문화의 부정함을 말하는 것이었다.

반면 지방관들은 교회가 관령을 무시하고 일방적으로 성안의 무기고를 헐어 무장함으로써 민군과의 대결이 악화되었음을 직시하였다. 그러나 교회에 대해서 자유로이 공권력을 구사하지 못하는 현실적인 역학관계 또한 무시할 수 없었다. 각종 사료에 보이는 지방관들은 민란의 전개 과정에서 교회와 민군 사이에서 눈치 보기에 급급하였다.[69] 이들은 앞에

---

66) 『수신영약』 12항, 만민이 마땅히 봉사천주. 「뮈텔문서」(제주-155), 旌義郡敎弊査實成冊 61조.
67) 「뮈텔문서」(제주-149), 「旌義郡敎弊卞白大檗」.
68) 「뮈텔문서」(제주-153), 제주 교우의 격문.

서 본 사직제·석전제·풍운뇌우제 등 국가의례에 주재자로 참여함으로써 민인들의 종교·문화를 대변하는 것으로 자처했지만, 교회 측으로부터는 이단자로 취급받았고 주민들로부터는 그 주재자로서의 권위를 인정받지 못했다. 막상 주민과 교회의 문화적 충돌이 민란으로 전개되는 마당에서 두 문화집단을 거중조정하지 못하는 현실적 한계를 드러냈다.

② 향리층과의 관계

19세기 말 제주지역 향리들의 사회경제적 성장은 괄목할 만한 것이었다. 개항 이후 활발한 교역이 내륙지방과 이루어졌는데, 향리계층이 이러한 교역을 주도했다.[70] 그 대표적인 가문이 제주의 관문이었던 조천지방의 김해김씨 향리층이었다. 이들은 교역을 통해 축적한 부를 바탕으로 자제를 등과시키기도 하고,[71] 향임 및 관직에도 진출하여[72] 지역 내 토호

---

[69] 채구석 대정군수는 상무사를 조직하면서 반교회운동을 주도했으나, 민란이 발발하자 양쪽으로부터 다 비난을 받았고, 특히 교회로부터 상당한 공격을 받았다. 그러나 적극적으로 민군의 입장에서 효유하려는 태도를 보인 때문인지, 민란이 진정된 뒤 대정민들과 향교 교생 및 유생들로부터는 교회의 공격으로부터 옹호를 받았다(『續陰晴史』光武 5년 6월 7일). 한편 김창수 제주군수는 처음에 몇 번 민군을 효유하는 척하다가 사건이 진전되어 가자, 별도로 피신하여 관망하며 무소신으로 일관하였다(『續陰晴史』光武 5년 5월 20일).
[70] "일본 상선 명양환이 산저포구에 들어왔는데, 우리 정부의 허가를 얻고 우리나라 여러 항구에 통행한다. 본도의 장사하는 백성들이 앞다투어 짐을 실었다. 최창순·장규열·김종하 등은 모두 화물을 서울에 올라가 매매했던 자들이다."(『續陰晴史』光武 3년 5월 3일) 최창순·장규열·김종하 등은 모두 현직 주사로서 향리 출신이었다.
[71] 거로동의 한정유는 원래 향리였는데, 아들 석윤이 문과에 합격하여 정언 벼슬을 지냈는데, 아들이 등과하자 향리직을 그만두었다(『續陰晴史』光武 3년 11월 22일). 19세기 후반 제주지역 향리층의 신분 상승을 위한 노력을 엿볼 수 있다.

층으로까지 성장하였다. 심지어 1898년 '방성칠란' 때 조천김씨 향리가
문에서는 유교적 명분을 내세워 창의군을 조직하여 민란을 진압하기도
하였다. 한양에서 유력 유배인이 왔을 때 그 처소에 드나들었던 사람들
대부분은 향리 출신들이었다.[73] 이들은 또한 토착지배세력으로서 위상
을 과시하는 제의로서 '입춘굿'을 직접 주관하기도 하였다.[74]

향리층 가운데 일부는 선교사가 입도하자 천주교에 관심을 가졌다.
1900년 10월 당시 천주교 교리를 배우는 향리들이 있었고,[75] 목사의 鎭
衛隊長(首校 또는 戶長으로 보임) 高先達(高時俊)의 가정과 현직 吏房 부
부가 입교하여 교리를 배우기도 하였다.[76] 교회에서도 이들의 입교에 상
당히 호의적이었다. 그 결과 제주목 書記 高百齡, 대정현 副吏房 金玉㐘,
제주읍의 향리 고시준·김수석 등이 입교하였다. 이들 외에도 그 뒤 민군
에 의해 처단자로 지목되었던 고백룡·고천룡·고난천·고일서 등도 향

---

72) 李秉輝가 제주목사로 있을 때 由吏였던 金在鏞(『濟州府令辭要覽』1896년 5월 초9일)
의 사례가 대표적이다. 그는 뒤에 제주목의 주사로 있다가 1898년 정의군수로 부임하
였다. 그의 군수직 부임에 대해 김윤식은 "정의현감 강인호가 까닭 없이 교체되고, 김
주사 재용은 앉아있어도 그 자리가 되었다. 아마도 서울에 주선하는 사람이 있는 것
같다."(『續陰晴史』光武 3년 2월 23일)라고 하였다.
73) 김윤식의 『續陰晴史』에 보면 그 처소에 드나들었던 향리출신자들의 명단이 다수 확
인된다. 이들은 김윤식과 더불어 여러 차례 詩會를 열어 학문적 소양을 과시하기도
했다.
74) 입춘굿에서 향리의 대표격인 호장이 관복을 입고 목관아 마당에까지 들어와서 탐라
왕이 친히 밭 갈던 모습을 재현했다. 이런 제의를 제주목사가 직접 허용하고 관람하
였다. 이는 향리집단이 하급 관속들과 일반 민들에게 자신들의 능력을 과시하는 동시
에 그들과의 유대 관계를 돈독히 하는 기능을 하였을 것으로 생각된다(조성윤·박찬
식, 앞의 글). 한편 입춘굿에 대한 내용은 문무병, 「민족예술의 방향과 과제-제주도 입
춘굿놀이-」(『역사민속학』3, 1993)가 참조된다.
75) 「뮈텔문서」(제주-149), 「旌義郡敎弊卞白大槩」.
76) 「뮈텔문서」, 라크루 신부의 1900년 6월 11일자 서한; 1900년 8월 30일자 서한.

리층이었다.

 이들 향리층은 향촌사회의 중간계층으로서 특히 조세 수취의 실질적 업무를 담당하던 자들이었다. 그러므로 이들의 입교에는 현실적 이해관계가 크게 작용하였을 것이다. 이들은 제주에 파견되었던 봉세관 강봉헌을 도와서 새로운 수세담당세력으로 등장하였다. 이들은 천주교 신자라는 특권을 가지고 세력화하여 갔다.77) 그러나 교회와 관과의 관계가 악화되어 가고, 교·민 간의 충돌이 민란으로 진전되는 과정에서 향리층 내부에 분열 현상이 일어났다. 대정군 상무사의 계원으로 상당수의 향리들이 참여했는데, 교민은 상무사에 들어오지 못하게 하고 향리직을 박탈시켜 버리기도 하였다.78) 민란 직후 생존한 고평이·고일서·고난천 등 3부자는 모두가 제주목 소속 향리였으나, 읍내 아전모임(계)에서 배제되었다. 민군 지도부에서도 "천주교도들은 비록 1명이라도 아전들의 일에 참여하지 않도록 할 것"79)이라고 하여 일부 향리출신 교민들을 적대시하였다.

 이러한 향리층의 동향은 교회에 입교한 향리들을 철저하게 배척함으로써 자신들의 지위 보전에 주력하겠다는 현실적인 입장으로 보인다. 이들은 신임목사·찰리사·민군지도부·선교사 등 주요 관련자의 동태에 주목하면서 실리적으로 처신하였다. 민군의 제주성 입성 후 향리들은 민군의 지시에 따라 교민들의 명단을 제출하라고 선교사에게 압박하기도

---

77) 위와 같음.
78) 대정군 부유리였던 김옥돌은 상무사에 가담한 향리들이 "연봉의 통인 김사길과 도순교 김달백과 부유리인 저를 교인이라는 미명으로 상무사에 참여시키지 않았다."라고 하였다(「뮈텔문서」(제주-144), 김옥돌의 단자(1901. 8. 9.)).
79) 「뮈텔문서」(제주-139), 제주의 척사통문(1901. 6. 10.).

하였다.[80] 교회는 향리들을 적으로 규정하게 되었고,[81] 라크루 신부는 민란 직후 "상무사 소속 향리들과 그 자손들이 어떤 직책도 맡지 못하도록 하여야 한다."[82]라고까지 생각하였다. 교회 측은 지방관과 민의 중재 역할을 담당하는 향리층을 포섭함으로써 주민들의 입교가 원활하게 될 것으로 생각했지만, 현실적인 이해관계의 흐름에 따라 대처한 향리들로 인해 타격을 받았다.

③ 향임층과의 관계

향임층은 민란의 전개 과정에서 교회와 가장 심한 대립을 보였던 계층이다. 등소 움직임(민회)이 민란으로 발전되는 과정에서 향임층은 거의 대부분 민란에 주도적으로 참여하였다. 대정군의 경우 각 마을별로 향임들이 주도하였고,[83] 제주읍내 동임들이 나서서 성문을 여는 데 협조하기도 하였다.[84] 물론 향임층이 처음부터 교회와 대립하였던 것은 아니었다. 민란의 장두였던 오대현도 본래 교당에 관심을 가졌던 적이 있으며,[85] 대정군 좌수를 지낸 이규석도 교민이었다.[86]

---

80) 「뮈텔문서」, 라크루 신부의 1901년 6월 11일자 서한.
81) 「뮈텔문서」(제주-153), 제주 교우의 격문.
82) 「뮈텔문서」, 라크루 신부의 1901년 6월 11일자 서한.
83) 「뮈텔문서」(제주-69), 「濟州牧大靜郡各里亂民作弊罍抄」;『續陰晴史』光武 5년 5월 12일.
84) 『續陰晴史』光武 5년 5월 28일.
85) 「뮈텔문서」(제주-144), 김옥돌의 단자(1901. 8. 9.).
86) 그는 민란 중에 이재수 진영에 의해 살해되었다(「뮈텔문서」(제주-76), 제주 교우 강인봉의 서한).

그러나 1900년 6월 김원영 신부가 제주 남부지역에 하논교당을 설치한 이후로부터 향임층과의 갈등은 심화되었다. 김원영 신부가 하논에 교당을 설치하려고 하자, 부근 마을의 頭民과 향임들이 교당의 설립을 방해하고 나섰다. 교당 설립 이후 주변 지역의 향임들이 반발하자 김원영 신부는 교민들을 동원하여 면임·이강을 교당에 데리고 와 私刑을 가하였다.[87] 이에 반발하여 같은 해 8월(음력)에는 하효리의 玄圭石과 金宗八(風憲), 홍로의 邊用卋 등 정의군 우면 11개 마을의 향임들이 김원영 신부와 신도회장(박고스마)의 잘못을 시정하라는 等狀을 작성하여 목사에게 제출하였다.[88] 이에 대하여 김원영 신부는 제주 목사를 찾아가서 이러한 사정을 따짐으로써 일단 사건을 무마시켰다.

그러나 현규석 등은 마을로 돌아가서 교회를 배척하는 글을 목패에 새겨서 집 앞 노상에 세우고 사람들로 하여금 교회를 비난하게 하였다. 이로 말미암아 교민 吳達鉉 등이 현규석에게 따지러 가다가 현규석의 심부름꾼인 吳信洛 부자에게 구타를 당하여 오달현은 사경을 헤매게 되었다. 이에 김 신부는 吳昌憲 등 40여 명의 교민들을 보내어서 현규석·오신락 등을 잡아오도록 하였다. 그러나 현규석이 피신하여 버리자, 교민들은 그의 부친 玄裕順과 오신락을 김 신부에게로 끌고 와서 곤장을 쳤다. 그리고 이들을 하논 마을의 주막으로 끌고 가서 다음날 아침 관아에 보고하려고 하였다. 그런데 이 과정에서 오신락은 교민 오달현이 자기로 인하여 죽을 것이라고 생각하고 그날 밤중에 나무에 목을 매고 자살하여 버렸다.

---

87) 「뮈텔문서」(제주-149), 「旌義郡教弊卜白大槩」; 「뮈텔문서」(제주-155), 「旌義郡教弊査實成册」 93, 94조.
88) 당시 제출된 등장 전문은 『신축교안과 제주 천주교회』 2, 25~27쪽에 수록되어 있다.

아침에 같은 방에서 자던 그의 아들 두 형제가 아버지의 죽음을 발견하고 관에 알렸다.

위의 오신락 사건은 교회 측과 향임세력의 대립이 극단으로 치달은 사건으로서, 이후 민란의 전개 과정에 향임들이 대거 참여하는 계기가 되었다. 이 사건의 이면에는 천주교를 이단으로 여기는 유생 및 향임층의 인식이 자리 잡고 있었다. 당시 이들이 만든 목패에는 "천주교 신자들이 '귀신'을 숭배하지 않는다."라고 하여, 민간토착신앙을 부정하는 천주교에 대해 뚜렷한 배척 의도를 드러냈다.[89]

교민과 향임 간의 대립의 주요 원인은 교민들의 월권과 징세 문제를 둘러싼 이권 문제가 컸지만, 그 이면에는 외래문화와 토착 유교문화와의 갈등이 작용하였다. 선교사의 권한에 의지한 교민들은 마을 운영의 주도권을 가진 향임세력들을 압박했다. 교민이 향임들로부터 금전을 탈취하는 일이 빈발하였고, 사사건건 마을 내에서 주도권을 놓고 서로 경쟁하였다.[90] 특히 교민들이 先塋을 침범하는 등 잦은 山訟을 일으키고,[91] 射場・書堂田 등을 탈취할 뿐만 아니라,[92] 포제 제단을 파괴하여 제향을

---

[89] 현재 부산 복자수녀원에 남아 있는 정의군 서홍동에 세운 또 다른 목패에는 "本里許淑・高德奉段 藉恃敎勢 昧沒事體 不敬于神 貽害於人 罔赦厥罪 永絶吾徒 他里敎徒段 置 一幷逐送 俾不入境 如是立柱 若有相通 收贖十兩 以杜後弊事, 西烘洞中 辛丑四月 日"(이훈상, 「조선후기 천주교의 확산과 촌락사회의 대응」, 『釜山敎會史報』 3, 1994 에서 재인용)이라는 문구가 새겨져 있는데, 여기에서도 교민들이 '신을 공경하지 않는다.'라고 지적하였다.

[90] 「뮈텔문서」(제주-149), 「旌義郡敎弊卞白大槩」; 「뮈텔문서」(제주-155), 「旌義郡敎弊査實成冊」.

[91] 「뮈텔문서」(제주-149), 「旌義郡敎弊卞白大槩」; 「뮈텔문서」(제주-155), 「旌義郡敎弊査實成冊」; 『全南北來案』 光武 5년 6월 2일.

[92] 「뮈텔문서」(제주-149), 「旌義郡敎弊卞白大槩」; 「뮈텔문서」(제주-155), 「旌義郡敎弊査

못하게 함으로써,93) 마을 내 유생들을 자극하기도 하였다. 오신락 사건에 연루되었던 현유순은 훈장을 지냈던 사람으로서 제주읍내에서도 이름 있는 선비였다.94)

이러한 교회의 유교문화 배격에 대해 유생들은 척사론의 명분으로 민군을 의병이라고 지지했고,95) 향임들은 직접 마을별 대표자가 되어 민군에 가담하였다. 이들의 척사적인 명분은 민인들에게도 파급되어 교민을 "법국놈, 법국년"이라고 멸시하였고96), 이재수를 "한라산의 정기를 타고난 영웅"으로 생각하여 제주를 외세로부터 지켜냈다고 생각하였다.97) 이재수 또한 제주성에 입성한 뒤 "서양놈들을 쳐 죽여서 제주성을 회복하였다."98)라고 하였을 뿐만 아니라 평리원에서의 최후 진술에서도 "우리가 죽인 것은 역적이지 양민이 아니다."99)라고 하여, 척사논리를 펴고 있다. 그렇다고 이들이 척사유생들과 같이 철저하게 유교적 국가이데올로기를 신봉했다고 보기는 힘들다. 이러한 향임층 및 민군지도부의 척사논리는 천주교라는 외래문화를 부정하는 데 마땅한 명분을 찾은 끝에 나온 外皮로서 작용한 것으로 보인다.

實成册」.
93) 「뮈텔문서」(제주-155), 「旌義郡敎弊査實成册」.
94) 『續陰晴史』 光武 5년 2월 22일.
95) 민군들이 "난민들을 '의병'이라고 자랑하였고"(「뮈텔문서」(제주-153), 제주 교우의 격문), 민란 당시 유생 문평식은 "교인들을 죽여 종교의 씨를 끊어버리도록 요청"(「뮈텔문서」(제주-146), 난의 수괴 및 장두 일람)하기도 하였다.
96) 「뮈텔문서」, 라크루 신부의 1901년 6월 11일자 서한.
97) 『續陰晴史』 光武 5년 5월 30일.
98) 『續陰晴史』 光武 5년 5월 29일.
99) 제주민란 관련자 평리원 판결선고서(1901. 10. 9.).

2) 기층민과의 갈등

 교회와 토착지배층 사이에 빚어진 대립보다도 더욱 심각한 것은 기층민과의 대립 현상이었다. 이러한 교·민 대립은 전도적으로 광범위하게 퍼져 있었으면서도 표면적으로는 심각하게 드러나지 않았다. 그러나 민란으로 확대되어 가자 전 도민이 교회에 적대적인 공감대를 형성하는 중요한 요인이 되었다. 그것은 경제적 문제 외에 신당 파괴·굿 방해·山訟 문제 등 풍습·신앙과 관련된 문화적 갈등이 기저에 깔려 있기 때문이었다.
 앞에서 보았듯이, 교회는 무당들의 무술 행위에 대해서는 매우 강경한 태도를 보였다. 제주도를 무당의 폐단이 많은 지역으로 보았고, 무당 조직의 치부에 대해서도 부정적이었다. 게다가 신당을 신성시하는 도민들의 정서를 우매하다고까지 보았다. 이러한 극단적인 민간신앙 배격으로 말미암아 도민들의 반천주교 정서가 확산되었을 것이다. 심지어 교민 문기만이 하천리의 신당에 방화하자, 동민들이 그를 잡아서 신당이 불타는 곳에 던져서 태워 죽이려는 사건이 발생하기도 하였다.[100] 민란 과정에서 하논교당은 완전히 파괴되었고, 제주성문이 열리자마자 제주교당의 신상 및 집기 등도 민군에 의해 부서졌다. 이는 교민들의 신당 훼손에 대한 보복으로 이루어졌다.
 제주민란이 극단적인 교·민 간의 대립으로 치달았던 주요 원인은 종교·문화적 갈등에서 찾을 수 있다. 민란의 진행 중에 巫女와 기생들이 적극 참여하였던 사실[101]은 위와 같은 사정에서 말미암은 것이라고 할

---

100)「뮈텔문서」(제주-149),「旌義郡敎弊卞白大槩」.

수 있다. 1901년 5월 28일 제주성문이 열려 민군이 입성할 때 開門 시위를 주도한 사람들은 대부분 여자였고, 그 가운데 무녀와 기생들이 앞장섰음이 확인된다.[102] 교회에서 지목한 장두 46명 가운데 성안의 여인 장두가 18명이나 되는 것으로 보아,[103] 여성의 역할이 매우 컸으며[104] 적극적으로 민란에 가담했음을 알 수 있다.

반면 교회 측에서 민란의 가장 중요한 원인을 외교인과 무당들의 교회에 대한 모함과 질시에서 찾고 있는 것[105]도 이러한 사정을 충분히 짐작케 한다. 교민 역시 "흉악한 무리들이 시기하여 여러 악마들이 잇달아 재앙을 일으켰다."[106]라고 하여 종교적인 갈등으로 제주민란을 이해하고 있다. 민란 직후 라크루 신부가 제시한 향후 유사한 사건의 진압 방법에 의하면, "심방계를 폐지하여 그들이 더 이상 서로 의존하지 못하도록 할 것. 그들이 더 이상 단체로서 소송을 못하고, 서로 모일 수 없고, 공동으로 소유할 수 없게 할 것"[107]이라고 하여, 무속문화에 대한 극도의 경계

---

101) 교회에서 작성한 민란의 수괴 및 장두 명단 중에는 기생 만성월, 무녀 쟁반두리, 퇴기 상절, 강마감의 각시, 왕석모, 퇴기 모제비, 김경하 각시 금산옥 등 무녀와 기생들이 다수 확인된다(「뮈텔문서」(제주-146), 난의 수괴 및 장두 일람).
102) 『續陰晴史』光武 5년 5월 28일; 「뮈텔문서」(제주-150), 제주 소요에 대한 기록. 정부군이 민군지도자들을 옥에 가두자 서촌 여인 수천 명과 김녕촌 여인들이 연달아 모여서 장두를 석방하라고 호소하기도 하였다(『續陰晴史』光武 5년 6월 15일; 6월 17일).
103) 「뮈텔문서」(제주-134), 「濟州大靜郡私立商務社首魁及三郡各里亂民狀頭姓名櫫列目錄」.
104) 제주민란을 처리하러 내려온 고종황제 고문관 샌즈(W. F. Sands)는 그의 회고록에서 이런 제주 여성들의 강한 모습에 자극받아 제주도를 '여인의 나라'라고 지칭하였다(『조선비망록』, 집문당, 1999).
105) 「뮈텔 주교가 파리 외방전교회에 보낸 연말보고서」, 1901년.
106) 「뮈텔문서」(제주-136), 제주 교우들의 呈目.
107) 「뮈텔문서」(제주-150), 제주 소요에 대한 기록.

를 하였다.

  이와 같이 제주민란을 문화적 갈등이 표출된 사건으로 이해할 때 외래문화의 전래에 따라 한 지역의 공동체문화가 어떤 변화를 겪는지에 관해서도 유념해야 할 것이다. 천주교의 교세가 확대되는 과정에서 한 집안 내에서도 부자·부부·형제간에 신자와 비신자로 나누어져 분열되는 사례가 종종 발생했다. 민란 중에는 같은 친족끼리 종교적 갈등으로 서로 죽이는 일도 잦았다. 그 대표적인 사례로서 하효리 오씨 친족과 대정군 고부이씨 집안의 경우를 들 수 있다. 하효리 오씨집안의 교민 오창헌이 오신락을 구타하여 숨지게 하였는데, 그는 민란 과정에서 오신락의 아들(오달원·오달문)에게 피살되었다. 또한 교민 오달현은 오신락 사건 직전 하효리민들에게 구타당하여 빈사지경에서 회생했으나, 민란 과정에서 사촌동생인 오대현의 진영에서 죽었다.[108] 다음으로 대정군 고부이씨 집안의 이규석 3부자는 같은 친족인 이재수 진영에 의해 죽었다.[109]

  이런 동족 살해에 대해 김윤식은 "그중에는 자기 족당을 스스로 서로 잡아 바친 자도 있었는데, 아마도 평소 패악한 친족의 피해를 실컷 받았어도 어쩌지 못하다가 이때를 타서 없애려고 동생이 혹은 형을 해치고, 아저씨가 조카를 해치는데 모두 장두의 손을 빌어 없앴다."라고 기록하였다.[110] 민란이 진정된 뒤 1년이 흘러서도 상호 불신의 분위기는 쉽게 가라앉지 않았다.[111]

---

108)「뮈텔문서」(제주-149),「旌義郡敎弊卞白大槩」.
109)「뮈텔문서」(제주-69),「濟州牧大靜郡各里亂民作弊罟抄」;「뮈텔문서」(제주-76), 제주 교우 강인봉의 서한.
110)『續陰晴史』 光武 5년 6월 7일.
111)「뮈텔문서」(제주-76), 제주 교우 강인봉의 서한.

4. '敎弊'와 민란 - 「三郡敎弊査實成册」을 중심으로 -

1901년 제주민란의 주요 원인으로는 세금징수의 폐단(稅弊)과 천주교회의 폐단(敎弊)을 들고 있다. 전제군주체제의 강화를 꾀하던 대한제국은 황실재정을 채우기 위하여 內藏院에서 봉세관 강봉헌을 1899년 말 제주도에 파견하였다. 그는 공유지에 대한 무리한 징세를 하였고, 심지어 어장·그물·소나무·목초지 등에 대해서도 세금을 매겼다. 더구나 그는 지금까지 징세를 담당하던 지방관·향리·향임 세력들을 배제하고 독점적인 징세를 함으로써 토착세력과 주민들로부터 강력한 저항에 부딪혔다.

한편 1899년 두 명의 선교사가 파견됨으로써 전교하기 시작한 제주의 천주교회는 프랑스의 힘을 배경으로 하여 교세를 키워갔다. 이 과정에서 마을의 神堂을 파괴하고 神木을 베어버리는 등 무리한 포교가 이루어져 자주 주민들과 충돌하였다. 1901년 2월 정의군 하효리의 오신락 노인이 교당에 끌려가 죽는 사건이 터지면서 주민들의 교회에 대한 반감이 고조되었다. 더욱이 일부 교민들은 봉세관 강봉헌의 중간징세 역할을 담당함으로써 주민들을 더욱 격분하게 하였다. 이러한 세폐와 교폐에 대항하기 위하여 대정군에서는 商務社가 조직되어 교민들과 사사로운 충돌이 빚어지기도 하였다.

이 두 가지 폐단 가운데 하나만이 원인이 되었다면 이 민란이 그렇게 확대되지는 않았을 것이다. 왜냐하면 당시 봉세관의 징세는 제주만이 아니라 전국적으로 이루어졌고, 다른 지역에서도 이에 대한 민들의 반발이 거세게 일어났기 때문이다.[112] 천주교의 교폐로 말미암은 향촌사회에서

官·民 대 교회 사이의 충돌 또한 다른 지역에서도 빈발하여, 이들 사건을 당시 신문에서는 '敎案' 이라고 지칭할 정도였다. 1899년 江景浦교안, 1901년의 智島교안, 1902~3년의 海西교안 등 굵직한 사건이 일어났던 것이다.113) 그러나 1901년 제주민란은 위 두 가지 폐단이 결합되었다는 데 주목하여야 한다. 그러기 때문에 다른 지역에서는 보지 못한 커다란 규모의 민란으로 발전하였던 것이다.

그럼에도 불구하고 민란의 전 도민적 확산이 가능했던 원인에 대해서는 간단히 설명되지 않는다. 사회경제적 요인으로 볼 수 있는 세폐 문제가 민란을 촉발시킨 직접 계기가 된 것은 분명하다. 그러나 세폐 외에 문화적 갈등 요소가 저변 기층민에게 널리 깔려 있었던 점을 무시할 수 없다. 제주 지역사회 내의 각 계층이 천주교를 자신들의 기반 문화를 무시하고 위협하는 외래문화로 인식하였음을 주목해야 할 것이다.

지금까지 연구에서 세폐에 비해서 덜 중요하게 다루어 온 교폐 문제에 대한 새로운 인식과 집중적인 검토가 필요하다고 본다. 교폐에 대해서는 정부와 지방 관·민의 입장이 반영된 관련 기록이 상당히 많이 남아있다. 또한 교폐에 대한 상반된 인식을 보여주는 교회 측의 자료도 잘 남아있어, 당시 민란을 둘러싼 양측의 상반된 견해를 명징하게 드러내 보여준다. 그런데 이들 교폐에 관한 기록에는 단순히 민란의 원인이 되는 내용만이 아니라 당시 양측이 지역사회와 문화를 바라보는 시대상이 담겨 있다. 새로운 사회세력의 대두에 대한 지역의 거부 정서, 외부 문화집단의

---

112) 金洋植,「大韓帝國期 驛·屯土에서의 抗租 硏究-內藏院 管理期(1899~1905)를 중심으로-」,『歷史學報』131, 1991.
113) 박찬식, 앞의 책(『한국 근대 천주교회와 향촌사회』).

입장에서 본 지역의 사회문화상 등이 교폐 내용에 적시되어 있기 때문이다. 즉, 1901년 제주민란에서 교폐 문제를 집중적으로 다룬다는 것은 민란의 대중적 확산 원인을 이해하는 데서 그치지 않고, 제주 지역의 사회와 문화를 이해하는 중요한 단서가 될 수 있다는 것이다.

1) 濟州島民과 관리의 교폐 인식

1899년 선교를 시작한 제주지역의 천주교회는 전교 과정에서 토착문화 담당계층과 사사건건 대립하였다. 1900년 6월 김원영 신부가 서귀포 하논에 교당을 설립하려 하자 주변마을 향임층이 반발하여 等訴운동을 전개하였고, 상호 대립 과정에서 하효리 주민 오신락이 죽는 일이 발생하였다. 교민들이 향임층과 잦은 묘지싸움을 벌이고 射場·書堂田 등을 탈취할 뿐만 아니라, 醮祭 제단을 파괴하여 마을제를 못하게 함으로써 마을 내 향임들을 자극하기도 하였다. 마을의 신당을 파괴하고 심방(무당)들의 굿을 방해하는 일이 제주도 거의 모든 마을에서 벌어졌다. 교회는 제주도를 무당의 폐단이 많은 지역으로 보았고, 무당 조직의 致富에 대해서도 부정적이었다.

이와 같이 민란을 앞두고 발생한 교회의 폐단에 대한 제주도민들의 인식은 제주지역의 제주·정의·대정군 등 3군 군수의 보고를 토대로 작성한 「濟州牧使 李在護 報告」[114]를 통해 엿볼 수 있다. 이 보고서는 민란 발발 직후인 1901년 5월 10일 제주에 새로 부임한 이재호 목사가 사태를

---

114) 『全羅南北來案』 光武 5년 6월 2일.

수습하여 그 결과를 중앙에 보고한 공문서이다. 사태가 어느 정도 진정된 6월 2일 보고한 것으로 되어 있다.

李庠珪 목사가 해임된 뒤 이재호 목사가 부임할 때까지 제주목사직은 제주군수 金昌洙가 겸임하고 있었다. 따라서 민란이 발발한 직후 사태 처리는 김창수 제주군수의 책임이었고, 진원지였던 대정군수 蔡龜錫의 입장도 중요하였다. 이재호 목사는 부임 직후 김창수 제주군수로부터 보고를 받았고, 채구석 대정군수와 金熙胄 정의군수의 보고 또한 참고하였다. 그러므로 이 보고서는 제주목의 세 군수로부터 보고받은 내용을 종합하여 결론적으로 목사 자신의 의견을 제시하는 내용으로 구성되어 있다. 여기에서 김창수 제주군수는

> 음력 3월 24일(양력 5월 12일) 본직(제주군수 김창수)이 효유하러 먼저 본군에서 백 리 정도 떨어진 두모 마을 등지에 있는 民會所에 가서 사리에 맞게 화해할 뜻으로 마음을 다하여 효유하고 민막과 관련된 여러 사항을 일일이 기록하여 알려달라고 하였다. 이에 민인들이 올린 소장 내에 수년 전으로부터 봉세관이 잡세를 함부로 거둔 것과 천주교인들이 주민을 침해하고 핍박한 것 등 10여 조가 된다고 하였다.

라고 하여, 민회소에서 작성한 等狀의 내용을 일일이 소개하고 있다. 그 내용 가운데 교폐 관련 부분을 적시하면 아래와 같다.

> ○ 그 하나는 교인이 평민을 무단히 구타 토색하는 것이오,
> ○ 하나는 교인이 사사로이 멋대로 호령하여 평민을 결박하고 잡아가는 것이오,

○하나는 교인이 마름을 내어 세금을 위협하며 강제로 거두는 것이오,
○하나는 교인이 敎册을 억지로 맡겨 위협하며 입교하게 하는 것이오,
○하나는 교인의 그 교세에 의지하여 남에게 진 빚을 갚지 않는 것이오,
○하나는 교인이 마을에 횡행하며 神堂을 파괴하고 神木을 작벌하는 것이오,
○하나는 교인이 다른 사람의 무덤 곁에는 비록 禁制 내일지라도 거리낌 없이 무덤을 쓰고, 교인들의 무덤이면 비록 금제 밖일지라도 남이 무덤 쓰는 것을 허락하지 않는 것이오,

　민회소 측은 이러한 교폐 때문에 백성들이 생활을 유지하기 어려운 지경이므로, 만약 이를 시정하지 않으면 민회를 해산하기 어렵다고 하였다. 이상의 교폐들은 모두 교회의 힘에 의지한 데서 비롯된 것이었다. 이를 정리하면, ① 주민의 재산 탈취, 채무 무시 ② 봉세관 마름으로 나선 교민들의 강제 징세 ③ 교회 입교 강요 ④ 토착신앙 배척 ⑤ 매장 풍습 무시 등으로 요약된다. 주로 경제적인 폐단이 제기되고 있지만, 종교문화적 요인도 강조되고 있음을 볼 수 있다.
　한편 民軍의 제주성 입성 후 제주도민의 교폐에 대한 인식은 의미 있게 변화하고 있음을 볼 수 있다. 이는 李在守가 지휘하던 西軍이 신임 李在護 제주목사에게 제출하려고 작성한 아래 等狀 내용에서 엿볼 수 있다.

　　本島의 위급한 사항이 朝夕으로 닥쳐오고 있습니다. 그 원인을 말씀드리자면 두 가지이지만, 이로 인한 폐단을 살펴보면 백 가지나 됩니다. 대략 가장 심한 것만을 말씀드려 간곡하게 그 전말을 개진하니 상세히 살피시고 처리해 주시기 바랍니다. 먼저 捧稅官은 山海草木에서 생산되는 크고 작은 모든 산물에 과

세하지 않는 것이 없습니다. 또한 西敎人들과 체결하여 주인 있는 田畓을 숨음 (마름)에게 넘겨주는가 하면 혹은 강탈하고 討索합니다. 또 西敎人들은 가칭 聖學이라 일컬으며 어리석은 백성들을 속이고 유혹합니다. 도당들을 끌어 모아 읍촌을 횡행하면서 다른 사람의 재산을 빼앗는 비리를 저지르고, 국법을 어기며 刑獄을 파괴함으로써 관은 명령을 시행할 수 없게 되었고 민은 생명을 보전할 수 없게 되었습니다.115)

즉, 봉세관의 세폐와 더불어 두드러진 교폐로서 ① 교민과 봉세관과의 연결에 따른 토지소유권 탈취 ② 교회 입교 강요 ③ 재산 탈취 ④ 관권 무시 등을 들었다. 이 등장은 6월 4일 일본인들(朝鮮海通漁組合聯合會 회원)이 명월에 주둔했던 서군 진영을 방문하여 받아온 것으로서, 5월 28일 제주성에 입성하여 다수의 교민들을 살상한 뒤 원래 주둔지인 명월로 돌아와서 제주목사와의 협상을 기다리던 때 작성해 둔 것이었다. 자신들의 교민 살해에 대한 명분을 강조하기 위해, 교민들을 주민들의 재산권을 빼앗고 관의 명령을 거부함으로써 국법을 어긴 범법자로 여기고 있다. 정부에서 파견한 봉세관에 저항한 싸움에서 교회와의 전투로 전환한 자신들의 행위를 나라와 백성을 위한 倡義로 보려는 자기정당성의 표출이었다.116)

다음으로 이 민란을 진압하러 중앙에서 제주에 파견된 찰리사 황기연의 보고 내용을 볼 필요가 있다. 황기연은 1901년 6월 10일 제주에 도착

---

115)「三郡都民等等狀」(1901년 4월), 『駐韓日本公使館記錄』16권, 국사편찬위원회, 1996.
116) 이에 대해 趙景達은 '士' 의식으로 해석한 바 있다(본서 제1장 참조).

하는 대로 즉시 제주성내로 들어갔는데, 會民輩들이 해산하지 않고 동서 양쪽으로 나누어 주둔한 자가 1만 명에 가까웠다. 그는 전후 상황을 상세히 탐문한 결과, 금번 민요가 오로지 봉세관의 濫捧과 교도의 肆虐에서 말미암은 것으로 판단하고, 봉세관을 구류하는 한편, 유배죄인으로서 교민이 된 이용호·이범주·장윤선 등을 가두었다. 6월 11일 황기연은 鎭衛隊 병력을 성안에 배치시켜 會民을 해산시켰다. 이 과정에서 그는 교민과 봉세관의 폐단을 조사하여 중앙에 보고하였는데, 그 내용이 『皇城新聞』에 게재되었다.117) 내용 가운데 교폐 관련 부분만 유형별로 정리하면 아래와 같다.

① 교세에 의지해 관권을 무시, 私刑 실시
- 함부로 인명을 살해하여도 관에서 잡아들여 시신 檢案을 하지 못하게 함
- 사사로이 부녀자를 겁탈하여도 인민들이 입을 열지 못함
- 평민을 영을 내려 잡아들여 결박하고 구타함
- 밤을 틈타 교민 무리를 이끌고 가서 평민의 재물을 빼앗아 감
- 관에서 잡아간 죄인을 교인이라 칭하며 가운데에서 빼앗아 감
- 교인으로 범죄자를 관에서 혹여 잡아들여 가두면 교인 또는 法國人이라 칭하며 무리를 이끌고 와서 감옥을 열고 데리고 가버림
- 교인과 평민이 만약 말싸움이 있으면 선교사에게 말을 하여 교당을 모함한다고 하며 무리를 이끌고 가서 잡아들여 형벌을 가함

---

117) 『皇城新聞』 1901년 6월 21일, 〈別報〉 濟州民擾 察理使 黃耆淵의 報告.

－형구와 鞭笞, 가두어두는 곳을 사사로이 설치하여 평민을 데리고 와
 서 형벌을 가하고 가두어 둠
－타인 무덤의 禁制 내에 멋대로 매장하고, 교도의 무덤 주변에는 금제
 가 아니더라도 嚴禁함

② 봉세관과 교민의 결탁
－봉세관으로부터 마름을 내어 평민이 납세한 토지의 경작권을 빼앗
 아버림
－봉세관과 함께 세금을 거두는 監色이 되어 금전을 토색함

③ 교세에 의지해 경제적 폐단 일으킴
－오래전에 매매한 토지와 가옥이 시가보다 몇 배 오른 것을 원래 가격
 으로 억지로 빼앗음
－평민에게 갚아야 할 빚을 갚지 않고 다른 사람에게 억지로 미루어버림

④ 敎冊 구입 강요, 입교 강요
－마을을 횡행하며 강제로 교책을 구매하며, 길거리에서 마주치면 이
 유 없이 붙들어 사고를 내고 강제로 교책을 구매함

 이 교폐 보고 내용을 보면, 앞에서 보았던 이재호 목사의 보고서(6월 2
일)와 다른 점이 몇 가지 확인된다. 우선 이재호 목사의 보고서가 3군 민
인의 等狀(5월 12일)에 의거했다면, 황기연 찰리사의 보고서는 교민 집단
살해(5월 28일)로부터 보름 가까운 시간이 흐른 뒤에 제주목사 등 지방관

의 보고를 토대로 작성되었다. 전자가 민란 발발 초기 민인의 입장을 주로 반영하였다면, 후자에는 민란을 수습하는 과정에 있던 중앙정부와 지방관의 인식이 더 지배적이었다. 때문에 봉세관의 세폐보다 교민들의 교폐를 더 중요한 원인으로 거론하였으며, 교회가 관권을 무시한 내용을 더욱 강조했다. 또한 찰리사 보고서에는 제주도민의 토착신앙 및 문화와 관련된 교폐가 거의 언급되지 않고 있다.

2)「三郡敎弊査實成册」과 교폐의 유형

「三郡敎弊査實成册」은 제주목 관하 제주·정의·대정 3군의 교폐 사실을 조사해서 묶은 보고서이다. 이 보고서는 민란을 무마시키러 제주도에 왔던 察理使 黃耉淵이 민란 참여자들과 지방관들의 진술을 토대로 작성하였다.[118] 이들 자료 가운데 현재 「정의군교폐성책」과 「대정군교폐성책」이 각각 따로 보관되어 전해오고 있다.(본장 뒤에 두 자료의 내용을 수록했음)

「정의군교폐성책」에는 정의군의 천주교민들이 행하였던 교폐의 내용이 각 마을(里)별로 178개 조항에 걸쳐서 작성되어 있다. 이 자료는 현재

---

118) "이 사실을 책으로 만든 것도 난이 끝날 무렵에 이르러 한두 사람이 무고한 사실을 기록한 것에 불과하다."(「정의군교폐변백」, 제85조) "지금 그 일을 기록하여 올리는 자는 찰리사 황기연이 난민들과 협조하여 교인을 배척하는 때를 틈타 수많은 거짓말과 헛소문으로 그 내용을 꾸며 법관의 눈과 귀를 현혹시켜 교인들에게 해를 끼치려 하였다. 이는 과연 군수 김희주의 허위 기록에서 나왔으나, 김희주 역시 교인들에게는 채구석과 같은 사람이었으니, 그것도 빠진 부분이 많지만 번거로워 다 기재하지 못할 따름이다."(「정의군교폐변백」, 제93조)

한국교회사연구소에 소장되어 있다.[119] 이 자료에 드러난 정의군 지역 교폐의 유형과 정의군 관내 각 마을별 교폐 발생 건수를 표로 작성하여 보면 다음과 같다.

〈표 3-3〉 정의군 교폐의 유형

유형 건수	경제적 문제						토속신앙배격	입교강요	간통사	山訟	私刑	기타	합계
	토지·조세수탈	어장수탈	부채불보	토지매매폐단	금전탈취	기타							
소계	39	3	18	26	21	4	29	9	7	5	14	3	178
백분율	21.9	1.7	10.1	14.6	11.8	2.2	16.3	5.1	3.9	2.8	7.9	2.7	100

〈표 3-4〉 정의군 관내 지역별 교폐 발생 건수

역돌	오조	고성	수산	성산	온평	난산	신산	삼달	하천
3	5	6	4	4	5	3	4	1	2
신천	성읍	표선	토산	의귀	보한	우미	예촌	상효	중효
1	5	11	6	4	2	9	2	3	5
신효	하효	보목	토평	동홍	서홍	풍덕	호근	법환	합계
7	14	15	6	5	9	13	17	7	178

한편「대정군교폐성책」은 한국교회사연구소에 소장된「정의군교폐성책」, 전해지지 않는「제주군교폐성책」과 더불어 작성된 것이었다. 이 자료는 현재 1901년 제주항쟁기념사업회에 보관되어 있다. 원래 표지 이면의 제목은 '光武五年五月 日 三郡敎弊査實成冊, 濟州郡'으로 적혀있으

---

[119]「뮈텔문서」(제주-155). 178조항의 교폐에 대해서는 발생 지역, 대립구도(천주교인-비교인), 교폐의 내용, 교회 측의 입장 등으로 나누어 표로 정리한 바 있다(박찬식, 앞의 책, 141~148쪽).

나, 나머지 후속 내용은 모두 대정군 교폐에 관련된 것이다. 때문에 이 자료를「대정군교폐성책」으로 명명함이 옳을 것이다.「정의군교폐성책」에는 '察理 黃耆淵' 이라는 手決이 적혀 있는 데 반해,「대정군교폐성책」은 공식 수결이 빠져 있다. 그리고 이면지에 기록하였음을 보건대, 이는 제주목에서 초고로 작성한 문서로 보인다.

「대정군교폐성책」역시 민란을 무마시키러 제주도에 왔던 察理使 黃耆淵이 민란참여자들과 지방관들의 진술을 토대로 작성하였다. 3군 가운데 대정군의 천주교민들이 행하였던 교폐의 내용이 각 지역별로 48개 조항에 걸쳐서 작성되어 있다. 이 자료에 드러난 대정군 지역 교폐의 유형과 지역별 교폐 발생 건수를 표로 작성하여 보면 다음과 같다.

〈표 3-5〉 대정군 교폐의 유형

유형 건수	경제적 문제				토속 신앙 배격	입교 강요	山訟	私刑	기타	합계
	토지· 조세 수탈	토지매매 폐단	부채 不報	금전 탈취						
소계	2	19	5	7	4	7	2	1	1	48
백분율	4.2	39.6	10.4	14.6	8.3	14.6	4.2	2.4	2.4	100

〈표 3-6〉 대정군 관내 지역별 교폐 발생 건수

색달	상문	창천	상창천	감산	광청	화순	상천
5	3	2	5	2	3	3	1
사계	성내	상모	하모	일과	무릉	도원	합계
6	6	4	1	4	1	1	48

위 표에서 보듯이, 대부분의 교폐는 경제적인 문제 때문에 발생했다(정의군 111건, 전체의 62%; 대정군 33건, 전체의 69%). 경제적인 문제와 관련된 교폐 가운데 가장 큰 비중을 차지한 것은 토지 소유권·경작권의 매매를 둘러싼 분쟁이었다. 지금까지 토지를 확보하는 데 더 유리한 입장에 있었던 향임층을 비롯한 富民들의 토지를 교민들이 교회의 힘에 의지하여 새로이 헐값으로 매입하거나, 교민들이 예전에 팔았던 토지를 자신들에게 유리한 값으로 강제 還退시키는 사례가「교폐성책」에 다수 확인된다. 대정군 지역에서 토지 거래 폐단의 비중이 매우 크게 나타난 것은, 새로이 개간되던 화전·목장전뿐만 아니라 경작하기 좋은 민유지가 정의군 지역보다 더 많았음을 보여준다.

다음으로 교민이 봉세관의 마름이 되어 평민에 대한 징세에 나선 폐단이 큰 비중을 차지하였다. 이 문제는 민란 전개 과정에서 민군이 교민들을 봉세관의 대리인으로 인식하며 교회에 저항해 나가는 가장 핵심적인 원인이 되었다. 「교폐성책」에는 봉세소의 마름으로 직접 나서거나 봉세관과 결탁하여 마름들을 동원시킨 교민들의 사례가 다수 확인된다.[120]

경제적인 문제를 제외하면 가장 많은 교폐는 신당을 파괴하거나 神木(禁養木이라고도 함)을 작벌하고 굿을 방해하는 등 무속신앙을 부정하는 문화적 충돌로 인해 발생했다. 나아가 유교식 마을 제사 터전인 포제단을 부수는 사례도 확인된다(「정의군교폐성책」 제92조). 하효리 마을의 오신

---

[120] 이기선·고인관·강기순·이향근·김신효·김성진·박봉오·이석홍·박봉옥·최재홍·강희진·신영희·홍남일(도마름, 都舍音)·홍순병·오치헌·이정표 등이「정의군교폐성책」에, 나운경·안성권·부영철·강지만 등이「대정군교폐성책」에 나타나 있다.

락 노인 사망 사건도 그 근저에는 외래종교 천주교의 마을 포교를 막고자 했던 토착문화의 거부 정서가 작용하였다. 山訟이나 간통 문제 또한 문화적 요인으로 해석된다. 정의군 지역의 문화 충돌 사례가 대정군보다 많은 사실은 제주도 동남부에 위치한 정의군 지역의 토속신앙이 강했던 까닭으로 이해된다. 정의군의 경우 거의 모든 마을에서 교민들의 신당 파괴가 행해졌다.

 교폐 발생의 지역별 특성을 보면, 우선 정의군 관내 교폐 발생 건수가 대정군보다 압도적으로 많다. 이는 1901년 제주민란의 진원지였던 정의 교당의 위치가 정의군 호근리 하근 마을이었기 때문이다. 민란 직전에 정의군 관내 교민 수가 483명(신자 101명, 예비신자 382명), 대정군 관내 교민 수가 274명(신자 36명, 예비신자 238명)임을 감안할 때 교폐의 상당수가 정의군에서 발생한 것은 당연하다. 「정의군교폐성책」에도 보이듯이, 정의군에서는 교당 설립 반대로부터 오신락 노인 사망 사건에 이르기까지 敎·民 간 심각한 갈등이 고조되었다. 그러나 정작 민란이 처음 일어난 곳은 대정군 지역이었다. 대정군 내에서는 商務社員와 교민 간에 싸움이 발생하긴 했지만, 이것이 민란의 직접 계기는 아니었다. 민란이 일어날 때 분명히 민회소 측에서 제기했던 것은 봉세관의 세폐 시정 요구였다. 즉, 이는 민란의 시점에 화전세 과다 징수를 비롯한 세폐 문제가 주요 쟁점이었지, 교폐는 부수적인 문제였음을 시사한다.

 한편 교폐가 많이 발생한 마을들을 보면, 정의군에서는 호근/보목/하효/풍덕리 등 하논교당과 가까운 마을임을 알 수 있다. 호근리는 하논교당이 위치한 곳이고, 하효리는 오신락 사건이 일어난 곳으로서, 교회 세력이 가장 강했던 곳이며, 교회에 대한 반대 움직임도 격렬했던 마을이다. 다음으로 대정군에서는 색달/상창천/광청/상문리 등에서 교폐가 많이 발생했는데, 이들 지역은 화전촌 마을로서, 화전·목장전을 둘러싼 경작권 분쟁이 심각했음을 볼 수 있다. 이는 1901년 민란이 대정군의 화전촌 광청리를 중심으로 발발했던 1862~1863년 민란, 1898년 남학당의 민란과 연속선상에서 발발했다는 것을 말해준다.

3) 교폐의 문화사적 의미

1901년 제주민란에서 교폐 문제는 민란의 원인을 규명하는 범위를 벗어나서 다양한 관점에서 그 시대를 읽어낼 수 있는 중요한 창 역할을 한다. 교회의 제주사회와 문화에 대한 인식이 그 안에 담겨있기 때문이다. 민란을 전후하여 외부세력과 외부문화의 이입에 따라 제주 사회 내부의 관습과 관행은 심각한 외적 도전에 직면하게 되었다. 또한 외적 요소의 파급에 따라 사회 내부의 분화 양상이 매우 다양한 양상으로 전개되었다. 제주 토착사회가 천주교 포교활동에서 불거진 갈등 사실을 폐단으로 인식했다는 것은 역으로 교회가 제주의 문화를 부정적으로 바라보았던 것을 말한다. 결국 교폐 문제를 통해 당시 제주지역의 사회와 문화를 이해할 수 있는 단서를 찾아볼 수 있다는 것이다.

이와 관련하여 「정의군교폐변백」이 갖는 사료적 가치는 높다고 할 수 있다. 이 자료는 위에서 보았던 「정의군교폐성책」에 진술된 교폐의 내용에 대하여 교회 측에서 반박한 기록이다. 「정의군교폐성책」이 178조항의 교폐를 단순 나열식으로 적시했다면, 「정의군교폐변백」은 쟁점이 되는 조항에 대해 제주도의 풍속, 관습, 관행, 규정 및 관련된 사람들의 행적·

동향 등을 언급하며, 그에 대한 교회의 인식을 적고 있다. 이런 점에서 이 자료는 1900년 초 김원영 신부가 천주교 교리에 입각하여 제주도의 여러 풍속을 교정하기 위하여 작성한 『修身靈藥』과 더불어 20세기 초 제주의 사회·문화를 이해하는 데 매우 도움이 될 것으로 생각한다. 때문에 지난 연구에서 수행하지 못한 이 자료를 중심으로 교폐와 끈을 맺고 있는 여러 사회문화적 현상들을 검토해 보고자 한다.

① 기존 세금징수 방식의 무시

교민 가운데 일부가 捧稅所의 마름이 되어 세금 징수에 나섬으로써 민란 참여자들이 봉세관과 결탁한 교회를 배격했다는 점은 기존 연구에서 지적된 바 있다. 봉세관의 징세권 독점은 지금까지 〈지방관-향리-향임〉 주도의 수세 관행을 무시하는 것이었다. 라크루 신부는 민란의 가장 중요한 원인을 봉세관의 독점적 징세 방식으로 인해 제주도 내의 유력한 향리·향임층의 기득권을 빼앗아 버린 때문으로 보았다.[121]

봉세관의 징세에 교민들이 가담한 것은 제주지역 내 토착지배층뿐만 아니라 기층민들에 이르기까지 교회에 대한 반감을 확산시키는 결정적인 계기가 되었다. 교민 李己善의 경우, 교회 입교를 계기로 봉세소의 마름직을 취득하여 역돌리 射場의 소유권을 갖고자 하였기 때문에 그 마을의 洞任과 갈등을 빚었다.[122] 대정군의 商務社 또한 봉세관과 교회 중심

---

[121] 「뮈텔문서」, 라크루 신부의 1901년 6월 11일자 보고서.
[122] 「정의군교폐변백」, 제1조.

의 경제적 이권 개입에 대응한 조직이었다.123) 결국 세금 징수와 관련된 교폐 문제는 세금 징수를 둘러싼 제주지역 내 신구세력 간 갈등의 표출 결과였다.

뮈텔 주교의 아래 보고서는 이러한 징세 방식의 변화를 교회 측의 입장에서 명확하게 정리하고 있다.

> "1900년 이 섬에서는 군수와 목사가 세금 징수의 임무를 맡고 있었는데, 度支部는 섬의 세금을 징수할 수 없는 상태임을 보고 특별 세금징수원(봉세관) 한 명을 섬에 보냈다. 사람들은 그가 공정하고 정직한 사람인 것처럼 늘 내게 얘기했다. 그야 어쨌든 이 봉세관(강봉헌)은 몇몇 신자들에게 어떤 형태들의 세금을 면제해 주었다. 그래서 나는 이것이 주로 이 봉세관에 반대하여 일어났으나 천주교도들에게도 타격을 가한 현 폭동의 원인 중의 하나가 아닐까 하고 염려하고 있다. 이 봉세관의 그러한 행동은 더할 나위 없이 섬의 군수와 목사들에게 불쾌했다. 왜냐하면 그것은 그들이 이러한 기회에 얻는 수입의 대부분을 그들로부터 앗아 갔으니까. 이 때문에 이제는 아마도 저지할 수 없을지도 모를 동요를 스스로 폭발시키는 것을 그들은 두려워하지 않았다." 124)

즉, 교민들에 대한 면세 혜택 부여로 인해 지금까지의 징세 관행이 무너지고 경제적 기득권을 상실한 것에 대한 반감이 민란의 주요 원인이었다는 것이다. 물론 교회 측에서 교민의 봉세소 마름 기용 사실을 감췄던

---

123) 본서 제5장 참조.
124) 뮈텔 주교의 1901년 5월 26일자 보고서.

점에 주의할 필요가 있지만, 기존의 징세 관행과 규정을 교회가 무시했던 것은 당시로서는 토착세력이 받아들이기 힘든 변화였다.

② 空帖 작성에 따른 금품 수수의 폐단

20세기 초에 이르기까지 제주민들은 군역·잡역의 대가로 매년 2냥씩을 부담하였다. 일반 평민들은 이 부담에서 벗어나기 위해 將校나 鄕任의 空名帖을 지방관아의 향리로부터 사들였다. 제주목의 향리들은 교체될 때마다 공명첩 수백 장에 몰래 도장을 찍어 새로이 명분상의 향임·향리·향교직을 남발하였다. 그리고 그 대가로 평민들로부터 금전을 수수하였는데, 원하지도 않는 사람들까지 이름을 기재하여 억지로 돈을 빼앗는 사례도 빈발하였다.[125] 1899년 朴用元 제주목사가 면직되기 직전에 제주목 관청에서는 63개의 좌수직을 강제로 100냥 또는 200냥에 팔았다.[126] 1906년의 자료에 따르면, 향임직의 경우 別監 400냥, 座首 200냥, 향교직은 訓長 200냥, 掌議 100냥, 有司 50냥으로 정가가 매겨져 있었다.[127] 그 결과 1898년 대정군 중문리 전체 인구 210명 가운데 115명이, 동성리 전체 163명 가운데 54명이 장의 직역자로 나타나고 있다.

「정의군교폐변백」(제7조)에 따르면, 교민 홍신규는 그의 부친 때 향리 송성은으로부터 공명첩을 받았으나 그 대금을 갚지 못해 가옥과 집터를 빼앗겼다. 이 문제 때문에 홍신규의 부친은 병이 들었고, 자식에게 관청

---

125) 「정의군교폐변백」, 제7조.
126) 「뮈텔문서」, 김원영 신부의 1899년 10월 29일자 서한.
127) 神谷 財務官, 『濟州嶋現況一般』, 1906.

에 가서라도 해결할 것을 유언으로 남기고 죽었다. 이후 천주교회에 입교한 홍신규는 교회의 힘에 의지하여 송성은에게서 예전에 내다 판 가옥과 집터를 본래 가격으로 되찾게 되었다. 이 때문에 홍신규를 비호해준 교회 측은 향리 송성은과 대립하게 되었다. 이러한 사실은 단순한 교폐가 아니라 당시 제주사회에 만연해 있던 사회 관행을 깨뜨린 것이었다. 이에 대해 지역의 토착지배세력은 자신들 중심의 지역권력 구도에 대한 심각한 도전으로 인식하여갔다.

③ 신당 파괴, 신목 작벌, 무당계 조직에 대한 문제

교회 측에서는 제주의 무속신앙에 대해 민감하게 반응하였다. 김원영 신부의 『수신영약』에는 제주지역 토착문화의 근간을 이루는 민간 무속신앙과 각종 제례를 22가지로 분류하여 소개하고 이를 이단으로 규정하여 배격하는 내용이 담겨 있다.[128] 「정의군교폐변백」에도 제주의 무속문화를 비판하는 내용이 아래와 같이 기록되었다.

> "제주는 원래 무당의 폐단이 많고, 兎山에서 더욱 심하다. 그중에서 하나의 큰 무당이 3군의 여러 무당을 이끌고 있으며, 별도로 하나의 큰 계모임을 만들었다. 이 때문에 저 큰 무당은 1년 동안의 의례적 이자가 수천 수백 금에 이르는데, 이것을 여러 무당에게 주어 각 마을을 돌아다니며 우매한 백성들을 유혹케하고 속이게 한다. 神堂이라고 하는 것은 요사한 무당이 혹은 수풀을 지정하여

---

[128] 김원영, 『수신영약』, 제25항, 제주 각 이단.

당집이라 하고, 혹은 괴상한 돌을 놓고 당집이라 하고, 혹은 궁벽한 계곡을 잘 다듬어 상을 차려 놓고, 혹은 살무사와 뱀을 가리켜 조상이니 어머니니 하면서 아침저녁으로 향을 피우고 공궤하며 이르기를 영험이 있다고 하는 것이다. 그러니 우매한 저 부녀자들이 신과 악귀는 구분이 있으며, 화복에는 문이 없다는 것을 알지 못하고, 망령되게 장생한다는 것과 액운을 헤아린다는 요사스러운 말을 믿어서 뱀을 공경하고 당집을 숭배하는 것에 재산을 바치고 생업을 팽개쳐 어찌할 방향을 모르는 자가 매우 많게 되었다."

즉, 교회가 제주의 무속을 이단으로 비판하는 내용 중에 무당들의 조직인 계모임이 매우 강한 세력을 형성했었고,[129] 신당의 실태가 어떠했는지를 잘 드러내 보여 주고 있다. 신당과 신목은 단순한 미신의 대상이 아니라, 마을 사람들에게 聖域 또는 성스러운 상징으로서 갖는 신앙 숭배의 의미가 강한 것이었다. 정의군 하천리 문기만이 신당에 방화하다가 마을 주민들에게 잡혔는데, 주민들이 그를 불 속에 던져 죽이려고 했던 것은 제주민의 토착 무속신앙이 강력한 문화로 지속되었음을 보여준다. 자신들의 신앙 기반을 파괴한 것은 존재와 생명의 근거를 앗아버리는 것

---

[129] 제주도 무당은 흔히 '심방'이라고 부르는데, 상당수의 무당들이 존재하였다. 조선 숙종 때 제주도 129군데 신당을 모두 없애버린 이형상 목사는 제주도 무당의 숫자가 1천 명을 넘는다고 하였다. 이는 같은 시기 경상도 단성현의 경우 10명 정도였음에 비추어 보면 엄청난 인원이다. 숙종 때 장희빈이 인현왕후를 죽이기 위해 무녀를 동원해 궁궐 내에 신당을 설치한 바 있는데, 이때 무녀들이 제주에서 가져온 巫術에 관한 책과 도구를 사용했다고 한다. 그만큼 제주도 무교의 영향력이 컸음을 말하여 준다. 제주의 무당들은 그들끼리 契 조직을 결성하였고, 향리 조직과도 일정한 연대를 갖고 있었다. 헌종 7년(1841) 이원조 목사가 남긴 '입춘굿' 기록을 보면, 농경의례를 향리 집단이 주관하고 있었으며, 의례 행렬의 맨 앞에는 무당들이 나서 전체를 이끌었다고 한다.

과 동일시되었다. 그러기에 민란 과정에서 제주성문을 열어젖혀 민군을 입성하게 했던 제주성안의 여인 장두 18명 가운데 특히 무녀들이 앞장섰던 것이다. 이들은 천주교를 자신들의 생존권을 위협하는 외래문화로 인식했다.

④ 혼인 문제를 둘러싼 갈등

제주지역의 천주교회는 선교 과정에서 혼인 생활 풍속의 복잡함과 특수성 때문에 혼선을 빚었다. 조선시대 이래로 女多의 인구 실태가 빚어낸 축첩 문화와 촌락내혼과 같은 통혼권의 폐쇄성 때문에 여러 신부들은 교리와 상충되는 사람들을 신자로 삼는 데 어려움을 겪었다.[130] 김원영 신부는 "한 남자가 4~5명의 첩을 맞아들이는 이가 허다하며, 마음대로 본처를 구박하는 일이 흔하다."라고 하였다.[131] 때문에 그는 『수신영약』에 제18항(내외유분별), 제19항(혼배), 제20항(첩을 불취), 제21항(주색잡기) 등 4개 조항이나 할애하여 제주지역 혼인 풍속의 문제점을 지적하였다.

「정의군교폐변백」에는 남편을 바꾸거나 버린 자에 대한 본보기로 마을

---

[130] 19세기 제주도의 혼인 양상을 다룬 논문으로는 다음의 글을 대표적으로 들 수 있다 (이창기, 「19세기말 제주도 농촌마을의 혼인양상: 1897년 덕수리 호적중초를 중심으로」, 『제주도연구』 14, 1997; 권오정, 「19세기 제주도 촌락의 촌락내혼율과 촌락 내 혼인관계 연구-제주 대정현 사계리 호적중초를 중심으로」, 『제주도연구』 23, 2003). 이창기의 연구에 의하면, 19세기 말에도 제주도에는 축첩이 많이 행해지고 있었고, 정처에 비해서 사회적 지위가 상대적으로 낮았지만 혼인 관행의 하나로 정착했다. 또한 촌락내혼이 거의 절반을 차지할 정도로 자연스러운 혼인 양식으로 보편화되어 있었다.
[131] 김원영, 『수신영약』, 제21항, 주색잡기.

에서 돈을 토색하는 풍속이 있어 왔다고 소개하였다. 이러한 풍속은 제주 혼인 문화의 복잡성을 드러내 주는 근거라고 하겠다. 이 때문에 간통 등으로 인해 마을 사람들의 비난을 받는 사람들이 교회에 의도적으로 입교하는 경우가 많게 되었다. 「정의군교폐성책」에 따르면, 입교 전에 간통 경력이 있는 사람이 교민이 된 경우가 다수 확인된다.[132]

이 때문에 교회는 혼인 생활이 문란한 사람들의 피신처라는 인식을 갖게 만들었다. 교회는 제주의 혼인 문화에 대해 교리 원칙에 따라 배척하지만 현실적으로는 수용하는 이율배반적 모습을 띠었다.[133] 이러한 교회의 태도 때문에 토착지배세력은 교회를 자신들의 축첩문화를 부정하는 세력으로, 기층민들에게는 마을공동체 문화를 위협하는 집단으로 천주교회를 인식하게 만들었다.

---

[132] 교민 이기선의 사례(제11조), 오시평의 사례(제15조), 오치효의 사례(제24조), 임재득의 사례(제71조).
[133] 페네 신부의 다음 서한(1899년 10월 31일)에서 이러한 사례를 엿볼 수 있다. "오씨라는 성을 가진 64세의 한 예비자는 합법적인 아내를 내쫓고 다른 아내를 맞이했고 그런 뒤에 또 자기 자신의 본처가 살아있는 동안 그리고 남편이 살아 있는 또 다른 여인을 아내로 삼았습니다. 지금 50여 살인 둘째 부인에게서 두 딸을 얻었는데, 이들은 다른 곳에서 결혼을 했습니다. 그러는 사이에 이른바 둘째 부인의 본남편이 죽었습니다. 현재 36세인 셋째 부인에게서 1남 2녀를 얻었는데, 이 여인의 본남편은 아직 살아 있습니다. 이 예비자의 합법적인 아내는 벌써 몇 년 전에 죽었습니다. 이 모든 진술을 듣고 저는 그가 현재 데리고 있는 두 아내들 중에서 아무도 합법적이 아닌 만큼 다처제에 관한 교회의 교리를 그에게 알려 주었습니다. 그는 자신이 구원받기 위해서 두 여인들을 모두 내보내고 싶지만, 그들 중 한 아내는 데리고 있을 수 있기 때문에, 그의 아들과 다른 어린 자식들의 어머니이며 또 더 젊다는 이점도 있으니까 셋째 아내를 선택하기로 했다고 제게 대답했습니다. 저는 그에게 그렇게 하라고 말했으나 이 여자에게 알려서 질문을 할 필요가 있다는 것을 그에게 일렀습니다."

⑤ 마을 공동체의 내분

「교폐성책」의 내용 가운데 토지 매매를 둘러싼 폐단이 가장 큰 비중을 차지했다. 교회세력에 의지해 새로이 입교한 교민들이 예전에 불리하게 팔았던 토지를 헐값으로 還退시키는 사례는 거의 모든 지역에서 확인되고 있다. 더 나아가 토지의 소유권과 경작권을 강제로 탈취해버리는 일도 빈발했다. 이는 토지·재산을 둘러싼 기존 관행 또는 관의 법적 처리를 무시하는 것이었다.

토지 및 재산을 둘러싼 마을 주민 사이의 분쟁은 친족 내부의 분열로까지 발전하였다. 민란을 전후하여 발생한 하효리 군위오씨 가문 내부의 대립(오신락 사망 사건), 하모리 고부이씨 가문의 갈등(이재수가 이규석 부자를 살해)이 대표적이다.

「정의군교폐변백」(제125조)에는 친척 사이인 평민 오성도와 교민 오인표 간에 소 매매를 둘러싸고 대립하는 사례가 확인된다.

또한 예전부터 내재해 왔던 마을 간 갈등 요소가 교회를 둘러싼 싸움으로 전환되기도 하였다. 「정의군교폐변백」에는 정의군 보한리의 마을 공동어장을 둘러싼 갈등에 교회가 개입하였던 사례가 기록되었다. 이 자료에는 제주도 연근해 마을 공동어장의 경계 지역에서 자주 소송이 발생했으며, 목사나 군수가 이로 인해 뇌물을 받는 관행이 있었음을 적시하였다. 동보한리와 서보한리 사이에 공동어장을 둘러싼 갈등이 있었는데, 마을의 공동어장은 항상 서보한리에 사는 세력 있는 사람들이 차지했기 때문에 동보한리 주민들은 불만을 갖고 있었다. 그런데 마침 동보한리 주민 오영신이 교회에 입교하자 교세에 의지하여 어장의 이윤을 독점하게 되자, 서보한리 사람들이 이를 교폐로 여기게 되었다는 것이다. 이는 교회 세력의 파급에 따라 기존의 마을 간 세력 구도가 역전된 대표적 사례로 볼 수 있다.

⑥ 山訟의 문제

교폐 가운데 산송 문제는 토지 부족 문제와 깊게 연관되어 있다. 한라산과 해안 사이의 광활한 목초지대는 1894년까지 國馬場으로 활용되었기 때문에 제도적·현실적으로 사유화하기 힘들었다. 그러므로 제주도에는 묘지가 경작지 한가운데 들어서 있거나 묘지 주위를 개간하여 밭으로 만든 경우가 많았다.[134] 中山 지대(한라산과 해안 사이 목초지)에 무덤을 쓸 경우에는 관과의 뇌물 거래가 관행이 되었다. 「정의군교폐변백」(제87조)에는,

> 제주도의 소송 사건 가운데 山訟은 내륙지방에 비해 매우 심하다. 섬의 위쪽으로는 산림이 빽빽이 들어서 있고, 섬의 아래쪽에는 넓은 바다가 펼쳐져 있다. 그러므로 죽은 사람을 장사 지낼 때에는 中山 등의 장소가 묘지로 활용된다. 그런데 부자들은 뇌물을 주어 넓은 땅을 차지하지만, 가난한 사람들은 소송에 져서 이장을 해야 할 처지가 되곤 한다. 이 때문에 중산 지대에는 묘지를 쓰지 못하게 금지하고 정해진 구역 내에서만 장사를 지내게 하였는데, 이와 같은 관행이 모두 목사·군수·鄕將·서리에게 뇌물을 주는 통로가 되었다.

---

134) 「정의군교폐변백」, 제89조.

라고 하여, 부민들이 토지를 매입하여 묘지를 넓게 차지하는 폐단을 막기 위해 관에서 중산지대 禁葬을 실시하였는데, 오히려 관에 뇌물을 바쳐서 장지를 확보하는 관행이 생겼던 것이다. 그러나 교민들은 교회세력을 등에 업고 금지된 중산지대 내에서 거리낌 없이 묘지를 확보함으로써, 관·민과 대립하게 되었다. 즉, 교회가 기존의 제도와 관행을 무시하는 데서 나아가 관과 토착세력의 묘지를 둘러싼 이권에 개입하였음을 의미한다. 또한 교민들은 평민들의 묘지 가까이에서 개간을 함으로써 묘지 소유주와 대립하기도 하였다.

⑦ 지방군의 공백

「정의군교폐성책」에는 西歸鎭將 許俊이 입교하여 많은 교폐를 일으켰다고 지적하였다. 이에 대해 교회 측의 「정의군교폐변백」에는 허준이 예비신자라는 것을 인정하면서도 "교인으로서의 도리와 분수를 지키지 못하므로 외교인과 다를 바 없다."라고 하였다. 그러면서 진장 관직의 폐단을 아래와 같이 적시하였다.

> "원래 제주도에는 3개 군에 9명의 鎭將이 있으며, 각 진에는 각 리를 검찰하는 권리가 있었다. 처음에는 매달 녹봉을 마련하지 않았는데, 오히려 의례적으로 받아들이는 것이 지나치게 많았다. 반년이 채 못 되어 교체되어 버리니, 제주의 진장이 되면 체임되기 전에 토색질, 간음, 도둑질 등에 간여하는 경우가 많았다."[135]

---

135) 「정의군교폐변백」, 제134조.

즉, 허준의 교폐를 앞세우기 전에 진장을 비롯한 관리들의 폐단을 먼저 꼬집고 있다. 나아가 진장의 폐단은 "실제로 목사가 부정한 방법으로 재물을 탐내는 것에서 비롯되었다."고 하였다. 진장이 행한 교폐 사실의 이면에는 당시 제주도의 지방관들의 폐단 또한 들어있었던 것이며, 이를 통해 유명무실한 지방군의 실정을 엿볼 수 있다.136)

때문에 제주목을 비롯한 3군 관아에서 군역을 담당하는 사람들은 찾아볼 수 없었고, 무기고 관리는 매우 허술할 수밖에 없었다. 민란의 전개 과정에서 교민들이 대정군과 제주목 관아의 무기고를 허물어서 무장한 뒤 발포하고, 제주성에 포를 설치하여 오랫동안 민군과 대치했던 것은 지방군 체계의 붕괴를 전제하지 않고서는 이해할 수 없다.137)

5. '문화 충돌'로 빚어진 민란

1901년 제주민란을 앞두고 외래문화로 전래된 천주교와 사회세력화된 천주교회는 그 영향력을 확대해 가는 과정에서 기존의 제주 지역사회의

---

136) 민란 이후 1905년에 작성된 다음 자료는 당시 제주 지방군제 관련 관직의 실상을 명징하게 보여주고 있다. "萬戶, 別將, 鎭將 명색은 새 규식에는 원래 없는 것이거늘, 본 섬의 九鎭은 옛날처럼 오히려 남아 있어 뇌물을 받는 데 침을 흘리며 탐닉하고, 가칭 순검이라 하면서 뇌물을 거두는 것을 번갈아 하여 곧 고질적인 병폐가 되었습니다. 진장의 해독이 시골 백성들에게 흘러들어 글이나 말로 표현할 수 없는 형편입니다."(「뮈텔문서」(1905-60), 1905년 7월)

137) 1895년 윤5월에 중앙정부의 명령에 따라 전국 外營의 군병이 해방되고, 봉수가 폐지되었다. 민란 2년 전인 1899년『大靜郡古誌』와『旌義郡古誌』에는 모두 '軍兵 無'라고 기록하여, 당시 제주의 군병 편제가 혁파되었음을 알 수 있다(許元寧,『19세기 濟州島의 戶口와 賦稅運營』, 韓國學中央硏究院 韓國學大學院 博士學位論文, 2006, 197~198쪽).

관습과 문화에 적지 않은 타격을 가하게 되었다. 또한 경제적 이권을 둘러싼 관행과 토착권력구조에도 상당한 변화를 가져왔다. 외래세력과 외래문화의 이입에 따라 제주 사회의 전통문화와 관습, 경제적 관행 등이 심각한 도전에 직면하게 되었던 것이다.

결국 1901년 제주민란을 전후하여 제주민들의 삶과 문화는 외부로부터 들어온 봉세관과 천주교에 의해 커다란 영향을 받았다. 제주민들은 고려 때 胡宗旦이 입도하여 지맥을 끊어버려 탐라의 전통을 말살하고, 2백년 전 이형상 목사가 부임하여 신당을 모두 불태워버림으로써 토착문화를 부정한 사실을 떠올렸다. 천주교는 제주민들이 믿고 모셔온 제주신령을 '악귀'로 여겨 배격하였고, 이에 대해 제주민들은 천주교를 '제주를 빼앗기 위해' 온 것으로 인식하여 강력히 저항하였다. 지금으로부터 1백년 전 제주는 무교와 유교가 공존하는 토착문화의 토양에 신학문과 천주교로 대표되는 근대 외래문화가 유입됨으로써 다양한 문화가 만나는 장이 되었다. 그러나 각 문화집단 간의 극단적인 상호 배척으로 결국 1901년 제주민란과 같은 엄청난 문화 충돌을 빚게 되었다.

〈자료 1〉「정의군교폐성책」과 「대정군교폐성책」

1. 「정의군교폐성책」

1) 교인 李己善이 역돌리 활터를 마름이라 칭하고 탈취한 일.
2) 교인 이기선·申永好가 역돌리 신당에 방화한 일.
3) 교인 趙明守가 역돌리 포구 주인이라 칭하고 원래의 구전 외에 추가로 구전을 받은 일.
4) 교인 이기선이 물건의 都主人이라 칭하고 원래의 口錢 외에 오조리의 상인 金尙汝·朴京用에게 31냥을 강제로 받아 낸 일.
5) 교인 이기선이 오조리의 상인 金永福에게 20냥을 탈취한 일.
6) 수백 금의 많은 비용을 들여 오조리의 성황당을 지었는데, 교인 이기선이 여러 교도들을 풀어 거리낌 없이 방화하고 나무를 베어 실어 간 일.
7) 교인 洪信圭는 그의 아버지가 살아 있을 적에 집과 집터를 下川里의 宋成恩에게 放賣하고 도망갔고, 송성은은 다시 오조리의 洪致訓에게 팔았는데, 이것은 10여 년 전의 일이다. 이 홍신규가 교인 이기선과 부동하여 본래 가격을 강제로 되물린 일.
8) 교인 高仁寬이 봉세관의 명령이라 칭하고 오조리의 魚網 값으로 25냥을 받아간 일.
9) 左面의 활터는 이미 完文을 여러 차례 나누어 준 것이 있는데, 교인 許俊이 탈취한 일.
10) 교인 이기선이 고성리 사는 趙哥를 붙잡아다 구타하여 입교하게

한 일.

11) 교인 이기선이 교세를 믿고, 고성리의 평민 金宗吉의 아내를 범하여 빼앗은 일.

12) 교인 이기선이 교도인 신영호·홍신규 등을 고성리 평민 한인열의 집에 보내서 이들이 기도할 때 돌입하여 행패를 부리게 한 일.

13) 교인 孫用好가 아무 단서 없이 트집을 잡아 고성리 동임에게 4냥을 강제로 빼앗은 일.

14) 교인 洪允善이 고성리 평민 金正河에게 200냥을 빌렸는데, 여러 해 동안 그 교세를 믿고 영영 갚지 않은 일.

15) 교인 吳時平이 下水山에 사는 평민 康用伯의 아내와 간통한 일을 관가에 보고하였는데, 교인 이기선이 교인들을 거느리고 와서, "교인을 지목하여 관가에 보고하는 것은 법에 어긋나는 일이다." 라고 하면서 존경과 본 남편을 붙잡아다 마구 때리고 60냥을 토색질한 일.

16) 수백 금의 많은 비용을 들여 좌면의 신당을 조성하자, 교인 이기선·홍신규 등이 거리낌 없이 방화하고 나무를 베어간 일.

17) 교인 鄭文州가 아무 이유 없이 上水山에 사는 평민 高升朱의 집에 쳐들어가 鳥銃을 빼앗은 일.

18) 교인 康己順이 마름이라 사칭하여 水山鎭의 가장자리 바닥을 執卜하여 탈취한 일.

19) 교인 이기선이 마름을 사칭하여 城山凹의 여러 사람들이 경작하는 땅을 혼자서 차지한 일.

20) 교인 李香根이 성산요의 茅草와 書堂田을 집복할 때 평민 李雨吉로

부터 3냥을 토색질한 일.

21) 교인 이기선·장윤선·이향근이 성산요를 3차 집복할 때 닭고기, 돼지고기, 술과 담배 값을 15냥으로 매긴 일.

22) 교인 이기선이 상산요의 모초 값으로 15냥을 받아 간 일.

23) 교인 이향근·홍신규·金春根·宋元吉·孫好用·吳致孝 등이 온평리에 쳐들어가 평민 康以成의 짚신 11켤레를 빼앗고, 또 崔召史의 집에서 소주 27甫를 빼앗아 먹은 일.

24) 교인 오치효가 대낮에 온평리의 유부녀를 위협하여 끌고 가서 겁탈하려고 할 때, 그 여자가 말을 듣지 않자 강간하려고 하였다. 이때 마침 본 남편인 金永杓가 이를 목격하고 분을 이기지 못해 그의 뺨을 한 대 때렸다. 이에 오치효는 이기선에게 알려 교도를 보내 본 남편을 결박하고 구타하였으며, 법에 고발하지 못하여 난감해 하자 위협하여 뇌물 15냥을 써서 화를 면한 일.

25) 교인 이향근·홍신규 등이 온평리의 동임을 잡아다가 공갈 엄포하여 신당에 불을 지르라고 하면서 만약 그렇게 하지 않으면 神堂價를 즉시 내라고 하였는데, 동임은 "그 일을 都鄕指에게 의논하여 처리하겠다."라고 하였다. 송원길·홍신규는 크게 떠들며 말하길 "우리 제주에는 官長이 없나. 어찌 이렇게 말하는가?"라고 하면서 곧바로 신당에 불을 질렀다. 신당가는 100냥 아래로는 내려가지 않으며, 신당 안에 보관되어 있던 의복 두 상자와 비단 등도 모두 불에 탔으나 그 가격도 300냥 아래로 내려가지 않는다.

26) 교인 오치효가 "온평리 李永好가 살아 있었을 때 우리 할아버지에게 갚을 돈이 100여 냥이었다."라고 이기선에게 말하자, 이영호의

손자인 啓奉을 불러다 위협하여 그 빚을 갚게 하였다. 이에 계봉이 "우리 할아버지가 돌아가신 것이 이미 30여 년 전이고, 돈은 본래 70여 년 전의 일이니 증거가 없다고 생각된다."라고 여러 번 애걸하자, 20냥을 지급하게 한 뒤 겨우 화를 면하게 한 일.

27) 교인 劉士日·송원길·송호용 등이 온평리의 평민 玄萬生·趙成用을 잘 꾀어서 교묘히 재물을 속이고, 이기선과 모의하여 여러 교도 10여 명으로 현만생·조성용을 잡아갈 때, 술과 안주 값 15냥을 받고, 이기선이 먼저 뇌물 20냥을 받고, 손호용이 뇌물 15냥을 받고, 유사일이 뇌물 15냥을 받은 일.

28) 교인 홍신규·金信孝·吳致權 등이 난산리의 신당에 불을 지르고, 나무를 베어 싣고 간 일.

29) 교인 김신효가 桶岳 주민들이 경작하는 納稅田을 몰래 마름을 보내 탈취한 일.

30) 난산리의 狸起岳은 본래 경작할 만한 곳이 없는데도 교인 김신효와 金成辰이 세금 20냥을 독촉한 일.

31) 교인 오치권이 신산리 金明廉의 집에서 일 년 동안 고용살이를 하기로 몸을 맡겼으나, 입교한 것을 의지하여 반년 동안의 雇工價(머슴 삯)를 배로 징수하려는 뜻으로 교인인 아우와 朴在厚·홍신규 등과 함께 그 집에 쳐들어가서 그를 붙잡고, 음식과 술과 안주 값으로 5~6냥을 빼앗은 후에 풀어 준 일.

32) 교인 洪致公이 신산리의 金김史에게 이미 오래전에 판 땅이라고 하면서 還退錢 3냥을 강제로 빼앗은 일.

33) 교인 이기선이 교인 이향근·홍신규·송원길·신영호 등에게 신

산리 신당에 불을 지르도록 지시한 일.

34) 교인 김신효·김성진 등이 신산리 獨子峯의 경작이 금지된 땅을 비밀리에 자신들이 집복하고, 세금 60냥에 대해 侵責(책임을 캐어 따짐)한 일.

35) 교인 이기선이 김신효에게 명령하여 삼달리 신당의 수백 금에 해당하는 집을 거리낌 없이 불지르게 하고, 또 수백 금에 해당하는 堂木 5~6그루를 함부로 베어서 사용한 일.

36) 교인 이기선이 교인 文己萬에게 하천리 신당에 불을 지르도록 할 때, 동민들이 이를 모두 책임지게 하고, 이기선이 교인 10여 명을 데리고 와서 20냥의 술과 안주 값으로 60여 냥을 빼앗은 일.

37) 교인 이기선·문기만·유사일 등이 하천리의 평민 宋守平을 결박할 때, 5냥을 강제로 빼앗은 일.

38) 교인 姜贊基·문기만 등이 신천리 신당에 방화한 일.

39) 교인 손호용·李在寬·吳永春 등이 성읍리 신당에 방화했을 때, 그 안에 있었던 명주 의복, 호박 가락지, 은비녀, 구슬로 장식된 갓끈 등 수백 금에 달하는 물건들을 모두 불 속에 넣은 일.

40) 교인 오영춘이 지난해 겨울 성읍리 평민 玄之化에게 農牛 한 마리를 90냥을 받고 팔았는데, 그 후 그의 형 吳永信이 교세를 믿고 강제로 빼앗자 현지화가 소값 90냥을 헛되이 잃어 원통한 일.

41) 교인 康其奉이 교인을 빙자하여 동족인 여자를 강간하고 아이를 낳게 하는 등의 사악한 폐습을 저지른 일.

42) 교인 손용호 등이 성읍리 평민 玄致淳의 집에 있는 수백 년 된 고목을 베어간 일.

43) 교인 김성진이 성읍리 냇가에 있는 잡목 두 그루와, 어린 소나무 한 그루를 5냥에 가져간 일.

44) 교인 유사일 등이 표선리의 신당을 헐어 부숴 버린 뒤에, 신당의 베지 못하게 되어 있는 나무 30여 짐을 그 마을의 趙卷洙에게 16냥을 받고 판 일.

45) 교인 高漢文의 아내인 吳召史가, 그녀의 숙부 吳益丸이 33년 전에 영구히 팔았던 밭뙈기를 되물린 것처럼 그 밭을 산 평민 鄭應式을 공갈하여 50냥을 추가로 징수한 일.

46) 교인 고한문의 아내 吳召史가, 그녀의 숙부 오익환이 33년 전에 영구히 팔았던 밭을 되물린 것처럼 그 밭을 산 과부 오씨를 공갈하여 20냥을 강제로 빼앗은 일.

47) 교인 姜信杓가 그 숙부 姜用世가 13년 전에 영구히 팔았던 밭뙈기를 밭을 산 평민 金官杓를 공갈하여 50냥을 강제로 빼앗은 일.

48) 교인 강신표가 그 숙부 강용세가 12년 전에 영구히 팔았던 밭뙈기를 되물린 것처럼 그 밭을 산 평민 康尙恩을 공갈하여 30냥을 강제로 빼앗은 일.

49) 교인 강신표가 그 숙부 강용세가 13년 전에 팔았던 밭뙈기를 되물린 것처럼 그 밭을 산 평민 蔡仁伯을 공갈하여 40냥을 강제로 징수한 일.

50) 교인 高性汝가 그 장모인 洪召史가 33년 전에 영구히 팔았던 밭을 되물린 것처럼 그 밭을 산 평민 玄宗洽을 공갈하여 60냥을 강제로 징수한 일.

51) 교인 金宜秋가 표선리의 평민 康己平이 교당에 들어오지 않은 일로

서너 차례나 결박하여 위협한 후 20냥을 강제로 징수한 일.
52) 교인 강신표가 표선리 신당을 헐어 버린 후 신당의 베지 못하게 되어 있는 나무 12그루를 베어 간 일.
53) 교인 高尙雲이 12년 전에 영구히 팔았던 밭을 되물린 것처럼 그 밭을 산 평민 吳信孝를 공갈하여 50냥을 추가로 징수한 일.
54) 高永奉이 그의 형이 24년 전에 영구히 팔았던 밭을 되물린 것처럼 그 밭을 산 평민 安永俊을 공갈하여 35냥을 강제로 징수한 일.
55) 교인 文希元·康斗升이 평민 金奉五에게 墓松稅라는 명목으로 10냥을 강제로 징수한 일.
56) 교인 朴奉五·李石弘이 봉세관 마름이라 사칭하고, 兎山峯 4면 금지 구역을 차지하여 경작하려고 10냥의 책임을 물은 일.
57) 교인 김의추가 토산리 신당에 방화한 일.
58) 교인 朴奉玉이 평민으로서 부형과 자제가 있는 金太文을 잘 꾀어서 금년 1월 2일 밤에 술자리를 만든 뒤, 교묘하게 김태문이 취한 틈을 타서 150냥의 표지를 강제로 빼앗고, 白地徵稅한 일.
59) 교인 박봉옥이 토산리의 당목 100여 짐을 베어낸 뒤에 가지고 간 일.
60) 교인 박봉옥이 봉세관 마름이라 사칭하고, 평민 김봉오·康斗兄의 선영의 산맥 위에 금지된 지역을 거리낌 없이 경작한 일.
61) 교인 김의추가 평민 金汝奎와 연전에 밭뙈기 때문에 서로 소송을 벌인 적이 있다. 營郡의 재판 가운데 있는 문적 증서가 그러나 아직도 남아 있었는데, 김의추가 입교한 후 관령을 따르지 않고 김여규를 잡아다가 결박하고 구타하여 217냥을 강제로 뺏은 뒤 관가에서 증거로 삼을 수 있다고 판결한 문적 또한 빼앗아 가지고 간 일.

62) 교인 吳永春이 申道興에게 30냥의 빚을 졌는데, 금년 춘분에 신도 흥이 그에게 빚을 독촉하니, 오영춘이 큰소리로 말하기를, "교당 사람은 예전에 진 빚을 스스로 탕척하여 갚지 않는다는 규칙이 있는데, 이처럼 빚을 입에 담는 자가 있단 말인가? 사악함이 매우 심하구나."라고 하면서 오히려 10냥을 강제로 빼앗은 일.

63) 교인 安明俊이 지난 갑신년에 그의 부친이 방매한 밭을 되물린 것처럼 그 밭을 산 평민 高成秋를 공갈하여 60냥을 빼앗았다가, 이번에 다시 돌려준 일.

64) 교인 玄始俊·宋甲生이 서의귀리 아랫마을의 소나무 100여 그루를 자신들 밭이라 말하고는 사방에 경계표를 세워 강제로 빼앗은 일.

65) 교인 高成枂가 평민 康國平에게 진 빚을 교세를 믿고 강제로 물리쳐 갚지 않은 일.

66) 교인 吳永信이 교세를 믿고 서보한리의 바닷가 한쪽 구석에 있는 어장에서 그 이익을 독점하고, 다른 사람들에게는 손도 대지 못하게 한 일.

67) 교인 崔在甫가 동우미리에 사는 평민 康孝興과 梁永式이 경작하는 아홉 개소에 밭을 만들어 강제로 빼앗아 경작한 일.

68) 교인 崔在弘이 康千文의 아내가 개가한 일로 평민 情夫 高汝奉을 결박하고 60냥을 빼앗은 일.

69) 교인 최재홍이 山伊田의 마름이라 칭하고, 소작농인 평민 金士天 등에게 40냥을 뇌물로 받은 일.

70) 교인 鄭日年이 평민 宋萬春에게 갚을 돈 50냥이 있었는데, 교인 10여 명과 결탁하여 채주를 결박하여 가두고 돈을 갚지 않은 일.

71) 교인 任在得이 평민 韓仁伯의 아내와 간통하고 교인들과 결탁하여 본남편을 결박한 뒤 100냥과 밭 1庫를 강제로 빼앗고, 또 田券 등을 탈취한 일.

72) 색달리에 사는 교인 姜쯤가 평민 吳東信의 노모를 무단히 결박하고 구타한 일.

73) 교인 허준이 마름을 시켜 又美里 활터를 방매한 것처럼 하여 그곳에 사는 평민 金春集에게 억지로 100냥을 뺏으려 하였으므로 활터 접경 지역에 사는 사람들이 봉세관에게 일렀다. 그러자 허준의 마름이 債錢 15냥과 稅錢 12냥을 강제로 빼앗은 일.

74) 교인 허준이 평민 康汝九의 전권을 무단히 수취하고는 영구히 내주지 않은 일.

75) 교인 최재홍이 우미리 신당에 방화한 일.

76) 교인 康庚生이 예촌리 당목을 제멋대로 벌목한 일.

77) 교인 康允奉이 지난해 12월에 평민 玄用鶴의 집에서 병 때문에 기도할 때, 무당을 결박하여 술과 담배 값으로 4냥을 강제로 빼앗은 일.

78) 교인 康萬吉 등이 금년 정월에 상효리 신당을 파괴한 일.

79) 교인 강만길의 사촌 형 姜萬實은 행실이 불량한 자로, 금년 정월에 상효리 활터 접경 지역의 執綱 金宗兄에게 여간 책망을 당한 것이 아니었다. 이에 만길이 김종형을 위협하여 강제로 술과 담배 값으로 7냥을 받아 낸 일.

80) 교인 金正元이 밭 1고를 상효리의 평민 玄用坤에게 방매하였는데, 금년 2월에 30냥을 더 징수했다가 이제서야 되돌려 준 일.

81) 교인 吳達鉉이 지난해 12월 16일, 하효리에 와서 현규석을 잡아갈

때, 중효리의 金有三과 兪永甫를 결박하여 거리낌 없이 구타한 일.
82) 교인 강만길이 지난해 12월 25일, 중효리 평민 金順鶴이 굿하는 집에 쳐들어가서 굿을 하지 못하게 할 것처럼 하고는 술과 담배를 강제로 빼앗은 일.
83) 교인 강만길이 금년 정월에 중효리의 평민 康致伯이 굿하는 집에 쳐들어가서 굿을 하지 못하게 할 것처럼 하고는 술과 담배를 강제로 빼앗은 일.
84) 지난해 9월 중효리의 평민 김순학이 농우 한 마리를 야외에 방목하였다. 교인 孫在興이 그 소가 자신의 곡식을 먹어 버려 해를 끼쳤다 하여 그 소를 잡아먹겠다 하고 내주지 않았고, 40여 냥에 해당하는 소를 겨우 15냥만 주고 강제로 빼앗은 일.
85) 교인 강만길이 금년 정월에 중효리의 평민 金宜仁에게 강제로 교회 서적을 맡기고 교당에 들어오게 한 일.
86) 교인들이 사사로이 법을 만들고, 교인 중에 범죄자가 있어 관가에서 잡아가야 할 사람을 작당하여 숨겨 줌으로써 관령을 베풀지 못하게 하였고, 교당에서 風憲 金宗八을 붙잡아다 곤장 80대를 엄히 치고 10냥을 강제로 빼앗은 일.
87) 교인의 묘는 널리 금하는 것에서 제외시켜 주고, 일반 백성의 묘는 규제 안에서 억지로 장사지내게 한 일.
88) 교인 박 회장(박고스마)이 신효리의 평민 康永好를 구타하고 책을 주어 입교하게 한 일.
89) 교인 손재흥이 신효리 평민의 묘지 옆에서 禁養木(베지 못하도록 하여 가꾸는 나무) 소나무를 거리낌 없이 베어내고, 그 땅을 강제로

빼앗아 경작한 일.

90) 교인 洪南日이 재작년에 신효리의 吳啓南에게 26냥을 빌려 쓰고도 교세만 믿고 영구히 갚지 않은 일.

91) 교인 최재홍이 금년 정월에 교도 5~6명을 거느리고 신효리 평민 吳世奉의 굿하는 집에 쳐들어가 집주인을 결박하고, 무당을 구타하여 굿을 금지시켜 아무 이유 없이 이를 막은 일.

92) 교인 손재홍이 금년 정월 신효리 酺祭의 제단을 파괴하여 제향을 못하게 한 일.

93) 하논의 교인들이 면임과 이강을 붙잡아 죄를 만들어 때리고 가둔 뒤에 사사로이 속전을 거두고, 마을의 남녀 주민들을 사람을 보내 붙잡아 끌어다가 거리낌 없이 고문하니, 작년 8월에 하효리의 평민 현규석이 그 面 안의 의논대로 모두 정리하여 영문에 제소하였다. 교인 오달현·최재홍·金楊一 등이 이 일로 감정을 품고 많은 무리들이 한밤중에 현규석의 집에 돌입하여 그의 늙은 아비를 결박해다가 서귀진의 감옥에 가두었다. 그 밖에도 남녀가 결박당하고, 대문이 부서지고 담장이 손실된 것을 이루 다 기록할 수 없다. 현규석의 아우 범석(凡石)을 마구 때린 것이 곤장 80대에 이르렀고, 玄哥 성을 가진 자들은 모두 결박당한 채 매를 맞은 일.

94) 교인 오달현·吳昌憲이 지난해 12월에 하효리의 吳達文과 서로 싸운 일로, 달문의 아버지인 信洛이 말의 꼬리에 매달린 채 교당으로 끌려가서 무수히 결박당한 채 매를 맞았다. 신락이 다음날 밤에 죽었는데, 본 군수의 힘으로는 오창헌을 붙잡아 조사할 수 없었고, 오창헌 역시 관령에 따르지 않은 일.

95) 살인의 옥사에서 초·복검의 비용은 피고 측이 전례에 따라 부담하는 것이다. 지난해 12월 오신락이 죽은 일은 하나도 본 마을과는 상관이 없는 일인데도, 피고 오창헌이 그 교세를 믿고 초·복검 비용 210냥을 끝내 내놓지 않고 전액을 하효리 마을에 떠맡긴 일.
96) 교인 오달현 등 세 사람이 지난해 12월에 현규석의 집에서 숙식하면서 위협하기를, "소를 잡아서 내놓으라."하고는, 그 집안사람들에게서 돈 40냥과 집돼지 두 마리를 거리낌 없이 빼앗아 가서 그 무리들과 함께 나누어 먹은 일.
97) 교인 오창헌 등이 지난해 12월에 하효리의 오달문과 서로 싸운 일로 먼저 都舍에 들어가 돌을 들고 난리를 부렸다. 또 평민의 집에 들어가 대문을 부수고, 이어 남녀노소를 모두 결박하니 본 마을의 주민들이 그 세력을 겁내 여러 날을 숨고 피한 일.
98) 교인 姜萬吉이 하효리의 평민 李生耗에게 7냥의 돈을 받을 것이 있다고 하면서, 그 무리인 張貴五·金權一 등과 생돌의 동생 石耗을 결박하고 무수히 구타하여 강제로 20냥을 받아낸 일.
99) 교인 오달현과 이름을 알지 못하는 任哥라는 자가, 하효리의 오달문과 오창헌이 서로 다툴 때에 얻어맞은 것처럼 하여, 지난해 12월 하효리의 尊位(마을의 우두머리나 어른) 高景尙의 집에 기거하면서 얻어먹은 식사 및 소주·생선 등의 값 1냥 5전을 영구히 갚지 않은 일.
100) 교인 姜萬平, 林芬吉이 지난해 12월에 평민 韓辰弘의 집에 쳐들어가 위협하기를, "현규석을 잡아갈 때, 내 갓과 망건이 당신의 손에 찢어졌다."라고 하면서 13냥을 마음대로 빼앗은 일.

101) 교인 허준이 하효리의 평민 현시을(玄始乙)의 집에 있는 소나무에 대해 "먼저 세금을 거둔 후에 다시 세금에서 빼준다."라고 하면서 14냥을 마음대로 빼앗은 일.

102) 교인 허준이 하효리 金奉朱가 문권을 가지고 있는 밭을 탈취하려는 의도로 마름을 보내 위협한 뒤에 7냥을 마음대로 빼앗은 일.

103) 하효리 활터를 이미 折授한 문권이 있는데도, 교인 康希辰이 장차 이를 탈취하려고 한 일.

104) 교인 洪南日이 금년 2월에 書堂田을 집복한다고 하면서 농부 劉漢啓·高萬洙·高光來·康永贊 등에게 10냥을 강제로 빼앗은 일.

105) 하효리의 평민 강원하(康元河)가 금년 2월 19일, 제주에 사는 교인으로 이름을 알지 못하는 양가(梁哥)의 묘로부터 200여 걸음 떨어진 곳에 장사를 지냈다. 이에 양가가 많은 교도를 이끌고 와서 강제로 이를 금지하기를 그치지 않아 낭패한 지경에 이르게 되었고, 부득이 개장(改葬) 비용으로 300여 금을 사용하게 된 일.

106) 교인 康百年이 지난 을유년에 밭 한 뙈기를 75냥을 받고 하효리의 평민 吳達仲에게 영구히 팔아 넘겼는데, 지난해 강백년이 직접 영문에 소송을 내서 본래 값에 이를 되물리라는 판결을 받게 되었다. 강제로 이를 되물릴 때 본래 값인 70냥을 오히려 내놓지 않았고, 밭뙈기는 300여 금을 받고 梁士行에게 다시 팔았으며, 오달중이 파종한 곡식을 강제로 빼앗고 내놓지 않아 할 수 없이 본래 값 75냥을 준 일.

107) 지난해 12월에 교인 崔處行·玄圭文 등 10여 명이 한밤중에 보목리 양사홍의 집에 돌입하여 위협하기를 "교인과 평민을 강제로 혼

인시키려 한다는 말을 어찌 네가 누설하였는가?'라고 하면서, 평민 李達信·高宜杓·양사홍 등을 교당에 붙잡아다가 여러 날 동안 가두고 구타한 일.

108) 교인 강희진 등이 지난해 11월에 그 교도들을 데리고 보목리 신당에 방화한 일.

109) 평민 梁永根과 교인 安信奉은 본래 돈을 나누는 일에 아무 관련이 없었는데, 안신봉이 허준과 부합하여 양영근으로부터 30냥을 받아 내려고 한 일.

110) 교인 吳致憲이 지난 경인년에 밭 한 뙈기를 보목리 鄭得良의 서모 김씨에게 방매하였는데, 지난해 11월에 오치헌이 그 교세를 믿고 밭뙈기를 강제로 빼앗은 일.

111) 교인 康守哲이 지난 경인년에 보목리의 평민 韓永辰의 아비에게 대략 밭 한 뙈기를 240냥을 받고 팔아 넘겼다. 그런데 지난해에 본래 값을 강제로 되물리고, 宋時伯에게 더 많은 돈을 받고 다시 판 일.

112) 교인 강수철의 아들 康信斌이 지난 을축년에 밭 한 뙈기를 70냥을 받고 보목리의 평민 韓士宗에게 아주 팔아 넘겼다. 그런데 지난해 강수철이 그 밭을 강제로 되물리고 양사홍에게 다시 판 일.

113) 평민 梁漢明이 지난 갑오년에 평민 金德仁에게 밭 한 뙈기를 120냥을 주고 샀다. 그런데 교인 강수철이 자신이 본래 주인이라고 하면서 이를 강제로 빼앗은 일.

114) 교인 강수철이 지난 신묘년에 가옥 2채를 보목리 평민 강치백에게 아주 팔았다. 그런데 지난해에 되물린 것처럼 하여 협작하고 추가

로 돈을 강제로 빼앗은 일.

115) 교인 강수철의 아들 강신빈이 지난 경인년에 보목리 평민 韓平松에게 논 6뙈기를 아주 팔아 넘겼는데, 지난해 본래 값에 강제로 되물린 일.

116) 교인 金奉奎가 보목리의 평민 韓永五에게 73냥을 標紙를 주고 빌렸다. 그런데 지난해 11월에 교인 허준과 부합하여 한영오를 붙잡아다 서귀진에 가둔 뒤, 강제로 표지를 빼앗고 24냥을 도리어 강제로 빼앗은 일.

117) 교인 강수철의 아들 강신빈이 지난 신묘년에 보목리의 평민 玄己鶴에게 밭뙈기를 아주 팔아 넘겼는데, 지난해에 강수철이 본래 값도 주지 않고 강제로 되물린 일.

118) 교인 허준이 지난해 12월에 보목리의 평민 韓永弘・鄭三良을 서귀진에 잡아다가 雜技罪人이라 부르면서 한영홍에게는 18냥을, 정삼량에게는 22냥을 강제로 빼앗은 일.

119) 교인 김봉규가 보목리 평민 玄士蕘에게 10냥을 표지를 주고 빌렸는데, 지난해 12월에 김봉규가 교인 허준과 부합하여 현사요를 붙잡아다 억지로 표지를 뺀 뒤 14냥을 도리어 강제로 빼앗은 일.

120) 보목리 저적악의 평민들이 경작하여 세금을 내던 밭을 교인 康希辰이 마름을 사칭하고 강제로 빼앗은 일.

121) 교인 강수철의 아들 강신빈이 지난 갑신년에 보목리의 평민 梁漢根에게 밭 한뙈기를 아주 팔아 넘겼는데, 지난해 강수철이 본래 값도 주지 않고 강제로 빼앗은 일.

122) 지난해 8월 하논 교인들이 토평리의 尊位 宋希仁 및 警民長 吳万

吉을 붙잡아다 교당을 세우는 데 방해했다고 하여 거리낌 없이 때리고 가둔 일.

123) 금년 정월 교인 吳日文・吳仁松・金平九・康万吉 등이 토평리 신당을 파괴하고 나무들을 베어낸 일.

124) 교인 孫才興이 토평리의 吳啓雄에게 20냥을 빌려 썼으면서도 그 교세를 믿고 영구히 갚지 않은 일.

125) 토평리의 평민 吳成道가 지난 기해년 11월에 평민 夫達成에게 소를 샀다가 다시 다른 사람에게 팔았다. 올해 정월에 吳仁杓가 오성도를 위협하여 소를 훔쳐다 팔아 버린 것처럼 위협하고 430냥을 강제로 빼앗은 일.

126) 토평리의 평민 夫守斌의 아들이 그 아버지가 놓아먹이는 소를 끌고 가려고 하였는데, 다른 사람 宋在元의 소를 그 아비의 것으로 알고 끌고 갔다. 그런데 금년 정월에 교인 오인표가 부수빈의 아들에게 소를 훔친 것처럼 위협하여 250냥을 강제로 빼앗은 후 억지로 교당에 들여보냈다가 이번 민란 때에 죽음을 당한 일.

127) 교인 허준이 토평리 마을의 금양목들과 무덤 옆의 소나무 잡목 등을 집복할 때, 본 마을의 許京良의 무덤 옆에 있는 소나무 10여 그루가 이미 베어져 있었다. 허준이 허경량을 위협하기를, "10그루 이상을 벌목한 것은 살인과 같은 것이다."라고 하면서 70냥의 속전을 징수한 일.

128) 지난해 4월 동홍리의 평민 夫元學이 논을 경작하려고 농기구를 하논 교인 邊學文의 집에 보관해 두었다가 지난번에 농사를 지으려고 가서 농기구를 찾자 교인 등이 아무 이유 없이 붙잡아 난타한 일.

129) 교인 吳仁松 등이 금년 정월에 동홍리 신당을 부수고, 금양목 10여 그루를 또한 베어낸 일.

130) 동홍리 평민으로 병중에 있는 吳始禮의 집에서 곡물을 도난당했는데, 도둑이 누구인지를 알지 못하였다. 금년 정월에 교인 허준이 오시례에게 도둑을 숨긴 것처럼 꾸며서 50냥을 뇌물로 받아낸 일.

131) 교인 30여 명이 지난해 12월 한밤중에 동홍리 평민 吳克西의 집에 돌입하여 위협하기를, "하효리 현규석이 너의 집에 숨어 있다."라고 하면서 교당으로 끌고 간 일.

132) 교인 崔成七 등이 동홍리 평민 한계홍을 붙잡아 강제로 교당으로 들여보냈으나, 한계홍이 책을 받으려고 하지 않자 강제로 10냥을 빼앗은 일.

133) 교인 玄在桓은 본래 서홍리 변용세 집의 종으로, 무릇 그 아내와 두 명의 딸을 데리고 함께 교당으로 들어가 전교 회장과 부합하여 도리어 변용세에게 100냥을 강제로 빼앗은 일.

134) 전교 회장이 서홍리 교인 金汝哲의 형 汝生과 汝眞 두 명을 붙잡아 놓고 위협하기를, "너희 동생이 입교하면 모두 입교할 수 있다."라고 하였으며, 매일 곤장 50대씩을 때리고 3일간 결박하고 구타하여 2천 냥의 표지를 강제로 받아 낸 일.

135) 교인 邊思文이 지난 신묘년에 방매한 가옥 1채 2칸을 전매인 韓安伯에게 본래 값에 강제로 되물린 일.

136) 교인 李汝叔이 지난 신묘년에 행실이 불량하여 마을에서 관에 보고하여 처결을 받았는데, 이제 그 일을 꾸며내서 말하기를, "그때 사용한 비용이 많았다."라고 하면서 당시의 警民長 玄應河에게 3

냥을 강제로 받아낸 일.

137) 교인 申永希가 마름이라고 사칭하여 서홍리 밭뙈기와 加耕田 두 뙈기 및 金用秋의 밭뙈기를 빼앗은 일.

138) 교인 吳永元·高德奉·許叔·최성칠 등이 서홍리의 금양목을 거리낌 없이 베어낸 일.

139) 하는 교인들이 조상의 묘지에서 수천 걸음가량 떨어진 곳인데도 다른 사람들이 장사를 지내지 못하게 하고, 강제로 금하는 것에서 제외시킨 일.

140) 금년 정월 교인 현재환이 서홍리의 평민 韓元弘에게 받을 돈을 마을에서 서로 대질시켜 계산을 끝냈는데, 현재환이 그 교세를 믿고 한원홍의 아버지가 경작하는 밭을 표지를 가지고 강제로 빼앗은 일.

141) 지난해 8월 교인 洪南日이 봉세관의 명령이라 빙자하고 都舍音(마름의 우두머리)을 칭하여 서홍리의 밭주인인 평민 高達用·高昌祐·玄應國·玄應瑞 등의 네 사람에게 4냥을 뇌물로 받은 일.

142) 풍덕리 書堂田의 稅米 3석 4두 8승을 교인 허준이 監官을 사칭하여 강제로 받아낸 일.

143) 풍덕리 (서귀)진 안의 家幕 다섯 채의 세전 5냥을 교인 洪淳炳이 강제로 받아낸 일.

144) 풍덕리 마을 사람들에게 加耕稅錢 31냥을 교인 홍순병이 강제로 받아낸 일.

145) 풍덕리 서당전 및 가경세를 교인 허준이 이미 강제로 받아 냈는데, 교인 홍남일이 다시 집복한 일.

146) 교인 康元利가 풍덕리 신당 3칸 2좌를 헐어 부수고, 그 목재로 자신의 집을 지은 일.

147) 풍덕리 신당의 터를 교인 金弘祚가 빼앗아 경작한 일.

148) 교인 박 회장과 강원리가 풍덕리 평민 康庚生에게 억지로 교회 서적을 떠맡겼는데, 강경생이 책을 받지 않으려 하자 15냥과 참깨 2말을 강제로 빼앗은 일.

149) 교인 홍순병이 거짓으로 "풍덕리 목수 康尙元이라고 칭하는 자가 소나무 1그루를 가져갔다."라고 하면서 30냥을 강제로 빼앗은 일.

150) 교인 오달현이 풍덕리 평민 宋時伯의 밭 두 뙈기를 선교사에게 부탁하여 강제로 탈취한 일.

151) 교인 申永九가 풍덕리 宋達希에게 억지로 교회 서적을 떠맡겼는데, 받지 않자 20냥을 강제로 빼앗은 일.

152) 교인 허준이 西歸鎭의 巡校로서 평민 高永守의 딸을 잡아다가 그 부모의 말을 듣지도 않고 마음대로 혼사를 시켜 신랑을 맞아들이게 한 후, 신랑의 형인 夫致伯에게 50냥을 뇌물로 받은 일.

153) 교인 尹明宅이 풍덕리 평민 宋升王에게 교회 서적을 억지로 맡길 때 5냥을 강제로 빼앗은 일.

154) 풍덕리 주민 邊世斌의 조카딸의 改夫 일로 교인 허준이 변세빈에게 31냥을 강제로 빼앗은 일.

155) 교인 신영구가 작년 12월에 好近里 평민 許老에게 23냥을 빌려 쓴 뒤에 교세를 믿고 끝내 갚지 않은 일.

156) 작년 7월 교당에서 죄를 만들어 호근리의 許交를 교당으로 붙잡아 와서 3일 동안 곤장 300여 度를 때린 뒤에 25냥을 징수하고 억지

로 교회 서적을 떠맡긴 일.

157) 교인 申哥라는 자가 금년 정월 호근리의 평민 玄時國의 밭뙈기를 마름을 보내 빼앗아 경작한 일.

158) 교인 姜道行이 작년 12월에 호근리의 평민 鄭士伯에게 이미 방매한 밭을 본래 가격에 강제로 되물린 일.

159) 교인 吳致憲이 금년 2월에 호근리 평민 金宅好의 밭뙈기를 마름을 보내 빼앗은 일.

160) 교인 오치헌이 금년 2월에 호근리 평민 金成文의 밭뙈기를 마름을 보내 강제로 빼앗은 일.

161) 교인 李正杓가 호근리 평민 吳壬國의 밭뙈기를 마름을 보내 빼앗은 일.

162) 교인 吳仁杓가 호근리 里卒 金年卜에게 7냥을 빼앗아 쓰고 갚지 않은 일.

163) 교인 金萬柳가 호근리 평민 康心守에게 10냥을 빌려 쓰고 갚지 않은 일.

164) 우면의 풍헌 金宗八이 교폐 일로 그 백성들의 의론에 따라 영문에 訴를 올렸는데, 교당에서 김종팔을 붙잡아 와 곤장 80도를 때리고 10냥을 강제로 받아낸 일.

165) 교인 오인표 등 10여 명이 호근리 신당을 부수고 금양목을 신당터에서 베어냈으며, 그 땅을 마음대로 갈아 먹은 일.

166) 교인 오치헌이 호근리 평민 金用瑞로부터 50냥을 교인 邊恒文의 보증으로 빌려 썼는데, 입교한 이후에도 끝내 갚지 않은 일.

167) 지난 임진년에 교인 오치헌이 호근리 평민 김택호에게 100냥 및

還米 22말을 빌려 썼는데, 입교한 이후에도 끝내 갚지 않은 일.

168) 교인 吳仁松이 지난 기해년에 호근리의 평민 金信坤에게 소 한 마리의 값을 55냥에 결정하여 샀을 때, 14냥만 주고 나머지 36냥은 아직 주지 않았었는데, 입교한 이후에도 물리치고 끝내 갚지 않은 일.

169) 지난 무인년에 호근리의 평민 김신곤의 밭 한 떼기를 교인 金用坤에게 샀다. 그런데 김용곤이 그 교세를 믿고 본래 값에 되물릴 때 반액만 주고 나머지 반액은 끝내 갚지 않은 일.

170) 교인 姜永辰이 지난 기해년에 호근리의 평민 金宗孝에게 225냥을 빌려 썼는데, 입교한 이후에도 끝내 갚지 않은 일.

171) 호근리의 평민 玄圭成이 외가인 허씨 가문으로부터 그의 몫으로 밭 두 떼기를 받은 것은 이미 40여 년 전의 일이다. 그런데 許生이 양자를 맞이하자 현규성이 그의 몫으로 받은 밭 두 떼기 중 한 떼기를 흔쾌히 허생에게 돌려주었으나, 나머지 한 떼기는 이미 다른 사람에게 방매하였다. 이에 금년 2월 허생이 교당에 들어간 뒤 밭 한 떼기가 부족하다는 핑계로 40냥을 다시 빼앗은 일.

172) 교인 홍남일이 법환리의 평민 李時豊이 折受한 논에 執稅錢 명목으로 4냥을 강제로 빼앗은 일.

173) 교인 高奉益이 법환리의 과부 金召史를 강간하려다가 그녀가 순순히 응하지 않자, 교인 허준과 부합하여 宋元伯을 시켜 억지로 꾸며 잡아다 30냥과 밭 한 떼기를 강제로 빼앗은 일.

174) 교인 허준이 법환리 평민 康昌仲을 잡아다가 그가 漂到木을 습득한 것처럼 협박하고, 이강 및 뱃사람을 잡아다 강제로 30냥을 빼앗은 일.

175) 교인 韓辰方이 법환리 평민 文春鶴에게 그 아버지가 아주 팔아버린 밭을 되물린 것처럼 협박하여 20냥을 다시 빼앗은 일.

176) 법환리 평민 權應中이 玄哥에게 밭을 사들였는데, 현가의 외손자 康得守가 어떤 모양으로 교도들에게 붙잡혀 왔는지, 교인 홍순병이 5냥을, 黃己千이 10냥을 강제로 빼앗은 일.

177) 교인 金甲松이 법환리 평민 吳漢宅을 위협하여 10냥을 강제로 빼앗은 일.

178) 교인 安君信이 법환리 평민 康仁福에게 40냥을 빌려 썼다가 그 교세를 믿고 끝내 물리치고 갚지 않은 일.

2. 「대정군교폐성책」

1) 색달리 평민 오씨가 정유년에 밭뙈기를 본리 교인 趙萬順에게 사들였는데, 그 시가를 논하니 백금의 가치였다. 경자년 12월에 조만순이 본래 가격 16냥을 억지로 되물렸으나 전권은 금년에 돌려준 일.

2) 색달리 평민 金益順이 을미년에 본리 里綱으로 주인 없는 소 한 마리를 끌고 와서 본군 이방 李應桂에게 주었는데, 경자년 10월에 본리 鄭庚先이 자기 소라고 하며 교세를 빙자해 무리 20인을 모이게 하여 50냥을 강제로 받은 일.

3) 임진년에 색달리 屠漢 吳明信 및 이졸 姜奉周이 주인 없는 죽은 소의 가죽을 벗겨 나눠 먹었는데, 금년 정월에 본리 교인 정경선이 평민 金道弘 및 金永乭이 그 소와 관련된 증인이라고 하여 60냥을 강제로 받은 일.

4) 색달리 지경 七所場田 馬壇 소재 나무 60여 그루는 오래도록 禁養하였는데, 본리 교인 李先訓 등 3, 4인이 거리낌 없이 작벌하여 멋대로 나무를 태우고 팔아버려 10냥의 금전을 받은 일.
5) 색달리 지경 우복악은 본리 주민들이 농사짓는 곳인데, 제주군 교인 羅云京이 먼저 150냥을 내었다 하여 마름을 내어다가 경작지를 빼앗은 일.
6) 상문리 교인 金權一이 상천리 평민 千松에게 입교를 권했으나 듣지 않자 금년 정월에 20냥을 강제로 받은 일.
7) 상문리 교인 朱成吉이 본리 평민 池萬興이 자기 처를 유인하였다고 하여 금년 정월에 그 교세를 빙자하여 20냥을 강제로 받은 일.
8) 창천리 평민 禹召史가 임진년에 32냥을 주어 정의군 효돈리 교인 姜汝吉에게 밭뙈기를 사들였는데, 경자년 3월에 억지로 되물리며 15냥의 금전을 추가로 받은 일.
9) 창천리 神堂木은 오래도록 禁養하여 왔는데, 교인 오달현과 任明吉이 작벌한 일.
10) 경자년 8월에 상창천리 존위 金宗益이 金才吉의 父兄에게 구타당했는데 마을의 頭民이 회동하여 논의하는 자리에서 재길의 부친이 곤장을 맞아 화의를 청하였다. 경자년 윤 8월에 김재길이 교당에 참여하여 세력을 빙자하여 하원리 교인 金大一, 상문리 교인 김권일 등과 더불어 두민을 꾸짖어 욕설을 하고 교당에 강제로 잡아들여 함께 모여 담판하였다. 동년 11월에 위의 교인들이 평민 姜渭生의 집에 돌입하여 거리낌 없이 행패를 부리고 금년 정월에 중문리 元時宗 · 趙明煥 등이 사사로이 강위생을 포박하고 秦時一을 위협

하여 마을 내에서 소란을 일으키고 교당으로 압송하여 억지로 교책을 맡겼으나 다행히 면한 일.

11) 상창천리 평민 姜才亨에게 교인 김재길이 금전 18냥을 빌려 쓰고 갚지 않은 일.

12) 상창천리 평민 金一種에게 교인 김재길이 금전 6냥을 빌려 쓰고 갚지 않았고, 본리 평민 梁才鉉에게 말과 소가죽 값을 역시 갚지 않은 일.

13) 예래리 교인 梁元浩·임명길이 금년 정월에 상창천리 평민 高三用에게 억지로 교책을 맡겨 무수히 난타하여 9냥을 억지로 달라고 한 일.

14) 대포리 교인 姜德信이 금년 2월에 고용삼에게 교책을 억지로 맡겨 8냥의 금전을 강제로 받은 일.

15) 감산리 평민 姜成煥이 갑오년에 40냥을 주어 효돈리 교인 姜汝吉에게 밭뙈기를 사들였는데, 금년 2월에 강여길이 억지로 되물리는 척하여 8냥을 받은 일.

16) 서광청리 평민 李明弘이 갑신년에 17냥을 주어 본리 교인 趙癸恩에게 밭뙈기를 사들였는데, 경자년 12월에 조계은의 아들 平根이 조수리 교인 金仲執과 부동하여 15냥을 강제로 받은 일.

17) 서광청리 평민 高衡圭가 무술년에 45냥을 주어 인성리 교인 조평근에게 밭뙈기를 사들였는데, 경자년 12월에 조평근이 교인 김중집과 부동하여 13냥을 강제로 받은 일.

18) 화순리 신당목을 교인 宋明官과 金正玉이 작벌한 일.

19) 화순리 평민 姜才吉이 조모를 선묘에 묻었는데, 옆에 있는 김가의

선묘와는 무덤 앞 칠십 보 내에서는 서로 마주하지 않는다는 제도의 바깥이다(김가의 선묘를 침범하지 않았다). 그런데 교인 박회장이란 자가 자기 처가의 선묘라고 하며 3, 4차례 잡아가서 무덤을 파게 한 일.

20) 화순리 평민 朴士益이 경인년에 30냥을 주어 감산리 교인 강여길의 밭뙈기를 매입했는데, 경자년 정월에 교세를 빙자하여 되물리고 30냥을 강제로 받으려 한 일.

21) 상문리 교인 김권일·周應玉이 경자년 정월에 강제로 교책을 상천리 평민 姜甲生에게 맡긴 후 40냥을 강제로 받은 일.

22) 상문리 교인 김권일이 금년 정월에 강제로 교책을 상문리 평민 秦永杓·文平吉 등 8인에게 맡기고 40냥을 강제로 거둔 일.

23) 통천리 평민 梁達準이 갑오년에 70냥을 주어 효돈리 교인 강여길에게 밭뙈기를 샀는데, 금년 3월에 강여길이 교세를 빙자하여 20냥을 물려 강제로 받으려 한 일.

24) 사계리 교인 李光訓 등 6, 7인이 금년 2월에 잡기(도박 등)로 인한 채무라 칭하여 도한 姜萬松을 결박하여 1백 냥을 강제로 거둔 일.

25) 사계리 평민 金利日이 임진년 3월에 60냥을 주어 본리 左永一에게 밭뙈기를 샀는데, 경자년 11월에 좌영일이 그 처부 조수리 金明松의 교세에 의지하여 위 밭을 되물려 70냥을 강제로 거두려 한 일.

26) 사계리 평민 金恩伯이 을미년 3월에 18냥을 주어 본리 좌영일에게 밭뙈기를 샀는데, 지난해 12월에 좌영일이 교인인 그 처부 김명송과 부동하여 밭을 되물리고 37냥을 강제로 거두려 한 일.

27) 사계리 평민 高士連이 갑오년 정월에 5냥을 주어 본리 좌영일에게

밭뙈기를 샀는데, 금년 정월에 좌영일이 교인인 그 처부 김명송과 부동하여 본래 가격으로 억지로 되물린 일.

28) 사계리 평민 吳賢儉이 기사년 8월에 백목 1필을 주어 고산리 교인 李官永 조모의 논을 매입했는데, 금년 정월에 이관영이 그 교세를 빙자하여 위 논을 되물려서 25냥을 강제로 거두려 한 일.

29) 사계리 평민 吳賢伯이 기축년 정월에 25냥을 주어 색달리 교인 丁仁弘에게 밭뙈기를 샀는데, 금년 정월에 교세에 의지하여 되물려서 백목 2필을 강제로 거두려 한 일.

30) 사계리 평민 趙己斌이 무진년 3월에 백목 6필을 주어 고산리 교인 이관영의 모에게 밭뙈기를 샀는데, 금년 정월에 이관영이 교세를 빙자하여 되물려서 5냥을 강제로 거두려 한 일.

31) 광청리 평민 洪士一 등 10인이 경작하는 7소장의 전을 교인인 제주군 安成權, 금악리 夫永哲, 색달리 姜智萬 등 3인이 마름을 내어 강제로 빼앗은즉 洪瑞一 등은 토지 없는 빈민으로서 경자년 3월에 부득이하게 봉세관에게 납부한 60냥을 위 밭에 도로 바친 일.

32) 금년 3월에 교인 수백 명이 衆民을 쫓아가서 대정군에 이르렀는데, 이때에 기를 들어 발포하고 군기고를 깨뜨리고 평민의 집에 난입하여 미곡·금전·의복·포목·닭·돼지 등 물종들을 약탈하고 또 廛舍에 들어가 백여 금에 달하는 荒貨(끈목·담배쌈지·바늘·실 등 모든 잡화)와 물건을 약탈함에 이때 인민들이 황급히 난리를 피한즉 烟戶가 공허해졌으나 이런 일을 저지른 자가 누구인지 상세히 알 수 없는 일.

33) 교도들이 대정군에 갔을 때 남녀를 막론하고 마주치면 결박하여 구

타한 일.

34) 교인 정경선이 인성리 평민 李在用에게 10냥을, 高應孝에게 27냥을 교세를 빙자하여 갚지 않은 일.

35) 교인 金達福이 인성리 反利錢 36냥을 생억지를 써서 갚지 않은 일.

36) 교인 高完順이 무술년에 인성리 평민 尹寬兼에게 밭뙈기를 샀는데, 금년 3월에 교세를 빙자하여 되물려서 60냥을 더 거두려 한 일.

37) 교인 김달복 등이 보성리 신당목을 작벌 탈취한 일.

38) 상모리 교인 李圭石이 금년 3월 본리 金在弘에게 강제로 교책을 맡겨서 30냥을 거둔 일.

39) 상모리 교인 許平連이 을미년에 捧價錢 70냥으로 본리 평민 邊杓式에게 밭뙈기를 팔았는데, 금년 3월에 교세를 빙자하여 되물려서 15냥을 더 거두려 한 일.

40) 상모리 평민 許致良이 임진년 10월에 28냥을 주어 교인 宋甲生의 밭뙈기를 샀는데, 송갑생이 교세를 빙자하여 되물려서 경자년 12월에 8냥을 더 거둔 일.

41) 상모리 평민 鄭好文이 기축년에 110냥을 주어 교인 金炳圭에 밭뙈기를 사들이고, 평민 柳癸孝는 을유년 6월에 42냥을 주고 김병규에게 밭뙈기를 사들이고, 평민 金汝息은 기축년 3월에 110냥을 주고 김병규에게 밭뙈기를 사들이고, 평민 許治振은 기축년 60냥을 주어 김병규에게 밭뙈기를 사들였는데, 경자년에 김병규가 교세에 의지하여 정호문에게 본래 가격으로 되물리고, 유계효에게는 30냥을, 김여식에게는 40냥을, 허치진에게는 25냥으로 본가를 되물리도록 한 京部의 지령이 있었으나 생억지를 써서 더 거둔 일.

42) 하모리 교인 이규석이 금년 3월에 본리 평민 李炳勳에게 억지로 교책을 맡기고 신당을 파괴한 일.

43) 일과리 교인 朴用才가 계사년에 본리 평민 姜才允에게 30냥을 주어 소 1마리를 샀는데, 금년 정월에 30냥의 채무를 물린다 하여 60냥을 억지로 거둔 일.

44) 일과리 교인 吳千連이 본리 평민 高宗生의 선묘가 있는 자리 20여 보 내에 교세를 의지하여 몰래 무덤을 쓴 일.

45) 일과리 평민 金恩錫이 경인년 3월에 57냥을 주어 교인 김병규에게 밭뙈기를 샀는데, 경자년 11월에 본래 가격에 강제로 되물린 일.

46) 일과리 평민 文石孝가 경인년에 130냥을 주고 교인 김병규에게 밭뙈기를 샀는데, 경자년 11월에 김병규가 84냥을 더 거둔 일.

47) 무릉리 평민 李振宇는 제주군 용수리 교인 梁永權의 외숙이다. 경자년 12월에 양영권의 채무가 과다하다고 하여 이진우에게 3백 냥을 강제로 거둔 일.

48) 도원리 교인 高云伯이 본리 평민 金癸萬에게 6냥을 당연히 갚아야 했는데, 갚기는 고사하고 그 무리들과 함께 도리어 죄인같이 끌고 다닌 일.

제4장

민란의 전개, 그 결과

제4장
민란의 전개, 그 결과

1. 민란의 전개 과정

　1901년 제주민란의 전개 과정에 대해서는 교회 측과 비교회 측 자료에 상세하게 밝혀져 있다. 그러나 양측 자료는 민란의 원인을 상반되게 기술하고 있듯이, 전개 과정에서 상호 극한 대립으로 치닫게 한 책임 소재를 각각 다르게 인식하고 있다. 이 글에서는 교회 측의 자료를 중심으로 민란의 전개 과정을 정리하여 비교회 측 자료와의 입장 차이를 비교 검토하여 봄으로써 상호 극단 대립과 학살로 치닫게 된 원인을 검토하여 보고자 한다.

　교회 측 자료와 비교회 측 자료에 보이는 민란의 전개 과정을 날짜별로 정리·비교하여 보면 다음과 같다.

〈표 4-1〉 민란의 전개 과정(상이한 자료 비교)

구분 날짜	교회 측 자료 내용	전거	비교회 측 자료 내용	전거
2. 9.			정의교당에 끌려간 오신락 사망	속
3. 4.			이상규 전 제주목사가 제주를 떠날 때 교민들이 행패 부림	속
3. 5.			정의교당 박회장과 교민 수십 명이 이상규 전 목사에게 행패 부림. 라크루 신부가 말려서 목사가 떠남	속
4. 3.			대정군수 채구석이 상무회사 설립, 교민의 작폐 방지한다고 함	속, 평
4. 5.			교민 김병현 진사가 수십 명의 교도를 이끌고 상무사원 송희수 집을 습격하여 구타 폭행	일본
5. 5.			대정군 우면 주민들이 세폐의 시정을 요구하며 민회 개최. 오대현을 장두로 내세움. 민란이 시작됨	전, 평
5. 6.	교민 김병현 진사 등이 상무사원들에게 구타당함	뮈①	대정민 수백 명이 민회 개최, 오대현 사건으로 상무사원들이 교민 7명을 구타	속, 평
5. 8.			대정군 좌면과 중면 주민들이 민회소를 설치하여 대정군수에게 요구사항 제시	전
5. 9.	교민 대부분이 제주본당으로 피신. 민군이 두 개의 무리로 나누어져 제주읍으로 향함	뮈②	민회에 대정군 좌면·중면, 제주군 용수리 민인들 참여. 동진과 서진으로 나누어 출진. 교민들 무장 준비	전
5. 10.	라크루·무세 신부 입도, 봉세관 육지로 피신, 민군의 수 증가	뮈③	봉세관 강봉헌, 배 타고 육지 피신	속
5. 11.	제주군수가 민군의 해산을 위하여 민군 측과 교섭	뮈②, ③	제주군수는 민군진영에 들어가 曉諭함. 봉세관이 피신하였음에도 민군 측은 봉세의 폐단을 저지른 奸吏의 척결을 주장	속

구분 날짜	교회 측 자료		비교회 측 자료	
	내용	전거	내용	전거
5. 12.	교민들이 신부에게 무장할 것을 요구, 일부 교민이 민군 대표의 체포를 건의	뮈②	제주군수 효유에 따라 민군 측 진정	속
5. 13.	교민들이 민회소를 향하여 출발. 애월에서 숙박	뮈②	신부가 교민 수백 명과 더불어 민회소로 출발	속
5. 14.	아침에 민회소 습격, 오대현 등 체포, 민군 해산시킴. 대정성으로 들어가서 격전 벌임. 충격을 받은 교민들이 반격을 가하여 1명을 사살한 것으로 추정	뮈②, ③	교민이 총을 쏘면서 시위, 장두 이하 6명을 잡아 제주군수에게 넘김. 교민이 대정성에 들어가서 폭행을 일삼자, 읍민 수천 명이 성으로 향함. 교민이 총 발사, 2명 죽음. 이때로부터 이재수가 민군의 대장으로 나섬	속 천
5. 15.	교민들이 제주읍으로 돌아옴. 민군의 숫자 더욱 증가. 비양도의 일본인들이 민군에게 무기와 식량을 공급	뮈②, ③		
5. 16.	제주군수가 배를 타고 도망 시도, 실패. 신부, 군수로부터 수성의 권한 위임받음. 제주읍성 성문 폐쇄. 대포 설치	뮈②, ③	민군이 제주성 외곽 집결, 포위. 교민들이 군기고를 열고 무장, 수성, 발포	속
5. 17.			남성에서 접전. 신부가 교민들을 이끌고 광양촌으로 나가서 발포, 다수 살상. 민군은 세 군데로 나누어서 포진. 오라촌의 교민 피살(당시 교민으로는 처음)	속
5. 18.	제주읍의 무기 탈취. 민군의 포위망 탈출, 60여 명을 포로로 붙잡음	뮈②, ③	제주군수가 황사평의 민군 방문. 민군 측은 교민에게 피살된 자가 21명이라고 주장. 교민에 대한 반감 극도에 달함	속
5. 19.	제주군수가 읍으로 돌아와서 교민들에게 협조하는 주민들을 위협	뮈②, ③	민군 측이 교민의 친족들을 인질로 확보. 민군의 무장: 산포수 3백 명, 일본인으로부터 구한 총 50자루	속

제4장 민란의 전개, 그 결과 165

구분 날짜	교회 측 자료		비교회 측 자료	
	내용	전거	내용	전거
5. 20.	유배인 장윤선을 목포로 몰래 보내 원조 요청 시도. 군수, 민군과 서신 교환	뮈②, ③	장윤선 목포 파견(민군 측이 배를 빌려준 선주 타살). 대정군수 민군 방문. 민군 측, 최형순의 목을 요구	속
5. 21.			서진, 용연에 設陣. 제주·대정 군수 민군 방문 효유. 장두, 직접 신부와 담판 요구, 교민들 거부. 성 밖 교민 16명 피살	속
5. 22.			민군의 等狀 도착. 서진의 민군이 성을 향하여 발포. 신부가 직접 발포, 살상. 민군의 성 밖 교민 일부 살상	속
5. 23.	군수가 민군의 지목 교민을 민군 측에 넘길 것을 명령. 민군 측이 읍내주민들에게 교민에 대한 일체의 지원 금지 명령. 군수가 오대현을 민군 측으로 돌려보내려 함	뮈②, ③	민군 측, 오대현의 석방 요구. 제주군수, 신부와 상의하여 결정, 석방. 오대현이 민군 진영으로 들어가서 타협 시도, 민군의 반발로 실패. 성 밖 교민 21명 피살	속
5. 24.	오대현이 떠난 후 학살은 배로 늘고 민군은 동문과 서문 두 패로 나뉨	뮈③	서문에서 격전. 민군 성 밖 포위, 출입 엄금. 성안 주민들, 민군으로부터 위협과 식량 고갈로 개문 원함	속
5. 25.	김남학(혁)이 開門 요구. 5월 28일로 개문 날짜를 정함	뮈②, ③	성내 주민들 관덕정 앞에서 집회. 개문 요구. 김남학 장두로 나섬. 신부, 28일로 개문 약속. 성 밖 교민 피살	속
5. 26.	신부가 대정군수에게 사태의 진정을 부탁, 不答. 성내 주민들의 양곡 고갈의 해결을 시도, 군수가 거절 실패	뮈②, ③	이때까지 교민 피살자 1백여 명. 신부, 제주·대정군수와 의논, 개문 기한 연기의 주선을 요청	속
5. 27.	민군에서 처단하고자 지목했던 교민 일부가 피신. 밤중에 여인들이 돌아다니며 다음날 집회를 선동	뮈②, ③	민군 진영 개편. 민군, 성에 근접하여 발포	속

구분 날짜	교회 측 자료		비교회 측 자료	
	내용	전거	내용	전거
5. 28.	10시에 군중이 읍내 광장과 동헌으로 모임. 군중들이 교민 5명의 목을 요구. 김남학이 박고스마를 때려죽임. 민군 입성, 학살 전개. 신부들이 피해를 보지 않는다는 조건하에 교민들을 학살할 수 있다는 합의가 관리들과 주민 사이에 있었음	뮈②,③	성내 여인들이 중심이 되어 성에 설치된 포를 철거, 교민들을 붙잡음. 서진을 선두로 민군 입성. 이재수 등장. 최형순을 시작으로 교민 학살. 현익호가 왔다가 정박하지 못하고 회항	속
5. 29.	교민들에 대한 학살, 약탈이 계속됨. 저녁에 서문 쪽의 무리들이 출성. 라크루 신부, 군수에 대한 심한 불신감 품음	뮈②,③	이재수가 관덕정에 앉아서 총지휘. 동진과 서진 사이에 충돌. 동진에 비해서 서진이 과격. 이틀 사이에 피살된 교민 3백여 명. 서진, 교민명부 신부에게 요구. 이재수가 일본인 荒川을 만남. 荒川은 이재수에게 신부 살해 권유. 민군이 신부를 잡으러 왔으나, 대정군수 채구석의 효유로 물러감. 성당 파괴	속
5. 30.	정오경에 서프라이스호가 항구로 들어왔다가 돌아가버림	뮈②,③	동·서진이 대정·정의군으로 나누어 순시-교민 색출을 위한 것. 병선이 산저포에 나타나자 민군이 발포, 되돌아감	속
5. 31.	알루이트호와 서프라이스호가 도착. 프와넬 신부와 샌즈 고문, 100명 군인 도착. 신임목사 이재호 부임	뮈②,③	불란서 군함 두 척 정박. 새 목사 이재호 부임, 강봉헌이 대정군수로 부임. 새 목사, 성문의 민군 해산시킴. 프와넬 신부가 라크루 신부 질책	속 일본
6. 1.	프랑스배가 떠나자 언덕 위로 민군이 다시 나타남. 목사가 민군 대표 만남	뮈②,③	불란서 군인 50명 상륙. 프와넬 신부, 김남학과 채구석의 체포를 목사에게 요구. 동·서진, 등소 제출키로	속

구분 날짜	교회 측 자료		비교회 측 자료	
	내용	전거	내용	전거
6. 2.	마을에 있던 교민들 가족, 대량 학살됨	뮈③	목선 도착. 沁兵 1백 명 입도. 강봉헌이 불함의 철수를 반대. 결국 불함은 철수. 동진이 다시 연무정으로 와서 주둔, 강봉헌의 입도에 반발. 이재수가 일본인 荒川과 松川에게 협조 요청 서한 발송. 일본 군함 제주 도착	속 일본
6. 3.	민군이 읍내의 우두머리들에게 생존해 있는 교민들을 체포하도록 요청	뮈③	동진의 장두가 100여 명을 인솔하고 목사를 만남. 일본 군함 濟遠號가 정박, 목포 일본영사관의 순사가 목사 만남. 서진은 대정에서 교민 색출 살해. 沁兵이 제주성내 순찰	속 일본
6. 4.			동진과 서진이 자체 해산 논의	속
6. 5.			동진에서 等狀 제출. 대정군민들이 강봉헌의 축출을 요구	속
6. 6.			서진이 애월진에 있으면서 해산하지 않음. 대정·정의군민들이 채구석 군수 免官의 억울함을 호소	속
6. 7.	민군이 읍내 우두머리들과 교민 몇 사람을 체포, 일부 학살, 나머지는 샌즈에게 인도	뮈③	서진이 等狀 제출. 교민 한 명 살해. 민군의 살해 교민 수: 성 밖에서 3~4백, 성안에서 2백, 순시할 때 4~5십 명, 합하여 5~6백 명. 서진이 삼읍에 통문 발송	속
6. 8.	민군들이 읍내 우두머리들을 되돌려 보냄. 일부 교민 학살	뮈③	沁兵 장관이 서진에 가서 해산을 효유하였으나, 실패	속
6. 9.	알루이트호가 다시 옴. 50여 명의 교민들이 무세 신부와 함께 목포로 피신	뮈②	불 군함이 다시 도착. 불란서 장관이 목사에게 협박. 신부와 교민 수십 명이 승선	속
6. 10.	찰리사 황기연이 군인 200명, 포졸 15명, 참령 1명, 신임군수 2명을 이끌고 도착. 민군의 해산 명령	뮈③	현익호로 찰리사 황기연, 신임군수, 군인 200명 도착. 윤철규 참령이 서진민과 대면	속

구분 날짜	교회 측 자료		비교회 측 자료	
	내용	전거	내용	전거
6. 11.	교민들을 읍내로 모이게 하여 민군의 대표들을 체포. 유배인 교민도 체포	뮈③	강봉헌·채구석·이용호·이범주·장윤선이 구속됨. 동서진 민군을 성안으로 불러들임. 장두들을 관아에 가둠	속
6. 12.			장두를 제외한 나머지 민인들이 성 밖에서 해산하지 않음	속
6. 13.			샌즈 돌아감. 불함도 철수. 병정들이 성 밖 민인 해산시킴	속
6. 14.			동촌 여인 수백 명이 관에 들어와 장두의 석방을 요구	속
6. 15.			서촌 여인 수천 명이 장두의 석방을 요구하는 等狀 제출	속
6. 17.			김녕촌 여인들이 장두의 석방을 요구하는 等狀 제출. 찰리사가 革弊할 17조항을 傳令	속
6. 20.			참령 윤철규가 병정 2백 명을 인솔, 철수. 沁兵 1백 명만이 주둔	속
7. 13.	이재수·오대현·강우백·채구석·강봉헌 등 창룡호에 태워 서울로 압송	일기		
7. 27.	민란주동자에 대한 평리원 재판 시작	일기		
10. 9.	평리원, 이재수·오대현·강우백 등 3인 교수형 언도	일기		
10. 10.	이재수·오대현·강우백 등 3인 교수형 집행	일기		

(뮈①:『뮈텔문서』(제주-15), 뮈②:『뮈텔문서』(제주-121), 뮈③:『뮈텔문서』(제주-117), 일기:『뮈텔주교일기』, 속:『續陰晴史』, 평:「평리원 판결선고서」, 전:『全南北來案』1901. 6. 2, 일본:『駐韓日本公使館記錄』, 천:『天主教亂記』)

제4장 민란의 전개, 그 결과   169

이상의 일지를 바탕으로 민란의 전개 과정을 단계적으로 정리하여 보면, 「발단-정소운동-민란의 확대-제주읍 성문의 개문, 교민 학살-민란의 진정」의 순서로 이해할 수 있다. 이를 단순화시켜서 다시 표로 만들어 보면 다음과 같다.

〈표 4-2〉 민란의 전개 과정(개요)

단계	날짜	전개 과정
발단	5. 5.	상무사와 교민들과의 충돌, 대정군민의 민회 개최
정소운동	5. 9.	민란참여자들이 세폐 시정 위해 제주읍성으로 향함. 교민들이 제주읍내 교회로 피신. 민군이 두 무리로 나누어 제주읍성으로 향함. 교민의 무장 준비
	5. 10.	라크루 신부 서울에서 돌아옴, 봉세관 강봉헌 피신
민란의 확대	5. 14.	교민의 한림민회소 습격, 오대현 등 장두 체포. 교민의 대정성 진입, 발포, 주민 1명 피살. 이재수, 민군의 대장으로 등장
	5. 15.	민군, 일본인으로부터 무기 구입
	5. 16.	교민, 제주읍성 폐쇄, 대포 설치
	5. 18.	교민, 제주읍의 무기 탈취, 무장. 민군에 대한 공격. 교민의 공격으로 주민 다수 피살, 민군의 감정 격화
	5. 20.	교민 장윤선 목포 파견, 프랑스함대 원조 요청
	5. 23.	교회 측, 오대현 석방
	5. 24.	민군의 교민 살해가 심하여짐. 민군의 성 포위, 간헐적 공격
	5. 25.	제주성내 주민들의 開門 요구
교민 살해	5. 28.	개문, 민군 입성, 교민 집단 살해
	5. 31.	프랑스함대 2척 도착, 이재호 목사 부임
	5. 28.~6. 8.	교민 살해가 계속됨
	6. 9.	불함 1척 도착, 교민 50여 명 목포로 피신
민란의 진정	6. 10.	察理使・군인 도착, 민군에 대한 해산령
	6. 11.	민군 대표 체포

위의 표를 바탕으로 민란의 전개 과정을 좀 더 자세하게 나누어서 보면 다음과 같이 정리할 수 있다.

① 상무사와 교민들과의 충돌 ② 교민들의 제주읍 교회로의 피신 ③ 교민의 한림 민회소 습격, 장두 체포 압송 ④ 교민의 대정성 진입, 발포, 주민 피살 ⑤ 민군의 무장 ⑥ 교민들의 무장 ⑦ 민군의 황사평 주둔, 민군 선제 공격 ⑧ 민군의 성 밖 교민 타살 ⑨ 교회 측의 불함 원조 요청 ⑩ 민군 진압

우선 교회 측은 상무사의 선제 공격으로 교민 2명이 피살되는 등 궁지에 몰리자, 교민들이 제주읍 교회로 피신하면서 민란이 시작된 것으로 파악하였다. 이에 반하여 비교회 측은 교폐 시정과는 별도로 대정군민들이 개최한 민회에서 세폐 시정을 요구하면서 시작된 것으로 보고 있다. 즉, 민란의 발발 때부터 서로 사건을 바라보는 시각이 상이하였음을 알 수 있다.

둘째, 교민의 대정성 발포, 주민 피살 문제이다. 이 사건은 민란을 극단으로 치닫게 한 결정적 계기가 되었다. 이에 대하여 교회 측은 대정군민들이 성으로 밀려오면서 공격하자 맞대응하면서 발포한 것으로 보았다. 반면 비교회 측 자료에는 교민들의 일방적 발포로 주민이 피살된 것으로 나와 있다. 특히 『天主敎亂記』에는 이 사건을 계기로 오대현을 대신하여 이재수가 민군의 대장으로 나선 것으로 기록하고 있다.

셋째, 교민과 민군의 무장 문제이다. 교회 측은 자신들의 무장 시기를 민군이 일본인으로부터 무기를 공급받은 다음날(5월 16일)로 기록하고 있다. 반면 민군 측에서는 교민들이 제주읍으로 피신한 5월 9일부터 이미 무장을 준비한 것으로 파악하고 있어 큰 차이가 있다. 그러나 실제 교민

들의 대정성 발포가 이미 5월 14일 있었던 것을 보건대, 전면적이 아닐지라도 교민들의 부분 무장은 이루어졌던 것으로 보인다. 한편 민군 측은 무기 구입처를 물색하던 중 산포수의 무력을 확보하고 일본 어민 荒川으로부터 무기를 공급받게 되었다.

마지막으로 양측은 상호 공격의 내용과 피해 상황을 달리 보았다. 당연히 상대방의 공격, 살상 상황을 더욱 부각시키고 있다. 특히 5월 18일 교민들이 본격적으로 무장한 직후 민군에 대한 공격에 나섰는데, 이 싸움에서 60여 명을 생포한 것으로 교회 측 자료에는 나와 있는 데 반하여 비교회 측 자료에는 교민에게 피살된 자가 21명이라고 주장하였다. 이러한 민군의 피해로 말미암아 민군의 감정은 극도에 달하게 되어 성 외곽에 사는 교민들을 색출하여 살해하게 되고, 5월 28일 開門되었을 때 교민들을 대량 학살하게 된 직접 원인이 되었다.

위의 전개 과정을 뜯어보면, 상무사의 교민 압박, 교민의 선제 공격, 민군의 무력 대응, 교회의 강경 대응으로 이어지면서 교회 측과 민군 사이에 상호 타협의 여지가 없었음을 알 수 있다. 중간 조정에 나서야 할 지방관들은 제 역할을 다하지 못하였다. 김창수 제주군수의 경우 읍성을 벗어나 別刀로 피신하여, 민군 효유에 매우 소극적이었다. 채구석 대정군수는 교민들로부터 원성의 대상이 되어 교회 측에 대한 타협안 제시가 전혀 받아들여지지 않았다.

교회 측에서는 신부가 직접 타협에 나서려고 하였으나, 최형순 등 강경한 교민들의 반대에 부딪혀 무산되어 버렸다.[1] 한편 민군의 경우에도 장

---

[1] 『續陰晴史』 光武 5년 5월 21일. 다음의 자료도 참조된다. "신부는 교인으로 작폐한 자 몇 명을 옥에 가두어 백성에게 사과함으로써 화가 일어나는 것을 늦추고 싶어 하자, 최

두들은 타협을 원하였으나, 훙분한 군중들을 억제하지 못하였다.[2] 민군 측은 원래 세폐 시정을 목표로 하였지만, 교회의 민감한 반응으로 강력히 대응하게 되었다고 항변하였다.[3]

형순이 말하기를, '차라리 자결할 수는 있어도, 옥에 갇힐 수는 없습니다.' 라고 하였다."(『續陰晴史』 光武 5년 5월 27일)
[2] 『續陰晴史』 光武 5년 5월 22일.
[3] 이러한 민군 측의 입장은 다음의 자료들을 통하여 충분히 짐작할 수 있다.
 "본래 군 사또(제주군수 김창수)와 서로 약속하기로는, 다만 민폐만 혁파되면 스스로 산회하기로 하였으며, 또 행패를 부리며 한 사람까지 망령되게 해치려고 감히 하지 않았으나, 지금 평민이 교인들에게 피살되는 자가 21명이나 되었소. 다른 일은 모두 그대로 둘 수 있어도 사람의 목숨이 많이 다쳤는데, 장차 무엇으로 죽은 사람의 원통함을 설욕하겠소."(『續陰晴史』 光武 5년 5월 18일)
 "처음에는 다만 억울한 걸 호소하고, 폐단을 물리치고자 했을 뿐인데, 뜻하지 않게 평민 다수가 최형순(교회 측)에게 피살되었으니, 이 한을 어찌 설욕하지 않겠는가."(『續陰晴史』 光武 5년 5월 21일)
 민군이 제출한 等狀의 대략 내용: "인민들은 처음에 봉세관에 대한 일 때문에 서로 연대하여 억울함을 항의하려고 했는데, 교인들이 까닭 없이 분쟁을 일으켜, 처음에 대정에서 여러 사람을 총으로 쏘아 죽이고 여섯 사람을 묶어왔으며, 대정읍에 들어와서는 군기를 탈취하였다. 또한 제주성을 점거하여 군기를 빼앗아 우리 백성들을 무고하게 살해하였으니 잔인무도하다."(『續陰晴史』 光武 5년 5월 22일)
 이재수가 평리원에서 행한 최후 진술 내용: "나는 里綱으로서 洞民들을 데리고 民會에 나아갔습니다. 교인들이 비록 다른 나라의 글을 배웠다고는 하나 본시 우리나라의 臣民인데, 한번 교회에 들어가면 관에서도 다스릴 수가 없고, 감히 두려움도 없이 남의 재물을 빼앗고 남의 소송에 간여하여도 감히 누구도 어찌할 수가 없고 심지어 인명을 살상하여도 감옥에 가두지 못합니다. 금번 3郡의 민인들이 세폐를 견디지 못하여 일제히 모여서 호소한 것이 어찌 교인들에게 관계되겠습니까? 그런데 군기를 빼앗아서 성을 함락시키고 발포하니 이게 역적이 아니겠습니까? 우리들이 죽인 것은 역적인 것이요 양민들이 아닙니다. 그러니 비록 죽어도 원한이 없습니다."(『官報』 1901년 10월 18일)

2. 민란의 처리 과정과 '物故者'

1) 민란의 진압

1901년 제주민란이 발발하자, 프랑스 군함, 한국 군대, 일본 군함, 고종 황제 고문관 샌즈 등이 속속 제주도에 도착했다. 중국에 있던 프랑스 군함 2척이 제주도로 파견되었는데, 서프라이스호는 1901년 5월 30일 제주에 도착하였고, 알루이트호는 5월 31일 프와넬(Poisnel, 朴道行) 신부와 신임 제주목사 이재호를 태우고 도착하였다. 6월 2일에는 한국기선이 한국군(강화진위대) 100명과 궁내부 고문관인 샌즈(W. Sands)를 태우고 소요 진압차 제주도에 도착하였다.[4] 6월 3일에는 일본군함(濟遠號) 1척이 제주도에 도착하였다.[5]

6월 10일 찰리사 황기연이 도착하자, 유배인 중에 교민이었던 이용호·이범주·장윤선을 구류하는 한편, 민란의 장두인 이재수·오대현·강우백 등 주동자들을 옥에 가두었다. 이에 민란에 참여하였던 민인들은 해산하게 되었다. 샌즈가 6월 13일 현익호를 타고 떠난 뒤 제주읍내 민군의 대장과 채구석 대정군수는 석방되었다. 그런 가운데 생존한 교민들에 대한 민군 잔여세력의 위협이 계속 가해졌다.[6] 또한 6월 16일 민란주동자들을 석방하라는 진정서가 여인들에 의해 제출되었다.[7]

---

[4] 샌즈는 6월 12일 제주를 떠났다. 제주본당의 라크루 신부는 샌즈에 대하여 호의적인 반응을 보였다(「뮈텔문서」, 라크루 신부의 1901년 6월 20일자 서한).
[5] 「뮈텔문서」, 라크루 신부의 1901년 6월 4일자 서한.
[6] 「뮈텔문서」, 라크루 신부의 1901년 6월 18일자 서한.

1901년 7월 12일 민란관계자 및 증인을 모두 서울로 압송하고 찰리사도 상경하라는 왕명이 내렸다.8) 이에 법부에서는 7월 13일 20명가량의 순검 등을 제주로 파견하여, 이재수 등 민란 주동자, 채구석·강봉헌 등 관리와 교민 일부를 창룡호에 태워 서울로 호송하였다.9) 이들에 대한 재판은 같은 해 7월 27일부터 평리원에서 치러졌다.10) 1901년 9월 14일에는 교민 김옥돌을 포함한 11명의 민란 관련자들이 추가로 서울에 압송되었다.11) 같은 해 10월 9일 이재수·오대현·강우백 등 3인의 민군 대장을 비롯하여 민군 측 관련자에 대한 최종 판결이 내렸다. 이재수 등 3인은 교수형에, 김남혁·조사성은 15년형, 고영수·이원방은 10년형에 처해졌다.12) 교수형의 집행은 곧바로 다음날(10월 10일) 이루어졌던 것으로 보인다.13)

제주의 주민들은 열두 명의 민군 대표들이 체포되자 처음에는 크게 반발하였지만, 시간이 흐름에 따라 진정되어 갔다. 교회 측은 9월경에 이르자 주모자의 형을 집행하는 것이 정당하다는 여론도 형성되었다고 파악하였다.14) 그러나 1902년 초에 이르러서도 교민들이 자신의 마을에서 종

---

7) 위와 같음.
8) 『高宗實錄』 권40, 1901년 7월 12일.
9) 『뮈텔 주교 일기』 1901년 7월 15일.
10) 『뮈텔 주교 일기』 1901년 7월 28일.
11) 「뮈텔문서」, 라크루 신부의 1901년 9월 14일자 서한. 유홍렬, 「제주도에 있어서의 천주교 박해 -1901년의 신축교난」, 『고종치하 서학수난의 연구』, 을유문화사, 1962, 452쪽.
12) 「평리원 판결선고서」; 『官報』 1901년 10월 18일. 이들 자료에는 이재수 등 세 민군대장이 재판정에서 행한 최후 진술이 기록되어 있다.
13) 『뮈텔 주교 일기』 1901년 10월 10일. 유홍렬은 10월 9일 당일 밤에 교수형에 처하였다고 밝히고 있다(유홍렬, 앞의 책 452쪽).
14) 「뮈텔문서」, 라크루 신부의 1901년 9월 14일자 서한.

교 생활을 자유롭게 하지는 못하였다.[15]

한편 김남혁 · 조사성 · 고영수 · 이원방 등은 감형되어 석방되었다. 이들은 1902년 1월 1일(음) 1차 사면되고, 3월 28일(음)에 2차 사면되었다가, 5월 30일(양) 최종 사면되어 석방되었다.[16] 이들은 1902년 12월에 제주에 돌아와,[17] 주민들로부터 금전을 수취하는 물뿌을 각 마을 유지들 앞으로 보냈다. 이들은 서울로 압송되어 간 이후 재판을 치르고 옥살이를 하다가 석방될 때까지 4천 9백여 냥의 비용을 사용하였다고 주장하였다. 이 비용을 兵參所의 軍料(군수 비용)에서 빌려 썼는데, 이들 중 두 사람이 군소에 끌려가 갇히고 날마다 독촉을 받았던 것이다. 이들은 이를 해결하기 위하여 면리별로 정단을 보내 자금 마련에 협조해 줄 것을 요청하였다.[18] 그러나 많은 마을에서 이들에게 협조하지 않았고, 일부 마을에서 5~15냥 정도 지원하는 정도에 그쳤다.[19] 정의군 호근리의 경우 정단이 보내진 지 나흘이 지나도록 돈을 보내지 않자 김남혁(당시 신효리 거주)이 재차 협박하는 내용의 서한을 보내 돈을 낼 것을 강요하였다.[20]

교회 측에서는 이들에 대하여 상당히 민감하게 반응하였다. 타케 신부는 "이들이 나라의 구세주처럼 간주되어 갈채를 받으며 서울에서 지지를 받고 있고, 이 때문에 관은 그들이 하는 대로 내버려둘 수밖에 없다"라고

---

15) 「뮈텔문서」, 라크루 신부의 1902년 2월 19일자 서한.
16) 『官報』 1902년 5월 13일; 1902년 8월 18일.
17) 「뮈텔문서」(제주-78), 1903년 3월 4일.
18) 「뮈텔문서」(제주-86), 호근리 斂使 · 尊位 앞으로 보내는 물뿌.
19) 「뮈텔문서」, 라크루 신부의 1903년 1월 12일자 서한.
20) "나중에라도 원망하는 일이 생기지 않도록" 경고하기까지 하였다(「뮈텔문서」(제주-89), 김남혁의 청원서).

하여, 이들의 교민들에 대한 재반격이 있지나 않을까 우려하였다.[21]

한편 대정군수 채구석의 처리 문제는 대한제국 정부와 교회 사이에 매우 민감한 사안으로 부각되었다.[22] 정부는 당시 뮈텔 주교에게 채구석의 석방에 협조해 달라는 외교적 노력을 기울였다. 채구석 자신도 뮈텔 주교에게 직접 서한을 띄워 자신의 무죄를 호소하고 석방을 청원하였다.[23] 또한 제주도민들의 석방 청원 호소도 이루어졌다. 이러한 탄원 분위기를 파악한 제주본당의 라크루 신부는 재판 과정에서 사면되기 전에 주교 재량으로 용서할 수도 있다는 가능성을 주교에게 전하였다.[24] 1903년 새로이 제주목사로 부임한 홍종우도 채구석의 석방을 라크루 신부에게 요청하였다.[25] 결국 채구석은 1903년 9월 26일 평리원에서 징역 2년 반, 태형 90대의 형을 선고받았고,[26] 1903년 11월 중순 배상금 문제를 책임진다는 조건으로 사면·석방되었다.

2) 「三郡平民敎民物故成冊」을 통해 본 '物故者'

당시 민란의 과정에서 피살된 자들은 대부분 교민들이었다. 교회 측에서는 대체로 5백~7백 명 정도가 피살된 것으로 보고 있다.[27] 반면 당시

---

21) 「뮈텔문서」(제주-78), 1903년 3월 4일.
22) 채구석의 처리 문제는 유홍렬, 앞의 책 453~458쪽에 상세하게 정리되어 있다.
23) 「뮈텔문서」(제주-85), 1902년 10월 18일.
24) 「뮈텔문서」, 라크루 신부의 1902년 6월 30일자 서한.
25) 「뮈텔문서」, 라크루 신부의 1903년 6월 11일자 서한.
26) 채구석에 대한 평리원의 최종 판결선고서, 1903년 9월 26일.
27) 라크루 신부는 7백~천 명 정도로 보고 있고(「뮈텔문서」, 라크루 신부의 1901년 6월 4일자 서한), 뮈텔 주교는 뒤에 여러 보고서를 종합하여 5~6백 명 정도로 파악하였다

제주에 파견된 평리원 안종덕 검사가 공식적으로 집계한 숫자는 교민 309명, 평민 8명이었다.[28] 이 숫자는 샌즈가 상경하여 고종에게 보고하였던 쌍방간 3백 명이란 숫자와도 일치한다.[29]

2003년 '1901년 제주항쟁 기념사업회'에서 민란 당시 대정군의 교폐를 기록한「大靜郡敎弊査實成冊」과 사망자 317명의 명단이 기록된「三郡平民敎民物故成冊」(이하「물고성책」으로 약칭)이 합쳐져 있는 자료를 입수하여 공개했다.[30] 특히「물고성책」은 기왕에 밝혀지지 않았던 지역별 사망자의 명단을 기재한 자료로서, 당시 피해 실태를 구체적으로 파악할 수 있을 뿐만 아니라 교폐와 연관된 사람들의 실상을 추적하는 데 중요한 자료로 활용할 수 있다.

「물고성책」은 민란의 과정에서 사망한 사람들의 명단을 제주목에서 平理院 安鍾悳 검사에게 보고한 문서이다. 안종덕이 뮈텔 주교에게 보낸 서한을 보면,「濟民物故成冊」이 평리원에 도착했다는 내용이 확인되는데,[31] 바로 이 책을 말한다.

이「물고성책」을 보면, 사망자 수는 도합 317명으로서, 교민이 309명, 평민이 8명이다. 그중 남자는 305명, 여자는 12명이다. 이는 당시 제주에 파견된 안종덕 검사가 공식적으로 집계한 숫자인 교민 309명, 평민 8명

(『콩트 랑뒤』, 1901년도 보고서). 제삼자인 김윤식도 5~6백 명으로 보고 있다(『續陰晴史』光武 5년 6월 7일). 민군 지도자 이재수가 일본인들에게 언급한 바에 따르면, 살해당한 교민은 600명에 달하며 도민은 20명 내외였다(『駐韓日本公使館記錄』).
28) 그가 조사한 숫자는「濟民物故成冊」에 기재되어 중앙에 보고되었다(「뮈텔문서」(제주-72)).
29) 『皇城新聞』 1901년 6월 17일.
30) 1901년 제주항쟁 기념사업회 엮음, 『신축제주항쟁자료집』 I, 도서출판 각, 2003.
31) 「뮈텔문서」(제주-72), 1901년 9월.

과 일치한다. 그러나 자료를 자세히 검토해 보면, 실제 작성된 수는 교민 308명, 평민 8명으로서 합계 316명이 맞다. 제주군 36개 리에서 93명, 대정군 26개 리에서 81명, 정의군 28개 리에서 142명이 확인된다. 각 군의 마을별 물고자 명단은 아래와 같다.

제주군

행원리　교인 나운삼(羅雲三)

평대리　교인 이완송(李完松)

하도리　교인 송윤기(宋允基) 송인기(宋仁基)

종달리　교인 홍장생(洪長生) 나운경(羅雲京)

연평리　교인 정완돌(鄭完乭) 김만신(金萬信) 이성근(李成根) 이원흥(李元興)
　　　　양재수(梁在守)

송당리　교인 윤영호(尹永浩)

조천리　교인 문천일(文千日)

선흘리　교인 이순천(李順天)

대흘리　교인 부영백(夫永伯) 오인서(吳仁瑞) 이평석(李平石) 김성범(金成凡)
　　　　양치학(梁致鶴)

일도리　교인 김성진(金成辰)

이도리　교인 고흥조(高興祚) 이천이(李千伊) 강팔농(姜八農)

삼도리　교인 강병하(姜炳夏) 이영길(李永吉) 이　만(李　萬) 김조이(金召史)
　　　　한조이(韓召史) 김무송(金戊松) 최형순(崔亨淳, 유배죄인)
　　　　고학림(高鶴林) 윤성삼(尹成三) 손창길(孫昌吉) 좌사흠(左思欽)

　　　　　동수경(童水京, 女敎師의 아들)

　　　　　평민 임조이(任召史)

건입리　교인 고만확(高晩雀) 조운경(趙雲京)

도련리　교인 전수부(田守富)

오등리　교인 조기조(趙基祚)

도남리　교인 강운경(姜雲京) 김맹용(金孟用)

오라리　교인 고승유(高升裕)

노형리　교인 현종문(玄宗文) 양맹백(梁孟伯) 홍해룡(洪海龍)

용담리　교인 강두훈(姜斗訓)

구엄리　교인 성태만(成太萬)

신엄리　교인 현임송(玄壬松) 현재경(玄在京) 김신오(金信五)

애월리　교인 김종숙(金宗叔)

곽지리　교인 양행숙(梁行叔)

어음리　교인 김사선(金寫善)

납읍리　교인 김재윤(金在允)

하가리　교인 윤영백(尹永伯) 이춘화(李春化)

광령리　교인 김신룡(金信龍) 김맹집(金孟集) 김재룡(金在龍) 신항혁(申恒赫)
　　　　　김시권(金始卷) 신도윤(申道允) 강조이(姜召史)

한림리　교인 고칠용(高七用)

덕포리　교인 홍평원(洪平元)

배령리　교인 전태옥(全太玉) 이화영(李化永)

두모리　교인 이천석(李千石) 좌방표(左方杓) 김조이(金召史)

고산리　교인 김병현(金丙玄) 고한원(高漢元) 고달송(高達松) 고달백(高達伯)

　　　　　　　　이화백(李化伯)　고임생(高壬生)　김맹송(金孟松)　임군칠(任君七)

저지리　교인 김갑용(金甲用)

소룡리　교인 김여생(金汝生)

금악리　교인 강운확(姜雲雀)　강　희(姜　熺)　문갑돌(文甲乭)　강팔룡(姜八龍)
　　　　　　　　고명일(高明日)　강계환(姜癸桓)　이시량(李時良)　부인생(夫仁生)
　　　　　　　　강운확 아들　김묘득(金卯得)　강조이(姜召史)

상명리　교인 양천문(梁千文)

합 93인

　평민 여 1인

　교민 92인 내 여인 5인

대정군

예산리　교인 오기범(吳基凡)　오창헌(吳昌憲)

도순리　교인 강천송(姜千松)　이정득(李丁得)

하원리　교인 강영진(姜永辰)　김우정(金祐丁)　강석이(姜石伊)　김석진(金石辰)
　　　　　　　　강용항(姜用恒)　고달춘(高達春)　강문주(姜文周)

동문리　교인 임맹상(任孟尙)　이희번(李希番)　현평신(玄平辛)　김조이(金召史)

대포리　교인 고칠룡(高七龍)　강덕신(姜德信)　조철송(趙哲松)

동중문　교인 이계생(李癸生)

중문리　교인 원시청(元時淸)　김양로(金良老)　원시종(元時宗)　김임봉(金任奉)
　　　　　　　　장귀호(張貴好)　조맹원(曹孟元)　현인행(玄仁行)　김조이(金召史)

상문리 교인 김종필(金宗弼) 김권삼(金權三) 김철생(金哲生)
색달리 교인 강용항(姜用恒) 강창규(姜昌奎) 조만순(趙萬順) 강인손(姜仁孫)
         강운봉(姜雲奉) 강운룡(姜雲龍) 김춘집(金春執) 강봉확(姜鳳雀)
         이광훈(李光訓) 정일홍(丁日弘)
상예리 교인 오두현(吳斗玄) 강우백(康友伯) 양원호(梁元好) 임명길(任明吉)
하예리 교인 김계생(金啓生)
사계리 교인 홍천년(洪千年)
덕수리 교인 송맹관(宋孟官)
서광청 교인 고을생(高乙生)
광청리 평민 임신문(任辛文)
광평리 교인 양계언(梁季言)
화순리 교인 박경숙(朴京叔) 김은송(金恩松) 강만수(姜萬守)
동창천 교인 김재득(金在淂) 김재길(金在吉) 양두수(梁斗守) 김정석(金丁石)
안성리 교인 김정욱(金丁旭)
인성리 교인 김달복(金達卜) 차재보(車在甫) 김남석(金南石) 김남학(金南鶴)
         진조이(秦召史) 김조이(金召史)
보성리 교인 고운봉(高云奉) 조원규(趙元圭)
상모리 교인 정원평(鄭元平) 정말득(鄭末淂) 허평년(許平年) 문을생(文乙生)
         정시익(鄭時益)
하모리 교인 이규석(李圭石) 이화석(李化石) 오재식(吳在式)
         평민 이기원(李己元) 이기만(李己萬)
일과리 교인 김여병(金汝秉)
         평민 김봉년(金奉年)

신평리　교인 변원일(邊元日)

도원리　교인 김기풍(金己豊) 김정흡(金丁洽)

합 81인

　평민 4인

　교민 77인 내 여인 4인

정의군

역돌리　교인 오경문(吳京文) 오계문(吳癸文) 신영호(申永好) 정일련(鄭一連)

　　　　강치은(康致恩) 현세곤(玄世昆)

오조리　교인 이향근(李香根) 송원길(宋元吉) 김춘근(金春根) 현창옥(玄昌玉)

　　　　고승도(高升道) 오치효(吳致孝)

성산리　교인 오시문(吳時文) 오시평(吳時平)

난산리　교인 김신호(金辛好)

신산리　교인 오치권(吳致權)

신천리　교인 문치만(文致萬)

성읍리　교인 강기봉(康基奉) 손호용(孫好用)

동세화　교인 정순평(鄭順平) 김여공(金汝公) 강남두(康南斗)

서세화　교인 김기추(金基秋) 김병추(金丙秋)

토산리　교인 김기봉(金基奉) 김상길(金尙吉) 김치경(金致京) 부관수(夫關守)

　　　　고영봉(高永奉) 현동이(玄同伊)

안좌리　교인 김영윤(金永允)

하례리　교인 강만평(康萬平) 김권이(金權伊) 현인홍(玄仁弘) 황평석(黃平石)
서미리　교인 김봉규(金奉圭) 한기평(韓基平) 현우백(玄祐伯)
한남리　교인 강재학(姜才鶴) 송재맹(宋在孟) 안기득(安基得) 이인년(李仁年)
　　　　　　　이순화(李順化) 김행권(金行權) 김성팔(金成八) 박영수(朴永守)
　　　　　　　고상원(高尙源) 이성효(李成孝)
수망리　교인 강영백(康永伯) 강시백(康時伯) 김광옥(金光玉) 김평남(金平南)
동의귀　교인 장봉호(張奉好)
서의귀　교인 현시준(玄時準)
동보한　교인 오영신(吳永信) 박맹종(朴孟宗) 오영춘(吳永春) 고성표(高成杓)
중효리　교인 김의인(金宜仁)
신효리　교인 강영호(康永好) 박돌이(朴乭伊) 고인권(高仁權) 고인권 처
　　　　　　　손재흥(孫在興) 고재팔(高在八) 김여옥(金汝玉) 신재흥(申在興)
　　　　　　　강신권(姜信權) 서관평(徐官平) 김치완(金致完) 김원평(金元平)
　　　　　　　김두창(金斗昌) 김재환(金在桓) 현창용(玄昌用) 박 名不知
　　　　　　　김치옥(金致玉) 홍종량(洪宗良)
하효리　교인 강희진(康希辰) 함수봉(咸守奉)
보목리　교인 현규문(玄圭文)
토평리　교인 고정익(高丁益) 고생익(高生益) 강만석(康萬石) 김평구(金平九)
　　　　　　　부달성(夫達成) 오갑생(吳甲生) 안맹신(安孟信) 안영환(安永桓)
　　　　　　　안영환 처
동홍리　교인 고응문(高應文)
서홍리　교인 양남익(梁南益) 김여철(金汝哲) 최성칠(崔成七) 이여숙(李汝叔)
　　　　　　　강여길(姜汝吉) 오영원(吳永元) 신세관(申世寬) 현인호(玄仁好)

　　　　　이봉진(李奉辰)　송맹관(宋孟官)

풍덕리　교인 홍순병(洪順炳)　송상홍(宋尙興)　정우영(鄭祐永)　이은봉(李恩奉)

　　　　　이용해(李龍海)　한몽리(韓夢利)　양찬여(梁贊汝)

호근리　교인 허시찬(許時贊)　오응중(吳應仲)　김여범(金汝凡)　이석담(李石覃)

　　　　　김석규(金石圭)　김용행(金用行)　양재흡(梁在洽)　정행숙(鄭行叔)

　　　　　오애천(吳愛千)　오애평(吳愛平)　신영희(申永希)　김만권(金萬權)

　　　　　서임송(徐壬松)　김경기(金京基)　김달수(金達守)　김종렬(金宗烈)

　　　　　진명손(秦明孫)　진재백(秦才伯)　진재백 형　　　변항문(邊恒文)

　　　　　강완이(姜完伊)　신창현(申昌玄)　강승백(姜升伯)　신맹주(申孟朱)

법환리　교인 김학서(金鶴瑞)　현재일(玄在日)　한진방(韓辰方)　이갑생(李甲生)

　　　　　윤맹흥(尹孟興)　윤맹택(尹孟宅)　김갑송(金甲松)

성읍리　평민 김용조(金用祚)

한남리　평민 고춘경(高春京)

호근리　평민 고임생(高壬生)

합 142인

　평민 3인

　교민 139인 내 여인 2인

통합 삼군물고(三郡物故) 317인

　남 305인

　여 12인

지금까지 1901년 제주민란 과정에서 사망한 전체 인원 및 명단은 확인되지 않았다. 다만 천주교회 측에서는 하논교당 세례대장에 나타난 사망자 일부 명단을 갖고 있었으나, 세례명만 표시되어 있어 실명 확인이 어려웠다.[32] 또한 이재수·오대현·강우백 등 세 장두는 1901년 10월 10일 처형되었지만, 나머지 민군 가담자 가운데 사망자 명단은 처음 알려지는 것이다. 한편 지역별 사망자 수가 소상히 밝혀져 있어, 당시 천주교가 각 지역으로 넓게 확산 보급되었음이 확인된다.[33]

그런데 제주민란이 진정된 1902년 제주에 남아 있던 교민 강인봉이 남긴 서한에 따르면, 교민들 중에 피살된 자가 350~360명이라 하였다.[34] 민란이 진행되는 과정에서 상당한 피해를 입은 교회 측에서 희생자 수를 과장시켰을 것이라고 추정한다면, 1년이 지난 뒤 교민이 언급한 이 숫자는 믿을 만한 것으로 보인다. 또한 아래 표에서 보듯이, 「물고성책」에 보이지 않는 교민 피살자 46명이 다른 자료에서 확인되는데, 「물고성책」의 교민 희생자 308명과 합치면 354명이 된다. 따라서 강인봉이 파악한 희생자 수가 더욱 신빙성이 있다고 보인다.

---

32) 박찬식, 앞의 책, 137~140쪽의 표를 참조하기 바란다.
33) 「물고성책」은 기왕에 밝혀지지 않았던 지역별 사망자의 명단을 기재한 자료로서, 당시 피해 실태를 구체적으로 파악할 수 있을 뿐만 아니라 교폐와 연관된 사람들의 실상을 추적하는 데 중요한 자료로 활용할 수 있을 것이다.
34) 뮈텔문서(제주-76), 1902년 2월.

〈표 4-3〉「물고성책」에 누락된 피살 교민 명단

번호	이름	주거지	가해자
1	신재순	제주	고윤, 신마제(서문)
2	윤중삼	제주성내	삼도경민장 이원방
3	고흥주	제주성내	삼도경민장 이원방
4	김원출		신성수(서문 밖)
5	홍장선 형제(2)		종달리 군졸
6	박고스마	정의교당	
7	김다묵	정의 호근(하논)	조사성
8	태명순	정의 호근(하논)	
9	신명조	정의 호근	호근리 오평국 등
10	오달현	정의	
11	오인표	정의	
12	오시관		강봉회 등(역돌)
13	김정옥	대정 화순	중문 동임 등
14	강윤이	대정 도순	도순 5소임
15	박명사	대정 도문	도문 경민장 등
16	김천총 아들	대정 도문	도문 경민장 등
17	강찬규	대정 색달	
18	강찬규 아들	대정 색달	두민 강상호 등
19	김주백	대정 색달	색달 5소임
20	강진만	대정 색달	색달 5소임
21	조명관	대정 중문	중문 동임 등
22	김순백	대정 중문	중문 동임 등
23	장두호	대정 중문	중문 동임 등
24	현유성	대정 중문	중문 동임 등
25	김사진	대정 중문	중문 동임 등
26	임재봉	대정 중문	중문 동임 등
27	김김史	대정	중문 동임 등
28	현인수	대정 중문	좌수 이형백 등
29	장만조	대정 창천	창천 기찰장
30	장만조 자	대정 창천	창천 기찰장
31	김원보	대정 창천	창천 기찰장
32	김병규	대정 상모	기찰장 고필득

번호	이름	주거지	가해자
33	정시송	대정 상모	경민장
34	이규석 두 아들(2)	대정 하모	5소임 등
35	김정협	대정 도원	경민장/기찰 등
36	김달백	대정 읍내	장열규
37	김달백 처, 두 아들(3)	대정 읍내	
38	김사길	대정 읍내	오인봉
39	김달복 처, 두 아들(3)	대정 인성	5소임
40	차재유의 처, 아들(2)	대정 인성	5소임
41	김관칠		강재봉(상문)

(출전 - 「뮈텔문서」(제주-69), 「濟州牧大靜郡各里亂民作弊大槪成冊」・「濟州牧大靜郡各里亂民作弊略抄」;「뮈텔문서」(제주-134), 「濟州民亂殺人者姓名居住列錄」;「뮈텔문서」(제주-146), 「濟州民亂時의 加害主動者列錄」)

이상에서 정리한 「물고성책」과 기타 문서에 나온 물고자(사망자) 수를 표로 정리하면 아래와 같다.

〈표 4-4〉 지역별 교민 물고자 수

제주군	행원	평대	하도	종달	연평	송당	조천	선흘	대흘	일도
	1	1	2	2(1)	5	1	1	1	5	1
	이도	삼도	건입	도련	오등	도남	오라	노형	용담	구엄
	3	12(5)	2	1	1	2	3	1	1	1
	신엄	애월	곽지	어음	납읍	하가	광령	한림	덕포	배령
	3	1	1	1	1	2	7	1	1	2
	두모	고산	저지	소룡	금악	상명				합계
	3	8	1	1	11	1				92(6)
정의군	역돌	오조	성산	난산	신산	신천	성읍	동세화	서세화	토산
	6(1)	6	2	1	1	1	2	3	2	6
	안좌	하례	서미	한남	수망	동의귀	서의귀	동보한	중효	신효
	1	4	3	10	4	1	1	4	1	18
	하효	보목	토평	동홍	서홍	풍덕	호근	법환		합계
	2(1)	1	9(1)	1	10	7	25(4)	7		139(7)

대정군	예산	도순	하원	도문	대포	동중문	중문	상문	색달	상예
	2	2(1)	7	4(2)	3	1	8(8)	3	10(4)	4
	하예	사계	덕수	서광청	광청	광평	화순	동창천	안성	인성
	1	1	1	1		1	3(1)	4(3)	1	6(10)
	보성	상모	하모	일과	신평	도원				합계
	2	5(2)	3(2)	1	1	2(1)				77(33)

* 괄호 안은 「물고명부」에는 누락되고, 기타 자료에서 확인된 물고자 수

〈표 4-5〉 지역별 평민 물고자 수

제주군	대정군			정의군		
삼도리	광청리	하모리	일과리	성읍리	한남리	호근리
1	1	2	1	1	1	1

　교민 물고자 수가 많은 지역(5명 이상)은 제주군 관내에서는 삼도/금악/고산/광령/대흘/연평리 등이고, 정의군 관내에서는 호근/신효/서홍/토평/한남/풍덕/법환/역돌/토산/오조리 등이다. 대정군 관내에서는 성내(안성・인성・보성)/중문/색달/하원/창천/상모/하모/도문리 등이 분포하고 있다. 이러한 분포 집계를 통해서 다음과 같은 점을 파악할 수 있다.

　첫째, 본서 제3장에서 본 교폐 다발 지역과 교민 물고자가 많은 마을이 일치하고 있다. 물고자가 가장 많이 나온 삼도리(대로동)에는 제주교당이, 호근리(하논, 대답동)에는 정의교당이 자리 잡고 있었다. 이는 교당을 중심으로 다수의 주민들이 입교하였음을 보여준다. 그 결과 다수의 물고자가 나왔다.

　둘째, 정의교당과 가까운 위치에 있는 호근/신효/서홍/토평/풍덕/법환리 등도 다음 〈표 4-6〉에서 보듯이 교민들이 많이 분포하고 있었다.

〈표 4-6〉 정의군 관내 지역별 교민 수(1900~1901)

하논	호근	법환	서귀	홍로	토평	효돈	포목	또미	예촌	양근
50(70)	2(33)	2(15)	4(11)	11(43)	3(13)	1(11)	2(6)	3(13)	·(2)	16(85)
감나무골	화전	수망	펄개	밋노름	도노름	가지롬	표전	수동개	계	
2(10)	2(16)	2(13)	1(6)	·(3)	·(9)	·(1)	·(10)	·(12)	101(382)	

셋째, 효돈의 경우 신효리 교민물고자가 많은데, 원래 교민 수가 많았던 양근리(화전촌, 교민 수 100여 명: 〈표 4-6〉) 교민들을 말한다. 하효·신효·중효리 등 효돈 지역은 하효리 오신락 노인 사망 사건 등 교회와 주민의 충돌이 심하게 드러났던 지역이다. 양근리 화전촌의 교민들에 대한 해안마을 주민들의 반감이 작용한 것으로 보인다. 민란의 전개 과정에서 오신락 노인 사망 사건에 연루된 교민들에 대한 처단 사례가 여럿 보인다.

넷째, 지금까지 민란 이전 제주군 관내 교민의 분포 상황은 확인되지 않았다. 그런데 〈표 4-4〉에서 보듯이, 제주읍내에서부터 동부의 구좌·조천 지역, 서부의 애월·한림 지역에 이르기까지 광범위하게 교세가 확장되어 있었다. 심지어 섬 마을인 연평리(우도)에서도 5명의 물고자가 나올 정도로 교민이 다수 거주하고 있었다. 금악리·대흘리·광령리 등 목장지대 거주 교민들 가운데 물고자가 많은 것은 화전촌 농민들의 입교가 제주군에서도 다수 이루어졌던 결과로 보인다.

다섯째, 다음 〈표 4-7〉에서 보듯이 대정성내(안성·인성·보성리) 교민이 확인되지 않는데, 물고자가 많은 까닭(19명)은 민란 직전에 입교하거나 교회 측에 섰던 성내 주민들을 교민으로 파악한 결과로 보인다. 「대정군교폐성책」에도 대정성내 교민의 존재는 확인되지 않는다. 특히 5월

14일 대정성 발포 사건 당시 교민들이 성안을 장악하는 과정[35]에서 교민을 도왔던 자들에 대해 이재수가 이끄는 서진이 6월 초 대정성으로 돌아온 뒤 처단한 것으로 보인다. 민군이 하모리 이규석 3부자를 처단한 사례도 이에 해당된다.

〈표 4-7〉 대정군 관내 지역별 교민 수(1900~1901)

여산	강정	도순	하원	색다리	열리	중문	창천	녹화지	새당
1(20)	2(19)	1(25)	1(18)	19(46)	2(13)	·(25)	2(5)	3(16)	1(2)
모슬개	내팟	도래물	난드르	감산	대포	검은질	대평	상천	계
4(4)	·(3)	·(25)	·(2)	·(5)	·(3)	·(1)	·(1)	·(5)	36(238)

여섯째, 금악/광령/대흘/상문(녹화지)/색달/하원/창천/신효(양근화전) 등의 경우는 원래 교민 수가 많았던 지역으로서 주로 산간지대 화전촌 교민들이다. 이들 화전촌 교민의 화전세 거부 또는 마름 기용으로 인한 향촌사회 내부의 동요가 있었다. 관·향임·주민들이 화전촌 교민을 배척했고, 화전민 사이의 내부 갈등 요소도 있었다.[36]

일곱째, 우도(연평리)의 경우 민란 전부터 있었던 교민들과 더불어 민란 당시 섬으로 피신한 교민들을 색출해서 죽인 사례로 보인다. 가파도로

---

35) "금년 3월에 교인 수백 명이 衆民(민회에 참여했던 대정군민)을 쫓아가서 대정군에 이르렀는데, 이때에 기를 들어 발포하고 군기고를 깨뜨리고 평민의 집에 난입하여 미곡·금전·의복·포목·닭·돼지 등 물종들을 약탈하고 또 廛舍에 들어가 백여 금에 달하는 荒貨(끈목·담배쌈지·바늘·실 등 모든 잡화)와 물건을 약탈함에 이때 인민들이 황급히 난리를 피한즉 烟戶가 공허해졌으나 이런 일을 저지른 자가 누구인지 상세히 알 수 없는 일."(「대정군교폐성책」, 제32조)
36) 박찬식, 앞의 책, 136쪽.

피신한 교민 조사흠을 장두 강백이가 뗏목을 타고 들어가서 죽인 사례도 보인다.

　마지막으로, 각 마을마다 교민들과 대립한 동임층이 교민 살해를 주도한 것으로 나타나 있다. 앞의 〈표 4-3〉을 보면 가해자는 警民長, 譏察長, 洞任, 5所任[37], 頭民, 座首 등이 대분이다. 이들은 마을 내 유력계층으로서 마을의 자치 운영을 주도하던 자들이다. 향임·동임층이 천주교회의 세력 확장에 가장 심하게 반발했던 계층이었음을 알 수 있다.

---

[37] 5所任은 동마다 있었던 洞任을 가리키는데, 尊位·警民長·譏察·洞長·座主 등을 말한다(『續陰晴史』 光武 2년 3월 14일).

제5장

민란의 주도와 참여

제5장
민란의 주도와 참여

1. 민란을 지도한 주역

　1901년 제주민란을 주도한 지도자(狀頭)들은 최종적으로 정부군에 체포되어 서울로 압송되었다. 1901년 10월 9일 평리원에서 최종 재판을 받은 지도자들은 오대현, 이재수, 강우백, 김남혁, 조사성, 고영수, 이원방, 고삼백, 강백이, 마찬삼 등 10명이다.(판결선고서 기록은 본장 뒤에 수록하였다.) 이들 가운데 고영수·이원방·고삼백 등을 제외한 7명의 지도자는 모두 대정군에 거주하였다. 즉, 민란의 단서를 마련하였던 지도부는 대정군 지역을 중심으로 구성되었다. 평리원에서 최종 판결을 받은 민란 지도자와 교회 측에서 작성한 민란의 장두 명단 가운데 대정군 지역의 인물을 표로 작성하면 다음과 같다.

〈표 5-1〉 대정군 지역의 민란주도세력

순번	성명	거주지	나이	신분(직업)	비고
1	蔡龜錫	대정군	52	大靜前郡守	商務社 分社長
2	吳大鉉(吳乙吉)	대정군 예래리	27	前鄕長	商務社 明社長
3	李在守	대정군 인성리	25	里綱·官奴	商務社 執事
4	姜遇伯	대정군 월평리	41	里綱	商務社員
5	姜伯伊	대정군 예래리	67	里綱	商務社 明査員
6	姜希鳳	대정군			商務社 明査員
7	馬贊三	대정군(전남 영암군)	50	商民	商務社 班首·收錢有司
8	李明錫	대정군		座首	商務社 班首
9	宋德介	대정군			商務社 掌務員
10	趙士星	대정군	29	목수	商務社 執事
11	吳乙福	대정군			商務社員
12	李聖圭	대정군			商務社 財務員
13	朴永先	대정군			商務社員
14	姜岩石	대정군			商務社員
15	李正圭	대정군			商務社員
16	姜尙鎬 父子	대정군 색달리		頭民	
17	高達逢	대정군 광평리		首砲手	
18	梁別將	대정군 광평리		首砲手·別將	
19	高京中	대정군 광평리			
20	吳正表	대정군 광평리			
21	朴其順	대정군 광평리			

(출전 - 「뮈텔문서」(제주-134), 「濟州大靜郡私立商務社首魁及三郡各里亂民狀頭姓名槪列目錄」; 「뮈텔문서」(제주-147), 「濟州大靜郡私立商務社首魁及三郡各里亂民狀頭姓名錄」, 「평리원 판결선고서」)

　대정군의 민란주도세력은 商務社 조직원들이 대부분이었다. 상무사는 원래 보부상 조직으로서 관권과 밀착된 어용조직이었으나, 제주도에서는 그 조직 형태를 빌려서[1] 조세징수권·상권 등을 장악함으로써 경제

---

1) 보부상 조직으로는 1883년에 惠商公局이 설립되었으며, 1885년에 商理局으로 개칭하

적 이익단체로서의 역할을 담당하였다. 대정군 상무사는 1901년 4월 3일 경에 설치되었다.2) 대정군 상무사를 단순한 반천주교 조직으로 보는 견해도 있지만, 본래 대정 상무사는 봉세관의 執稅에 저항하고자 하였던 조직이었다.3) 그러나 세폐를 시정하고자 하는 민인들의 움직임이 民會로 발전하여 가자 상무사의 대표였던 채구석은 1901년 5월 3일경 상무사원 姜伯伊에게 상무사를 혁파할 것을 권유하여 해산시켰다.4) 그리고 채구석 자신은 상무사와 민회와의 무관함을 강조하면서 교회 측으로부터의 공격을 피하여 보고자 하였다.5)

　대정군의 상무사 조직에는 당시 대정군수인 채구석이 分事長으로 참여하고 있다. 그리고 나머지 상무사 간부들 가운데 대부분이 대정군의 鄕長과 里綱의 지위에 있는 자들이다. 일반 상무사원 가운데는 商民들이 다수 포함되어 있었다.6) 따라서 이러한 상무사 조직에 주목하였을 때, 대정

였다. 1894년에는 商理局이 혁파되었다가 1895년에 정부는 商務會議所를 설립시켰다. 그리고 1899년에 商務會議所를 개칭하여 商務社를 설립시켰다. 惠上公局의 지방조직으로는 道에 都班首・都接長・幇辦을 두었으며, 各邑에는 班首・接長을 두었다. 그리고 商理局의 경우에는 지방임원으로 都班首・都接長・公事長・明事長・都公員을 두고 그 밑에 書記公員・本房公員・執事・使令・房直을 두었다. 마지막으로 商務社의 지방조직으로는 각 지방에 支社를 설치하며 支社의 分社長은 관찰사가 겸하고 牧使・府尹・郡守가 分司務長을 겸하며, 그 밑에 公事員・掌務員・財務員・書記・執事・幹事・雇傭을 두었다(崔珍玉,「韓末 裸負商의 變遷」,『精神文化硏究』29, 1986, 151~159쪽). 그러므로 大靜 商務社는 이러한 보부상 조직의 지방 임원 명칭을 빌려 썼음을 알 수 있다.
2)「평리원 판결선고서」, 馬贊三의 선고 내용.
3)『續陰晴史』光武 5년 5월 9일.
4)「평리원 판결선고서」, 姜伯伊의 선고 내용.
5)『續陰晴史』光武 5년 5월 15일.
6) 상무사원이었던 姜伯伊의 판결문에는 채구석이 商民들을 불러모아 상무사를 혁파할 것을 권유하였다고 하며, 馬贊三의 경우에도 말을 행상하는 상인이었다.

군의 민란주도세력은 우선 향촌사회에서 자신들의 기득권을 수호할 목적으로 민란에 참여하고 있음을 알 수 있다.

이들 가운데 제주도민들에게 '三義士'로 알려진 이재수·오대현·강우백 등의 인물은 특별히 주목하여야 할 것이다. 이들은 당시 민란의 시점에서는 狀頭로서, 전개 과정에서는 民軍의 대장으로 활약함으로써 민란참여자들의 입장을 대변하였다고 볼 수 있기 때문이다.

종래 이재수·오대현·강우백 등 제주민란 지도자들의 출신에 대해서는 자료의 한계로 말미암아 단편적인 사실만 확인할 수 있었다. 그러나 『天主敎亂記』[7]와 『李在守實記』[8] 등의 자료와 이들의 거주 지역에 남아 있는 고문서 등을 통하여 그 대체적인 내용을 파악할 수 있다.

우선 李在守(1877~1901)는 제주도 大靜郡 仁城里에서 父 李時俊과 母 宋氏 사이에서 태어났다.[9] 그의 집안은 경제적으로 사회적으로 매우 열악한 처지에 놓여 있었던 것으로 보인다.[10] 그는 어릴 때부터 군사놀이

---

[7] 『天主敎亂記』(이하 『란기』로 약칭)는 제주도의 유학자이면서 향토사학자이기도 한 心齋 金錫翼(1885~1956)의 저술로서, 여타 자료와 비교하여도 오차가 거의 발견되지 않을 만큼 그 사료적 가치가 있는 것으로 여겨진다. 『란기』는 1931년 5월에 쓰인 것으로서, 김석익이 이전부터 수집하였던 자료들을 기본으로 삼은 데에다 이재수의 누이인 李順玉의 증언도 참고하여 작성되었다. 기존의 연구에서 확연히 드러나지 않았던 이재수의 민란 참여 동기가 기록되어 있는 게 특징이다.
[8] 『李在守實記』(이하 『실기』로 약칭)는 1932년 일본 大阪에 거주하였던 제주 출신의 趙武彬이 기록한 것으로서, 李順玉의 구술을 바탕으로 하여 전기문 형식으로 엮어졌다. 구술을 기본 근거로 삼았기 때문에 사료적 가치는 떨어지지만, 『란기』와는 다른 내용이 많이 수록되어 있다. 특히 李在守의 출신을 파악하는 데 도움이 된다.
[9] 『실기』 참조.
[10] "리시쥰은근본재산은 넉넉치못하나 가정의환락한생활로 그날그날 자미스럽게 지내난터이다."(『실기』)
 "在守의家勢는 勿論微賤한집이라."(『란기』)

를 즐겼고, 불의의 일을 보면 참지 못했다고 『실기』는 전하고 있다. 그는 제주민란이 발생하기 전에는 대정군 관아의 通引 또는 官隷로서 군수인 채구석을 수행하고 있었다.[11] 그는 비록 관예라고는 하지만, 그다지 낮은 사회적 지위에 있었던 것은 아니라고 보인다. 즉, 그가 인성리의 里綱이었다든지, 商務社의 執事였다든지 하는 점으로 미루어 짐작된다. 이러한 위치에 있었기 때문에 후에 民軍의 대장으로 나설 수 있었을 것이다.

다음으로 吳大鉉(1875~1901)은 일명 乙吉이라고도 하였는데, 大靜郡 猊來里에서 태어났다. 그는 마을의 유력자로서, 대정군 鄕長(座首)의 지위에 있었다. 또한 그는 채구석과 함께 상무사의 대표(明社長)를 맡아서 향촌사회의 지배력을 행사하고 있었다. 때문에 그는 민란이 발생하기 직전에 주민들에 의해서 정소운동의 대표자, 즉 장두로 나서게 되었을 것이다.

마지막으로 姜遇伯(1852~1901)은 일명 五百으로서, 大靜郡 河源里에서 출생하였지만 주로 인근 月坪里에서 거주하였다. 그의 부친은 姜時陽으로서 掌議 직역을 가졌고, 그 또한 掌議의 직역에 있었다.[12] 그는 제주민란 당시에는 월평리 里綱과 상무사 사원을 맡을 만큼 향촌사회의 유력

---

11) "이(1901년 봄 - 필자 주)在守는 大靜郡衙官隷로……."(『란기』)
   한편 「뮈텔문서」(제주-147), 「濟州大靜郡私立商務社首魁及三郡各里亂民狀頭姓名錄」에는 官奴로 기재되어 있다.
12) 제주도 서귀포시 월평동 마을회관에 소장되어 있는 월평리 호적중초 가운데 姜遇伯 가문에 대해서는 다음과 같이 기재되어 있다.
   光緖十七年辛卯(1891)式正月 日 月坪里戶籍中草
   第三統統首姜濟源
   *第二戶掌議姜遇伯年四十壬子本晉州 父掌議時陽 祖學生宗三 曾祖學生仁 迪外祖學生任應寶本豊川
   *妻金氏年四十壬子 父掌議明玉 祖學生興祿 曾祖學生致榮 外祖學生康元文
   *率女年五丁亥

한 지위에 있는 자였다. 또한 그는 1898년 대정 지역을 중심으로 발생하였던 '방성칠란'에 주도 인물로 참여하기도 하였다.13) 이와 같은 사회적 지위, 민란 주도의 전력으로 말미암아 그는 쉽게 주민들에 의해 민군의 대장으로 추대될 수 있었을 것이다.

위 세 장두 가운데 민란의 시점에서 열린 민회와 처음 연결된 자는 오대현이었다. 그는 대정군의 향장이었는데, 민회가 있기 전에 대정군 관아의 부이방인 김옥돌과 간음 사건으로 개인적인 분쟁이 있었다. 김옥돌이 천주교인이었으므로 오대현은 교인들에게 곤욕을 치렀다. 이 때문에 그가 소속되어 있던 상무사 역원들과 천주교인 사이에 충돌이 빚어지기도 하였다.

그런데 이 충돌이 일어나기 전날 이와는 별도의 민회가 대정군 우면 주민들을 중심으로 열렸다. 이 민회에서는 주로 잡세의 過徵으로 대표되는 세폐의 시정을 관에 호소하기로 결정하고 호소단의 장두로 오대현을 내세웠다. 그러나 그는 향임의 지위에 있다는 핑계를 대고 관아로 피신하여 버렸다. 결국 이 민회는 대정군수 채구석의 설득으로 해산되었다.

그러나 3일 후 대정군 좌면의 주민들이 중면의 주민들과 더불어 민회소를 설치하여 대정군수 채구석에게 자신들의 요구사항을 제시하였다. 이들은 이번에는 군수의 회유에 응하지 않고 제주군 용수리에서 합세한 주민들과 더불어 관아에 피신해 있던 오대현을 색출하여 장두로 내세웠다. 이때 회민들은 다른 지역의 주민들까지 정소운동의 대열에 참여시키기 위하여 서부지역과 동부지역으로 나누어 주민들을 결집시켰다. 그리

---

13) 金玉姬, 앞의 『濟州島辛丑年教難史』, 52쪽 참조.

고 서부지역 장두로 오대현을, 동부지역의 장두로 강우백을 내세웠다. 바로 이때부터 강우백이 민란의 지도자로 나서게 되었다. 뒷날 강우백은 평리원 재판의 최후 진술에서 부친의 병간호 때문에 오대현이 교인들에게 잡혀간 뒤에야 하는 수 없이 장두로 나섰다고 하였지만, 이재호 제주목사가 남긴 보고서에는 분명히 오대현과 함께 첫 장두로 나선 것으로 기록되어 있다. 정의군수 김희주의 보고에 의하면, 동부지역 민란지도부는 정의군 우면 호근·법환리의 이강 등을 위협하여 마을마다 남정 100명씩을 이끌고 나오게끔 하였다고 한다.

이들 민란참여자들은 두모·한림 등지에 민회소를 두고서 제주성으로 향할 준비를 하였다. 사태가 이 지경에 이르자, 제주군수 김창수는 민회소를 찾아가서 회유의 목적으로 민폐를 열거하도록 하였다. 한림민회소 단계까지만 하여도 민란이 천주교회 측에 대한 전면전으로까지 비화되지는 않았다. 민란참여자들의 무장화, 즉 민군화는 5월 14일 천주교회 측에서 민회소를 선제공격하여 오대현을 비롯한 6명의 민회 주도자들을 잡아들이고 대정성에서 주민 2명을 살상하였던 데서 이루어졌다. 이때로부터 민회 세력은 천주교인들에 대한 전면 투쟁으로 방향을 선회하면서 민군 진영을 편성하였다. 그리고 잡혀간 오대현을 대신하여 청년 이재수가 강우백과 더불어 각각 서진과 동진을 지휘하게 됨으로써, 그는 민란의 지도자가 되었다.

이재수는 민란에 가담하기 이전에 대정군수 채구석과 함께 정의교당에서 의문의 죽음을 당한 오신락의 시체 검안 과정을 직접 눈으로 목격하였다. 그는 천주교 세력의 위세에 눌려 살인범을 잡아내지 못하는 현실에 분노를 느꼈으나 자신의 미천한 신분 때문에 전면에 나서지 못하였다. 그러다가 민회가 소집되어 오대현과 강우백이 중심이 되어 정소운동을 전개하자 그는 오대현의 부하로 민란에 가담하였다. 그리고 천주교회 측의 한림민회소 공격으로 오대현이 잡혀가자 그가 전면에 나서게 된 것이다.

그는 평소 오대현의 온건노선에 불만을 품고 있던 중 오대현이 잡힌 것을 계기로 민군의 대표자로 나섰다. 그는 강우백·조사성·오대헌(오대현의 형) 등과 하늘에 죽기로 맹세를 하고 다시금 대정으로 가서 흩어진 인민들을 수습하고 제주도 내 각 지역으로 격문을 보냈다. 그러자 일시에 구름같이 많은 사람들이 그의 진영에 모여들었다.

이재수가 민군의 대장으로 대두하자 민란도 무력에 의한 강경노선으로 급선회하였다. 그는 곧바로 작전의 성공에 만전을 기하기 위하여 민군을 동진과 서진을 나누어 제주도 일원의 주민들을 다시 규합한 후 제주성을 향하였다. 이재수는 직접 서진의 대장이 되었는데, 서진은 대정군의 주민들이 주를 이루었다. 대정군에서는 화전민을 중심으로 한 빈농층이 많았기 때문에 자연스레 강경한 입장을 취하게 되었고, 이들과 비슷한 이재수와 같은 인물이 민군의 대장으로 추대될 수 있었던 것이다. 민란의 전개과정에서도 동진보다 서진이 교인 살상을 주도하였고, 프랑스 군대가 진주했을 때에도 굴복하지 않고 전투태세를 갖출 만큼 이재수가 이끈 서진은 강경한 태도로 일관하였다.

제주성안에 포진한 교회 측은 성문을 걸어 잠그고 대포를 설치하여 민군의 공격에 맞섰다. 민군은 동진·서진을 모두 황사평에 결집시켜 진을 친 뒤에 산포수 등을 앞세워 제주성 안을 향해 공격을 가했다. 5월 23일 민군 측에서 오대현 등 포로 12명을 석방할 것을 요청하자 제주군수는 이를 받아들여 오대현을 풀어주었다. 이때 오대현은 "만약 민군이 내 말을 듣고 해산하면 좋지만 그렇지 않으면 내 죄는 무거워질 것이다."라고 하여 민군에 돌아가는 것을 원하지 않았으나 결국 제주군수가 그를 석방시켰다.

오대현이 민군 진영에 도착하자 처음에는 모두 그를 환영하였다. 이에 오대현은 "제주군수의 仁德에 의지하여 囚禁된 고통은 없었다. 이전의 作弊는 모두 교도들이 한 짓으로 신부는 모르고 있었다. 우리들은 오래 저항할 수 없으니 해산을 하는 게 어떻겠는가."라고 말하자, 민군은 그를 향해 총을 겨누고 죽이려고 하였다. 이에 민군의 장두인 그의 형이 말려서 간신히 죽음을 면하였다.

이때로부터 오대현은 이재수가 이끌던 서진을 나와서 강우백과 함께 동진의 장두로 나서게 되었다. 결국 5월 28일 제주성내 주민들이 자발적으로 성문을 열어버림으로써 동·서진 민군은 제주성 동문과 서문으로 입성하여 관덕정 마당에 집결하였다. 서진 측은 앞장서서 교민들을 관덕정 앞으로 끌고 와서 집단적으로 살해하였다.

서진이 매우 급진적이고 강경했던 데 비해 오대현의 동진은 일처리에 조리가 있고 지방관들과도 예로써 교류했으며, 민폐가 되는 일은 일체 엄단하고 교민을 잡아와도 반복하여 자세하게 심사하였으므로 살아서 돌아가는 사람들이 많았다. 이 때문에 동진과 서진 사이에 갈등이 빚어져서 오대현이 서진에 잡혀가기도 하였고 상호 무력 충돌이 빚어지기도 하였다.

5월 30일에는 동·서진이 제주성을 나가서 정의·대정군을 순시했다. 오대현이 이끄는 동진은 동문을 나와서 정의군으로 순회를 했는데, 6월 4일에 양진이 제주성으로 돌아와서 합치기로 약속했다. 그리고 그 다음에 배를 타고 서울로 올라가서 대한제국 정부에 호소하기로 하였다. 이때 오대현 형제는 말 타기를 사절하고 머리에는 털벙거지를 쓰고 지팡이를 짚고 걸어 다니면서, 민군들에게 보리밭을 밟지 못하게 훈계하니 사람들이 모두 따랐고, 사람 죽이기를 좋아한 서진과 대비되었다.[14]

그러나 5월 31일 프랑스 함대가 도착하였고 신임 이재호 제주목사가 부임하여 민란을 진정시켜갔다. 6월 2일 강화도 수비 병력 100명이 제주에 들어왔고, 6월 10일에는 찰리사 황기연이 도착하여 본격적으로 민란을 진압하기 시작했다. 결국 6월 11일 장두 이재수·오대현·강우백 등은 제주목관아 옥에 갇혔다. 7월 13일 이들은 민란주동자와 함께 서울로 호송되어 7월 27일부터 평리원에서 재판이 치러졌다. 10월 9일 최종 판결이 내려져 다음 날인 10월 10일 교수형에 처해졌다.

2. 민란에 참여한 사람들

종래 이 민란의 참여세력은 전도적으로 각계각층을 망라하는 초계층적인 연합전선적 성격을 띠는 것으로 파악하여 왔다.[15] 물론 이러한 결론이 대세를 설명하는 데 어긋나는 것은 아니다. 그러나 민란참여자들의 입장이 모두 같다고는 할 수 없을 것이다. 지역별·계층별로 민란에 참여한 동기는 각각 다를 것이고, 민란에서 담당하였던 역할도 서로 달랐다고 보인다. 특히 어떤 계층의 사람들이 주요 역할을 담당하였는지 궁금하다. 이러한 점에 주목하여 민란참여자들의 성격을 분석하여 보자.

---

14) 『續陰晴史』 光武 5년 5월 30일.
15) 姜昌一과 金洋植의 앞의 글.

민란참여자들의 신상을 파악할 수 있는 자료는 주로 교회 측에서 작성한 것이다.「뮈텔문서」에는 교회 측에서 정리한 민란가담자들의 신상이 수록되어 있다.16) 여기에는 주로 지역별로 정리되어 있어서 민란참여세력의 지역별 성격을 파악하는 데 도움이 된다. 이러한 자료를 중심으로 하여 지역별로 민란참여세력을 분석하여 보자.

1) 대정군 지역

우선 가장 주목되는 지역은 대정군이다. 민란의 발단이 되었던 民會가 대정 지역에서 이루어졌고, 반천주교 조직인 商務社도 이 지역에 설립되었기 때문이다. 대정군민의 민란 참여는 민회를 중심으로 하여 이루어졌다. 1901년 5월 5일 대정군 우면 주민들을 중심으로 민회가 열렸다. 이 민회에서는 주로 雜稅의 過徵으로 대표되는 세폐의 시정을 관에 호소하기로 결정하고 호소단의 장두로서 오대현을 내세웠다.17) 결국 이 민회는 대정군수 채구석의 曉諭로 해산되었으나, 3일 후(5월 8일)에는 대정군 좌면의 주민들이 중면의 주민들과 더불어 民會所를 설치하여 대정군수에게 자신들의 요구사항을 제시하였다.18)

위 지역 가운데 특히 대정군 중면 지역은 빈농들의 화전 경작이 활발하

---

16)「뮈텔문서」(제주-69),「濟州牧大靜郡各里亂民作弊略抄」;「뮈텔문서」(제주-134),「濟州民亂殺人者姓名居住列錄」·「濟州大靜郡私立商務社首魁及三郡各里亂民狀頭姓名槪列目錄」;「뮈텔문서」(제주-146),「濟州民亂時의 加害主動者列錄」;「뮈텔문서」(제주-147),「濟州大靜郡私立商務社首魁及三郡各里亂民狀頭姓名錄」.
17)『全羅南北來案』과「평리원 판결선고서」, 吳大鉉의 진술 참조.
18)『全羅南北來案』참조.

였던 곳으로서, 火田稅·場稅 문제로 19세기 후반 대규모의 민란이 발생하였던 곳이기도 하다.19) 따라서 대정군 중면과 좌면의 주민들이 1901년에 와서 민회를 열어 이와 같은 민폐를 제시하였던 것은 결코 우연이 아닌 것이다. 즉, 등소운동이 민란으로 치달았던 주요 원인은 단순한 세폐와 교폐 때문이 아니라 대다수 빈농들의 생존권을 빼앗아 버린 데서 찾아야 할 것이다.

19세기 후반에 이르러 제주도의 농민들은 해안가의 소규모 토지경영 말고도 中山間 지대의 牧場田과 火田을 개간하여 갔다.20) 특히 빈농들은 자기소유지를 거의 확보하지 못하였으므로 목장전과 화전 경작에 나섰다. 또한 1894년의 貢馬制度 폐지 이후 목장토의 개간은 더욱 활발하여졌다. 이와 같은 개간지는 법제적으로는 국가소유지이지만, 영구경작권을 인정받음으로써 실제상으로는 民有地나 다를 바 없었다.21) 그런데 목

---

19) 1862년 민란과 1898년 민란이 주목된다. 이와 관련하여 다음의 논문을 참고하기 바란다. 權仁赫,「哲宗朝 濟州民亂의 檢討」,『邊太燮博士華甲紀念史學論叢』, 1985; 앞의 조성윤,「1898년 제주도 민란의 구조와 성격-남학당의 활동과 관련하여-」.
20) 貢馬를 기르는 목장 안에서 불법적으로 경작하는 토지를 牧場田(場田)이라 부르고, 중산간지대의 숲이나 산목을 불태워 경작하는 토지를 火田이라 부른다(權仁赫,「朝鮮後期 地方官衙 財政의 運營實狀-濟州의『事例』를 중심으로-」,『耽羅文化』16, 1996, 93쪽 참조).
21) 이영훈, 앞의「일제하 제주도의 인구변동과 경제사회구조」참조.
이러한 토지는 여러 자료에 다음과 같이 기록되어 있다.
① 有主場田之出舍音奪耕也(『全羅南北來案』)
② 有主公土을 出舍音奪耕事(『皇城新聞』光武 5年 6月 21日 別報, 濟州民擾察理使 黃耆淵의 報告)
③ ……公土라 稱ᄒᆞ야 貧民의 世代執耕ᄒᆞᄂᆞᆫ 田地을 奪取ᄒᆞ며……(『訴狀』五, 全羅南道濟州旌義大靜請願人李箕範等請願書)
④ ……貧民이 數畝公土을 廉價買得ᄒᆞ야 公稅을 納ᄒᆞ고 世代執耕ᄒᆞᄂᆞᆫ 田地를 敎人의케 斥賣ᄒᆞ오니……(同上)

장토에 대한 빈농들의 경작권을 빼앗아 버렸다는 것은 이들의 생존 기반을 없애 버린 것과 다를 바 없었다. 그리고 그러한 원인을 제공하였던 주체는 봉세관과 그와 결탁된 천주교민들이었다. 이 사실은 여러 자료에서도 확인되지만, 다음 『全羅南北來案』의 기록을 통하여 알 수 있다.

> 이 조사에 준하여 보면 소요의 원인은 하나는 봉세관이요, 둘은 천주교인이다. 중민이 호소한 일로 大亂으로 커져간 것은 전적으로 천주교인이 원인이다. 봉세의 일로 말하면 도민이 비록 우매하고 완고하기는 하나 나라가 부과하는 것의 막중함을 알아서 준행하지 않음이 없다. 세금을 거둔 監色은 거의 전부 교인 및 무뢰배였다. 公土에 자라는 나무에 세금을 매긴다고 했으나 私土의 나무에 거두고, 場土나 峯岳은 원래 작인이 있어서 돌담을 쌓는 공이 적지 않아 세금은 비록 가벼우나 모두 납부하였다. 다시 加耕稅라도 원래 작인으로 납세하도록 하고 옛날과 같이 경작하는 것이 衆民의 원하는 바이거늘 천주교인들이 토지가 비옥한 것을 골라내어 모두 경작권을 빼앗아 버렸다. 교인의 세력을 관장도 제압하지 못하였다.

결국 이와 같은 요인 때문에 민란이 반천주교적인 성격을 강하게 띨 수 있었던 것이다. 따라서 민회에 참여하였던 대정민들의 대부분은 화전민과 같은 빈농의 처지에 있는 기층민이었던 것으로 보인다.

그리고 대정군의 각 리에서는 5所任을 비롯한 향임세력들이 대거 민란에 참여하고 있음이 확인된다.[22] 향임층은 향촌사회의 권력을 장악하였

---

22) 「뮈텔문서」(제주-69), 「濟州牧大靜郡各里亂民作弊略抄」.

던 토착지배자들로서, 자신들의 기득권에 위협을 느낀 나머지 참여하였을 것이다. 강봉헌을 중심으로 한 새로운 징세세력의 출현과 천주교회의 사회세력화는 이들에게 상당한 위협이었을 것이다. 결국 대정군의 경우에는 과거 세금 징수를 둘러싸고 대립을 보여왔던 지방관·향임층과 빈농층 사이에 천주교회가 공동의 새로운 적대세력으로 인식되기에 이르렀다.

2) 제주·정의군 지역

다음으로 제주군(읍성 내 제외)이나 정의군 지역의 민란참여세력을 보도록 하자. 앞에서 본 바와 같이, 5월 8일에 대정군 좌면과 중면의 주민들이 민회를 가진 지 며칠 안 되어 제주군 서촌 龍水·高山·淸水 등 4개 리의 민인들이 대정군으로 몰려가서 관아에 피신해 있는 오대현을 색출하여 장두로 내세웠다. 그리고 곧바로 용수리에 民會所를 열었다.[23] 이 때 會民들은 다른 지역의 주민들까지 정소운동의 대열에 참여시키기 위하여 西來民과 東來民으로 나누었는데, 서래민의 장두에는 오대현, 동래민의 장두에는 강우백이 나서게 되었다. 정의군수 김희주의 보고에 의하면, 이들 동래민들은 정의군 우면 好近·法還里의 里綱 등을 위협하여 每村마다 男丁 백 명씩을 이끌고 나오게끔 하였다.[24] 이들 회민들은 頭毛·翰林 등지에 민회소를 두고서 州城으로 향할 준비를 하였다.

---

[23]「평리원 판결선고서」, 채구석의 진술.
[24]『全羅南北來案』.

제주군과 정의군의 민란참여자들의 지역별 분포 상황은 다음의 〈표 5-2〉를 통하여 짐작할 수 있다. 여기에 나와 있는 자들은 모두 각 리별로 민인들을 소집하여 민란에 참여하게 하는 주동 역할을 하였다.

〈표 5-2〉 제주군·정의군 지역의 민란주도세력

郡	里	성명(신분)
濟州郡	道頭里	金南用 父子 叔侄
	今岳里	姜錫朱
	挾才理	尹(萬戶), 高聖嶋
	頭毛里	左永日, 金宗守
	中嚴里	文太石, 文太權
	臥屹里	高石手, 李京云
	別刀里	金德仲
	朝天里	金基範
	杏源里	高乂
	武州里	田仁範
	松堂里	金基鳳, 韓平伊
	牛島里	金(司果)
	陳城里	申(千摠)
	德泉里	金(洞長), 姜(砲手)
	臥山里	趙石興, 金(砲手), 高應秩
旌義郡	上孝里	玄裕順(尊位) 父子, 趙淸水
	好近里	韓斗七, 邊用世, 金宗八, 許雲
	吾照里	高承吾

(출전 - 「뮈텔문서」(제주-134), 「濟州大靜郡私立商務社首魁及三郡各里亂民狀頭姓名槪列目錄」; 「뮈텔문서」(제주-147), 「濟州大靜郡私立商務社首魁及三郡各里亂民狀頭姓名錄」)

우선 표에는 나와 있지 않지만, 위에서 보듯이 제주 읍내로 향하는 등 소운동을 주도하였던 자들은 대정군에서 가까운 제주군의 龍水·高山·

淸水里 등지의 민인들이었다. 이 지역은 제주도 내의 타 지역에 비해서 토지가 비옥하여 농사가 잘되었던 곳이다. 그러므로 이 지역의 주민들은 봉세관으로부터 더욱 심한 수탈의 대상이 되었을 것이다.25)

다음으로는 今岳·松堂·臥屹·德泉·臥山·上孝·好近里 등 중산간 마을의 주민들이 주로 참여하고 있음을 알 수 있다. 이는 중산간 지대가 주로 목장토로 이루어져 있었으므로 봉세관의 집중적인 수탈 대상이 되었기 때문이다. 앞의 대정군의 경우에서도 보았듯이, 목장토는 대개 중산간 지대에 거주하는 빈농들이 경작하던 토지였다. 비록 국유지이지만 지역민들이 공동으로 개간에 참여하여 공동 소유로 인식하여 왔던 토지였다. 이러한 토지에 대한 집중적인 수탈은 결국 지역민 전체를 민란에 참여하게 하였던 요인이 되었을 것이다.

또한 道頭·中嚴·挾才·別刀·朝天·武注·杏源·吾照里 등의 海村 마을 주민들도 참여하고 있다. 이 지역에는 공토 수세 외에도 특히 魚基·魚網稅가 집중적으로 부과되었다.26) 이를 표로 작성하면 다음과 같다.

---

25) 봉세관 강봉헌이 龍水里에 속하여 있는 공토를 대상으로 하여 부과한 세금 액수는 합계 122냥 8전 6푼으로서, 舊右面 전체 액수 835냥 3전의 14.7%에 해당된다(『光武四年 濟州郡各公土調査成冊』奎-20670). 여기에 목장토는 제외되어 있으므로, 이 지역 농민들의 부담이 무거웠음을 알 수 있다.
26) 『光武五年 濟州牧三郡各浦魚基魚網稅及魚藿口文成冊』(奎-20674).

〈표 5-3〉濟州三郡 漁基·漁網稅

漁基稅	濟州郡	拱北崑屹角浦 200兩, 三陽熊助陳作浦 200兩, 咸德東西沙深浦 600兩, 東福尾水岳浦 120兩, 金寧論江浦 200兩, 武注寒沙率來浦 230兩, 杏源水深浦 120兩, 坪垈浦 125兩, 細禾浦 125兩, 上道西瑟浦 100兩, 龍潭浦 30兩, 道頭黑沙浦 600兩, 郭支長沙浦 300兩, 錦城島設浦 300兩, 貴德浦 30兩, 挾才鼎足浦 90兩
	大靜郡	沙溪浦 120兩
	旌義郡	表善龍塘浦 120兩, 古城方頭浦 120兩
漁網稅	濟州郡	新村 70兩, 朝天 70兩, 北村 70兩, 金寧 35兩, 下道 35兩, 終達 70兩, 下貴 105兩, 中嚴 35兩
	大靜郡	
	旌義郡	吾照 35兩
各浦作定口文		左各浦都主人 高用弼 1,500兩, 右各浦都主人 崔泰瑞 1,500兩
合計		7,355兩

표에서 보듯이, 漁基·漁網稅는 주로 제주군과 정의군의 해촌을 대상으로 하여 부과되었다. 이 지역들은 대체로 〈표 5-2〉에 나와 있는 민란참여 지역과 일치하고 있다. 따라서 제주군의 경우에는 토지 수탈 외에 어장을 대상으로 수탈이 이루어져서 어민들도 민란에 적극적으로 참여하였을 것이다. 특히 〈표 5-2〉에 보이는 제주군의 頭毛里나 挾才里에 민회소가 설치되었기 때문에 이 지역 주민들의 참여가 많았을 것이다.

3) 濟州邑城 내

제주읍성 내의 참여자들은 민군이 5월 28일 제주성에 입성하기 전인 5월 23일부터 봉기하였다. 이들은 성문을 여는 데 앞장섰을 뿐만 아니라 민군이 입성하였을 때 성내에 있는 천주교민들을 고발하거나 직접 살해하였다. 「뮈텔문서」에는 '城內南丁狀頭'라 하여 남자 21명, '城內女人狀頭'라 하여 여자 19명의 명단이 기록되어 있다.27) 이들의 신분을 모두 확인할 길은 없으나, 이들 가운데 서울로 압송되어서 재판을 받은 金南赫과 李元方의 경우에는 판결문 기록이 남아 있어서 이들의 신상을 파악할 수 있다.28)

김남혁은 당시 나이가 33살이었고 읍성 내에서 품팔이를 하고 있었다.29) 따라서 그는 빈민의 처지에 있는 자라고 할 수 있다. 김남혁은 성내에서 민인들을 규합하여 민회를 여는 등 장두의 역할을 수행하였다. 그리고 성 밖에 있는 이재수 등 민군 지도부와 비밀서한을 교환하는 등 연결되고 있었다. 결국 그는 5월 28일 성내 민인들과 더불어 성문을 열어서 민군이 제주성에 입성할 수 있게 하였다. 한편 이원방(44세)은 서문 안에 거주하였는데, 尊位 지위에 있던 자였다. 그는 이재수가 입성하였을 때 천주교민 高伯年(고백령인 듯)을 민군 측에 고발하였다.

그러므로 제주읍성 내에서는 김남혁과 같은 빈민층, 이원방과 같은 향임층, 부녀자들이 주로 참여하고 있다. 특히 부녀자들의 참여가 두드러지게 보이고 있다.30) 그리고 「뮈텔문서」에는 위의 명단과는 별도로 巫女·

---

27) 「뮈텔문서」(제주-134), 「濟州大靜郡私立商務社首魁及三郡各里亂民狀頭姓名槪列目錄」.
28) 「평리원 판결선고서」.
29) 『續陰晴史』에는 金南赫을 절도죄로 징역형을 치른 자로 소개하고 있다(光武 5년 5월 25일).
30) 읍성 내 취회 시에 부녀자가 거의 반을 넘었으며(『續陰晴史』光武 5년 5월 25일), 성문을 열 때에도 여인들이 주도적으로 나섰다(같은 책 光武 5년 5월 28일). 그리고 민군 지도부가 체포되었을 때 東村과 西村의 여인들이 대거 몰려들어 장두의 석방을 요구하기도 하였다(같은 책 光武 5년 6월 14일, 15일).

妓氏・閣氏・妾들이 앞장서서 교민을 체포하고 성문을 여는 등 주도적인 역할을 수행하였다고 기록되어 있다.[31] 이들은 천주교 측에서 전교하는 데 문제로 삼았던 계층이었다. 당시 선교사들은 특히 미신이나 蓄妾에 대하여서 부정적이었다.[32] 그러므로 이들 계층은 천주교에 대한 종교적・문화적・사회적 이질성 때문에 반천주교 의식이 강하였을 것이다.

---

31) 『續陰晴史』에는 성문을 열 때 장두로 나섰던 金南赫 외에 여장두로서 退妓 滿城春과 時妓 滿城月이 나섰다고 기록되어 있다(光武 5년 5월 28일).
32) 본서 제3장 참조.

⟨자료 2⟩ 민란지도자에 대한 평리원 판결선고서

    전라남도 대정군 거주   전 향장 나이 27
     피고   吳大鉉

    전라남도 대정군 거주   이강 나이 25
     피고   李在守

    전라남도 대정군 거주   이강 나이 41
     피고   姜遇伯

    전라남도 제주목 거주   머슴 나이 34
     피고   金南赫

    전라남도 대정군 거주   목수 나이 29
     피고   趙士成

    전라남도 제주목 거주   포수 나이 64
     피고   高永守

    전라남도 제주목 거주   존위 나이 44
     피고   李元方

전라남도 정의군 거주　　뱃사람 나이 36
　　　　피고　　　　　　　　高三伯

　　전라남도 대정군 거주　　이강 나이 67
　　　　피고　　　　　　　　姜伯伊

　　전라남도 영암군 거주　　장사꾼 나이 50
　　　　피고　　　　　　　　馬贊三

　위의 피고 오대현과 이재수와 강우백과 김남혁과 조사성과 고영수와 이원방과 고삼백과 강백이와 마찬삼 등에 대한 안건을 검사하여 고소함으로 연유하여 이를 심리하였다.

　피고 오대현은 대정군 향장을 지냈다. 금년(1901년) 음력 3월 17~18일 (양력 5월 5~6일: 이하 모두 음력으로 표기되었음) 사이에 대정군 민인들이 세폐를 견디기 어렵다고 하고 釐正할 것을 정소하고자 郡底에 모여서 피고(오대현)를 강제로 잡아서 장두가 되어 줄 것을 청하였다. 그러나 피고의 생각에 향임의 자격으로 민인을 위한 장두가 된다는 것이 매우 부당할 것 같아서 관아에 피해 들어가서 이틀간 유숙하였다. 그랬더니 본 군수(대정군수 채구석)가 몸소 민회소에 가서 (민인들을) 효유하여 물러가게 하였다. 그런데 동월 20일 사이에 제주목의 민인 등 수천 명이 대정민이 해산하였다는 소식을 듣고 무리를 지어 (대정군으로) 와서 피고를 찾아다니는 사이에 피고는 민가에 피신하였다. 그랬더니 제주목의 민들이

제5장 민란의 주도와 참여　215

군민(대정군민)을 구박하여 결국 피고에게 왔다. 衆民의 말 가운데 "네가 만약 장두로 나서지 않으면 여러 사람들에게 밟혀 죽는 것을 면하기 어려울 것이다."라고 하는 까닭에 피고가 결국 위협을 받아 제주로 향하였다. 향하는 길에 한림동에 이르러 한편으로는 설득하고 또 한편으로는 애걸한즉 중민이 곧 해산하려고 하는데, 갑자기 (천주)교인 수백 명이 각각 총칼을 들고 한림동에 쇄도하여 민회(민들이 집결하여 있는 곳)를 향하여 총을 쏘아서 몇 사람이 중상을 입었다. 피고도 역시 교인들에게 잡혀서 사경에 이르렀는데, 마침 서리 목사 김창수가 변고를 듣고 와서 교인들을 효유하여 피고를 押去하여 감옥에 가두었다. 삼군의 민인들이 장두를 구출한다고 하여 흩어졌다가 다시 합쳐져서 그 수가 더욱 많아졌다. 교인들이 곧바로 대정으로 들어가서 군기를 꺼내어 성에 의거하여 마구 발포함에 (대정)군민 3~4인이 죽거나 부상을 당하였다. 다음날에는 삼군의 교도를 이끌고 군기를 들고 곧바로 제주로 향하여 성에 올라 포를 설치하고 성문을 닫아 수비하였다. 삼군의 민인들은 황사평에 집결하고 한편으로는 양진으로 나누어서 동·서문 밖에 주둔하여 이재수는 서진장이 되고 강우백은 동진장이 되어 서로 대치하기를 14일이란 오랜 기간이 되었다. 하루는 교인들이 남문을 열고 나와서 발포함에 민인 다수가 피살된 까닭에 민중들의 마음이 더욱 격렬해져 (민인들은) 山砲手를 모집하여 성을 격파시키고자 하였다. 이에 성안이 위급해져서 피고를 내보내어 중민을 효유하게 하였다. 피고는 (민인의) 진영(동진)에 들어가 장두가 되어 성을 공격하였다. 상황이 더욱 급박하여지니 성안의 민인들이 땔감이 떨어지고 양식이 부족하여 생계가 막연해지게 됨에 따라 남녀가 힘을 합하여 앞을 다투어 성문을 열었다. 이에 이재수는 서문으로 먼저 들어오고 피고

와 강우백은 동문으로 들어와서 교인들을 다투어 죽였다. 죽은 자가 매우 많았는데, 다행히 교사(신부)에게는 해를 입히지 않았다.

피고의 공술에 의하면, "교사가 해를 입지 않은 것은 자신의 노력이었지만, 많은 교인이 피살당한 것은 자신이 주모한 데서 비롯된 것이므로 황공무지하며 감히 변명할 수가 없습니다."라고 하였다.

피고 이재수는 대정군 인성리 이강에 있었는데, 본년(1901년) 음력 3월 보름 사이에 대정 일읍의 민인들이 봉세관의 세폐의 이정을 정소하고자 모여서 군에 들어간즉 향장 오대현이 이미 바뀌어 버리고 이름을 모르는 강씨가 새로이 부임하였다. 모인 사람들이 오대현에게 장두가 될 것을 청하여 정소를 하려고 할 때에 본 군수(채구석)가 대정군에서 상사에 보고하여 민원에 따라 폐단을 시정하겠다고 다수의 민인들을 효유시켜 해산하게 하였다. 따라서 모두 각자 귀가하였었는데, 제주(목)의 민인들이 (해산의) 소문을 듣고 선동하여 대정으로 쇄도하여 와서 오대현을 잡아서 장두로 삼고 제주목의 지경에 당도하였다. 그랬더니 서리 목사(김창수)가 몸소 와서 효유하였는데, 역시 대정군수와 같이 약속하였다. 따라서 민인들이 해산하려고 할 즈음에 교인 백여 명이 총칼을 들고 쇄도하여 민회를 향하여 발포하고 오대현을 결박하여 때려서 거의 사경에 빠뜨렸으므로 구출하여 감옥에 가두었다. 교인들이 대정군에 들어가 군기를 탈취하고 곧바로 제주로 향하여 가서 문을 닫고 수비하였다. 그런즉 삼군의 민인들이 모두다 오대현이 이미 죽은 줄로 알고 서로 말하기를 "우리들이 세폐를 시정하려고 하다가 헛되이 인명을 빼앗겼으니 마음을 같이하여 죽지 않을 수 없다."라고 하였다. 민인들은 제주로 달려갔으나 교도들이 이미 성문을 굳게 닫고 수비하면서 발포하는 까닭에 제주성의 동서에 주둔하였던 민인 중에 총탄에 맞아서 죽은 자가 도합 18인이었다. 이에 衆心이 더욱 격해져서 사냥꾼 포수를 모아서 한 마음으로 항전하였다. 14일의 오랜 기간에 이르자 성안에는 땔감과 식량이 모두 떨어졌다. 4월 초9일에 글을 만들어 성안에 던져서 말하기를, "만약 문을 열지 않으면 성안에 불을 지르겠다."라고 하니, 그 다음날 초 10일에는 성안의 민인 김남혁 등의 답서가 문틈 사이로 나왔다. 11일 정오에 다투어 일어나서 성문을 열고 회민을 불러들였으므로 일제히 몰려들어가서 성안의 민인들과 함께 힘을 합하여 충돌하였다. 교인들은 잡히는 대로 피살되었다.

피고의 공술에 의하면, "나는 이강으로서 동민들을 데리고 민회에 나아갔습니다. 교인들이 비록 다른 나라의 글을 배웠다고는 하나 본시 우리 나라의 臣民인데, 한번 교회에 들어가면 관에서도 다스릴 수가 없고, 감히 두려움도 없이 남의 재물을 빼앗고 남의 소송에 간여하여도 감히 누구도 어찌할 수가 없고 심지어 인명을 살상하여도 감옥에 가두지 못합니다. 금번 삼군의 민인들이 세폐를 견디지 못하여 일제히 모여서 호소한 것이 어찌 교인들에게 관계되겠습니까? 그런데 군기를 빼앗아서 성을 함락시키고 발포하니 이게 역적이 아니겠습니까? 우리들이 죽인 것은 역적인 것이요 양민들이 아닙니다. 그러니 비록 죽어도 원한이 없습니다."라고 하였다.

피고 강우백은 대정군 월평리 이강을 지냈다. 피고가 사는 마을에서 대정군과의 거리는 80리가 되고 또한 집에는 老父가 있어서 侍病하여 떨어질 수가 없었던 까닭에 맡아 있는 이강의 임무도 곧 解免하려 할 즈음이었다. 이러한 때에 군민들이 세폐의 일로 이정할 것을 정소하러 본 군(대정군)에 들어갔다. 마침 그때 향장 오대현이 副吏房 김옥돌과 간음 사건으로 서로 싸우고 있었다. 김옥돌은 교인이었으므로 오대현은 교도들에게 곤욕을 당하였다. 때문에 많은 민인들이 오대현에게 장두가 될 것을 청하여 세폐와 교폐를 바로잡고자 하였다. 그러나 대정군수(채구석)의 曉飭에 따라 해산하게 되었다. 이에 제주목의 민인들이 소문을 듣고 일어나 대정군민들과 합세하여 오대현을 찾아서 장두로 삼고 제주로 향하는 길에 한림동에서 유숙하였다. 그런데 교인들이 병기를 들고 쇄도하여 희민들을 상해하고 오대현을 결박하고 때려서 거의 사경에 이르게 하였다. 이에 서리 목사(김창수)가 변고를 듣고 와서 겨우 오대현의 목숨을 구하고 제주군으로 돌아왔다. 교인들은 대정군으로 되돌아가서 군기를 탈취하고 성에 의거, 발포하여 인명을 살상하고는 제주로 향하여 갔다. 그때에 피고는 그의 부친의 병으로 집에서 侍湯하다가 가서 보지는 못하였다. 동월 24일에 동민들이 와서 피고에게 독촉하여 말하기를 "방금 장두 오대현이 민인들을 위하여 폐단을 시정하려고 하다가 오히려 교인들에게 구타를 당하여 제주로 잡혀갔으므로 반드시 죽었을 것이다. 그러니 삼군의 민인들이 한마음으로 힘을 합쳐서 호소하러 제주로 향하고자 하니 당신은 이 마을의 이강으로서 어찌 민인들을 이끌고 가지 않겠는가?"라고 하였다. 피고는 고사하였지만, 그러지 못하여 동민들과 더불어 모두 제주로 갔다. 삼군의 민인들은 황사평에 屯聚하여 양진으로 나누어져 있었다. 이재수는 서문 밖에 둔을 쳐서 서진장이 되고, 피고는 동문 밖에 둔을 쳐서 동진장이 되었다. 교인들은 이미 성안으로 들어가서 성에 올라 포를 묻고 문을 닫아 나아가지 않았으므로 중민의 힘으로는 적에게 대항할 수 없어서

산포수를 불러 모아서 성을 향하여 포로써 응사하였다. 오랜 기간 서로 대치하다가 4월 11일 정오에 성안의 민인 김남혁이 부녀자들을 이끌고 힘을 합쳐서 문을 열었다. 따라서 중민이 일제히 성안으로 밀려 들어왔다. 피고는 서진장 이재수와 더불어 동문으로 들어와서 관덕정 포원 위에 둔취하여 성안의 남녀와 삼군의 민인들이 잡아 온 교인들을 살해하였다. 이러한 점은 피고가 오대현·이재수와 더불어 또한 다를 바 없이 똑같다.

피고 김남혁은 제주성 안에서 품팔이를 함으로써 생활하였다. 금년(1901년) 음력 3월 사이에 삼군이 교인들과 더불어 서로 싸운 바가 있었다. 이때 제주성을 서로 거점으로 삼으려 하였는데, 교도들은 먼저 성안으로 들어가서 포를 묻고 총을 쏘면서 문을 닫고 나오지 않고, 회민은 동·서문 밖에 둔취하였다. 서로 대치하기 10여 일 만에 성안의 땔감과 양식이 모두 떨어져서 인심이 흉흉하더니, 서문 밖에 둔취힌 장두 이재수의 辭通의 내용에 "만약 문을 열지 않으면 마땅히 성안에 불을 놓겠다."라고 하였다. 그 까닭에 답신을 작성하여 내보내고 4월 초 8일에 피고가 성안의 여러 민인들과 더불어 관정에 일제히 소청하여 문을 열 것을 청하였다. 본 군수가 교사와 더불어 약정하여 동월 11일 오후로 문을 열 것을 허락하였기 때문에 물러나와 기다렸다. 그랬더니 11일 오후에 이르러서도 문이 열리지 않을 것 같기에 피고가 다시 중민 남녀와 더불어 관정에 호소한즉 교사가 이후 4~5일을 기다려 줄 것을 간절히 사정하였다. 이에 성안의 남녀가 일시에 함께 일어나서 즉시 동·서문을 열고 중민을 불러 들여서 교인들을 살해하게 만들었다. 이러한 사실은 오대현·강우백·이재수·김창수·채구석 등의 참고 증언이 있어 확실하고 증거가 있다.

피고 조사성은 강우백의 진중 집사로서 금년(1901년) 음력 3월 23일에 강우백의 지휘를 받아서 민인 수천을 이끌고 정의군 위미리에 이르러 5강임(향임)을 초치하여 군사를 내어 민회에 나아갈 것을 엄칙(엄중히 타일러서 경계함)하고 동쪽 길로 돌아서 정의군의 민인들을 궐기하게 하여 제주로 향하여 민요를 일으켰다. 이러한 사실은 강우백·고삼백 등의 참고 증언으로 명확하다.

피고 고영수는 獵砲(사냥 포수)를 직업으로 하였다. 날짜가 불명확한 금년(1901년) 음력 4월 초에 강우백이 중민 수천을 이끌고 피고가 사는 마을을 지나다가 民丁을 책출하고 또 포군을 소집하는 까닭에 피고가 감히 거역할 수가 없어서 이웃 마을의 엽포 3명과 더불어 같이 가서 참여하였다. 피고의 공술에 의하면, "매번 밤을 지내는 때에 헛되이 포성을 냄으로써 잠자는 사람들을 놀라게 했을 따름이지, 처음부터 한 사람도 죽인 일이 없다."라고 하나 흉기를 몸에 지녔다.

피고 이원방은 서문 안의 존위이다. 이재수가 입성할 시초에 먼저 피고를 잡아서 세례받은 교인의 이름을 말하라고 하여 그러지 않으면 죽이겠다고 하였다. 때문에 피고의 처와 마을 주민이 본군에 호소한즉 신부가 군 관아에 마침 있다가 찾아와서 애초에 입교하지 않았음을 말하여 겨우 살아났다. 그러나 난민의 위협은 이기지 못하여 교인 고백년을 민회에 잡아들이게 하여 목숨을 유지하고 그 외에는 한 사람도 가리키지 않았다. 피고를 압송할 적에 해당 마을의 민인들이 피고를 위하여 올린 소장을 열람한즉 중민이 먼저 피고를 잡아서 결박하여 구타하고 교도를 잡아 오게 한즉 가까스로 화를 면하고 里民들과 더불어 교당을 수색하여 교인을 잡아간 것이라 하였다. 그런즉 피고가 난민의 지시를 따라서 교민을 잡아들인 정절(사정)을 숨기기 어렵다.

  피고 고삼백은 본년(1901년) 음력 3월 23일 대정군에 사는 강우백 · 조사성 등이 민인 수천 인을 거느리고 위미리에 이르러서 5강임을 초치하여 각 순번(지방군)으로 하여금 민회에 응하라고 명령을 내리되 만약 민회에 응하지 않으면 강임은 당연히 죽일 것이다라고 하는 까닭에 감히 어기지를 못하였다. 피고는 또한 동장으로서 4월 초 9일에 민회소에 가서 보니 죽은 자가 30여 명이어서 정신이 혼미해져 잠시 피신하였었다. 그랬다가 잡혀가서 본즉 현유순(1901년 2월 오신락 노인 사망 사건의 단서를 제공하였던 인물, 마을 훈장을 지냄)을 잡아오라는 사발통문을 피고로 하여금 쓰게 하는 까닭에 부득이 응하여 썼다. 13일 밤에 도피하였더니 그 다음날에 피고가 사는 마을의 강임을 결박하고 피고를 잡아오라는 명령이 급히 내려지는 까닭에 피고의 처자가 민회소에 잡혀가서 대세가 어찌할 수 없어서 스스로 민회소에 나타났다. 그랬더니 총살시키겠다고 하므로 애걸복걸하여 곤장 20대를 맞고 입과 코에서 피를 흘렸던 모습은 삼군의 민인들이 다 알 것이다라고 하였다. 그리하여 교인 5명(민회 측에서 지목하였던 교폐를 일삼았던 교인: 고시준 · 최형순 · 나운경 · 박전대 · 이기선 등)을 얻으면 강화할 뜻을 담은, 교사에게 보낼 답서를 피고가 작성하였다. 이러한 사실은 강우백의 문초 내용에 나와 있으나, 그 대질하는 자리에서는 강우백이 거짓으로 공술하는 모양으로 자복할 뿐이었다. 이재수의 공술 내용에는 위의 답서를 양재근이 쓴 것이라고 한즉 피고가 해당 서찰을 쓰지 않았음은 증거가 있다. 비록 그러하나 당초 민회에 나아가서 서찰을 쓰는 역할을 수행하였던 죄는 면하기 어렵다.

  피고 강백이는 대정군 상회(상무사)를 처음 설립했을 때에 피고가 상무사의 반수 이명석을 가서 보고 상무사에 참여할 것을 원하여 좌목에 제3차로 서명하였다. 본년(1901년) 음력 3월 보름 사이에 본 군수(채구석)가 상민들을 불러들여 상무사를 혁파할 것을 권유하는 까닭에 이에 좌목을 불사르고 혁파하여 해산하였다. 3월 20일 사이에 (대정)군민 및 (제)주민이 대정읍에 함께 모여서 오대현을 강제로 잡아서 장두로 삼고자 하는데, 피고가 오대현과 함께 같은 마을에 살았고 또한 이강을 지냈다. 따라서 중민들에게 잡혀서 위협을 참지 못하고 오대현이 있는 곳을 가리켰을 뿐이었다. 피고는 그때에 (민인들에게) 맞아서 중상을 당하였기 때문에 5개월 동안 와병하였고, 그러므로 민요에 관여하지 않았다고 하였다.

  피고 마찬삼은 연전에 대정군에 거주하면서 말을 행상하는 것을 직업으로 하였다. 본년(1901년) 음력 2월 보름 사이에 본 군 상무사를 설치하였을 때에 피고가 거기에 참여하여 收錢有司의 임무를 맡았다. 그 후 민요에는 실로 무관하다 하였다. 그러나 피고 강백이·마찬삼은 비록 민요에 참여하지는 않았다고 하나, 민요의 일어남이 점차 상무사로부터 비롯된 것이다. 피고 등이 모두 상무사에 참여하였으므로 또한 모두 용서하기가 어렵다. 위의 모든 사실은 피고들의 각기 진술에 입증하여 보건대 명백하다.

피고 오대현은 『大明律』 人命編 謀殺人條의 凡謀殺人造意者의 律과 『大典會通』 推斷條의 軍服騎馬作變官門者의 律로 『大明律』 名例編 二罪俱發以重論條의 凡二罪以上俱發罪各等者從一科斷의 文에 비추어 교수형에 처한다.

피고 이재수·강우백은 『大明律』 人命編 謀殺人條의 凡謀殺人從而加功者의 律과 『大典會通』 推斷條 軍服騎馬作變官門爲從者의 律로 『大明律』 名例編 二罪俱發以重論條의 凡二罪以上俱發以重者論의 文에 비추어 교수형에 처한다.

피고 김남혁·조사성·고영수·이원방은 『大典會通』 推斷條의 軍服騎馬作變官門爲從者의 律에 비추어서 태 1백, 징역 종신형에 처할 것이나, 김남혁은 이재수의 투서에 두려워하여 행동함으로 놀라서 목숨을 도모할 생각으로 성문을 열었던 것이므로 고의로 한 것으로 보기에는 어렵고, 조사성은 강우백에게 위협을 받아서 수행하였으므로 그 정상을 참작하여 용서하기에, 둘 다 본 율에 일등을 감하여 태 1백, 징역 15년형에 처한다. 고영수는 일개 필부로서 나이가 거의 칠순인데다가 난민의 위협을 받아서 총을 들고 수행하였으니 고의로 살인을 행한 증빙이 없고, 이원방은 이재수에게 강제로 잡혀서 좇았으나 교인 가운데 40여 인을 구호한 일이 있으므로 그 정상을 헤아려서 본 율에 이등을 감하여 태 1백, 징역 10년형에 처한다.

피고 고삼백·강백이·마찬삼은 『大明律』 犯編 不應爲條의 凡不得爲而爲之事理重者의 律에 비추어서 태 80에 처한다.

광무 5년 10월 9일
평리원 검사 안종덕, 검사 피상범, 검사 김낙헌 입회

평리원
 재판장 이근택
 판사 오상규
 판사 신경균
 판사 김기조
 판사 박경양
 주사 박유관

제6장

민란 이후 천주교회의 동향

제6장
민란 이후 천주교회의 동향

1. 민란 직후 제주지역 교회의 반응

　1901년 제주민란 직후 교회 측은 교민 피살이 있은 뒤에도 제주사회의 분위기가 교회 측에게 상당히 불리하게 형성되고 있다고 파악하였다. 교민들은 자기들에 대한 살해는 보상을 받고, 살아남은 교민들은 약탈당하고 경멸의 대상이 된다고 하였다. 마을마다 교민들의 배교가 불가피한 상황이었고, 민군의 지도자들을 동정하고, 피살된 교민들과 살아남은 교민들에게는 비난의 여론이 형성되었다. 찰리사 황기연이 민군 측에서 작성한 보고서에 의존하여 사건을 처리함으로써, 공직에 있던 교민들이 면직되고 있다고 우려하였다.[1] 민란의 진원지였던 대정군의 교민들은 더욱

---

1) 「뮈텔문서」, 라크루 신부의 1901년 6월 20일자 서한. "교민들이 백정보다 더 멸시당하고 있다. 그들은 예전에 있던 모든 일자리에서 떨어져 있다. 남아 있는 교민들은 어떤 희생을 치르더라도 '인심'을 얻도록 굳게 결심을 하고 있다."(「뮈텔문서」, 라크루 신

심한 피해를 입었다.[2]

교회는 당시 여러 마을에서 주민들의 교민에 대한 박해가 사사로이 이루어지고 있다고 보았다. 교민들을 '법국 새끼'로 취급하는 사례가 빈발하였다. 라크루 신부는 9월에 이르러도 어려움에 처해 있는 교민들을 자신이 직접 나서서 돕지 못하는 상황이라고 하였다. 남녀 교민들을 '도가'라는 공공건물에 모아 놓고 그들의 가족들이 보는 앞에서 옷 벗는 것과 때리는 것을 보게 하였고, 아이들도 부모 보는 앞에서 모욕을 당하였다고 하였다. 한 교민은 색달리 강상호가 여신자들을 자기 방에 불러들여 문을 잠그고 옷을 벗게 하고 매질을 하였다고 진정하였다.[3] 불타버린 교민들의 집은 한동안 다시 짓지 못하였다.[4]

민란이 끝난 후 제주에는 중앙으로부터 여러 관리들이 파견되었다. 당시 제주교회는 이러한 지방관들을 계속 적대적으로 인식하고 철저하게 불신하였다. 교회 측은 제주민란의 이면에 대정군수 채구석과 같은 지방관들의 반교회적인 입장이 작용하였다고 파악하였기 때문에, 교회의 지방관에 대한 반감은 쉽게 해소되지 않았다.

우선 교회 측은 신임 대정군수 허철에 대하여, "신자들에게 잔인할 정도로 엄격"하고, "마을의 우두머리들에게 교민들을 단죄토록 하고 그들에게 벌금을 내리고 태형을 가하며 중노동형을 부과하도록 허락"하였다고 지적하였다.[5] 교민들을 탄압하는 강상호와 그 일당이 대정군수와 향

부의 1901년 9월 14일자 서한). 실제 향리층 교민들이 배제되는 사례가 확인된다.
2) 『뮈텔 주교 일기』 1901년 8월 26일.
3) 「뮈텔문서」, 라크루 신부의 1901년 9월 28일자 서한.
4) 위와 같음.

교 회장의 측근들이라고 하였다.6) 또한 교민들이 군수에게 하소연하는 것을 허용하지 않았다고 할 정도로 철저하게 불신하였다.7)

신임 제주목사 이재호에 대해서는, "전 목사 이상규만큼 탐욕스러운 자"라고 악평하고,8) "목사는 어리석고, 진정서에 좋은 대답만 해줄 뿐이고, 불행한 신자들을 돌보지 않는다."라고 하였다. 또한 "그는 서울에서 내려오는 명령도 무시할 뿐만 아니라, 신자들에게 그토록 나쁜 짓을 한 사람들 중 단 한 명도 때리지 않았다."라고 하였다. 목사를 야비한 자라고 혹평하고 있다.9)

서울서 파견된 검사시보 황진국10)에 대해서는, 서울로부터 교민을 살해한 자들을 처벌하라는 명령을 받고도 무시한다고 생각하였다. 교회 측에서는 그를 완고하고 신임 없는 인물로 평가하였다.11) 그는 1902년 6월경 잠시 서울로 갔다가 7월에 다시 제주로 돌아오게 되었는데, 당시 교회 측은 그가 제주로 돌아오지 않기를 바랐다. 라크루 신부는 주교에게 그의 귀환을 막아줄 것을 요청하기도 하였다.12)

한편 1903년 부임한 제주목사 홍종우에 대해서는 원만한 관계를 유지

---

5) 「뮈텔문서」, 라크루 신부의 1901년 9월 14일자 서한.
6) 「뮈텔문서」, 라크루 신부의 1901년 9월 28일자 서한.
7) 위와 같음.
8) 「뮈텔문서」, 라크루 신부의 1901년 9월 14일자 서한.
9) 「뮈텔문서」, 라크루 신부의 1901년 9월 28일자 서한.
10) 1901년 8월 19일 제주사건을 심사하기 위하여 제주목 검사시보로 임명되었다(『官報』 1901년 8월 23일).
11) 「뮈텔문서」, 라크루 신부의 1902년 2월 19일자 서한.
12) 라크루 신부는 "그는 신자들에 대해 말하는 것을 들을 때마다 조사를 했고, 죄가 없는 것으로 인정받은 신자들을 옳다고 보지 않았던 자이다."라고 하여 제주에 오지 않기를 바랐다(「뮈텔문서」, 라크루 신부의 1902년 6월 30일자 서한).

하였다. 홍종우는 뮈텔 주교나 플랑시 공사가 신임하는 자였기 때문이다.13) 라크루 신부는 이전의 지방관들보다 홍종우가 교회에 대하여 원만하기는 하지만, 그를 전적으로 신뢰하지는 않았다.14) 그러나 1903년 6월 홍종우 목사가 라크루 신부를 직접 방문하여, 모든 오해가 해소되고 관계가 좋아졌다.15) 이에 따라 목사의 이방이 가로챈 교민 홍율리아나의 밭과 수확한 보리를 반환하기도 하였다.166)

민란 직후 교회는 잔여 교민에 대한 보호에 주력하였다. 1901년 6월 9일 알루이트호가 다시 오자, 위협을 느낀 교민들이 라크루 신부에게 배를 타고 목포로 피신할 것을 희망하였다. 이에 무세 신부가 50여 명의 교민을 데리고 목포로 갔다.17) 이들은 대부분 제주본당(대로동본당)의 교민들이었다.18)

이후에도 새로운 학살의 위험과 가난 때문에 제주에서 살기 어려워진 교민들 중 일부는 목포로 이주하였다. 제주본당의 경우 다섯 교민 가정이 목포로 떠났다. 부친이 피살된 조다비드는 다섯 명의 영세자를 포함한 열 명의 가족 전부를 데리고 목포로 갔다. 또한 부친이 피살된 최바르바라 역시 모친 엘리사벳과 함께 고향 전라남도로 떠났다. 제주도의 첫 영세자인 윤요셉도 누이와 가족들을 데리고 목포로 가서 근처에 정착하였다. 조

---

13) 홍종우는 제주로 부임하기 전에 플랑시 공사와 뮈텔 주교를 직접 방문하여 제주도의 신부들과 원만하게 지내고 싶다는 의향을 전하기도 하였다(『뮈텔 주교 일기』 1903년 2월 5일; 2월 15일).
14) 「뮈텔문서」, 라크루 신부의 1903년 3월 12일자 서한; 1903년 6월 11일자 서한.
15) 「뮈텔문서」, 라크루 신부의 1903년 6월 17일자 서한.
16) 「뮈텔문서」, 라크루 신부의 1903년 6월 19일자 서한.
17) 「뮈텔문서」, 라크루 신부의 1901년 6월 11일자 서한.
18) 「뮈텔문서」, 김원영 신부의 1901년 6월 12일자 서한.

마르코・박베난시오・송요한의 가족도 교회에 알리지 않고 육지로 향하였다. 1902년 4월에는 한 예비신자 가족 9명이 제주에서 부산으로 가다가 배가 침몰하여 익사하기도 하였다.[19] 한편 라크루 신부는 살해된 예비신자와 새 신자들의 자녀들을 聖嬰會에 수용하여 보호하였다.[20]

2. 피살 교민 매장지・배상금 문제

민란 직후 피살된 교민들의 매장지와 배상금 문제가 불거져 나왔다. 교민들의 매장지 문제는 1901년 제주목사 이재호가 프랑스 함대장과 약속을 한 뒤 2년 가까이 끌어오다가, 1903년 1월에 제주목사로 부임한 홍종우가 라크루 신부와 교섭하고, 프랑스 공사와 대한제국 정부와의 교섭에 의해 1903년 11월 사라봉 남쪽에 있는 황사평(현 제주시 화북2동 황새왓)으로 결정되었다.[21] 이 매장지 건에 관해서는 1913년 5월에 뮈텔 주교가 정리하여 놓은 메모가 있어서 그 추이를 명확히 살펴볼 수 있다.[22]

1901년 5월 교민들이 살해된 직후 제주에 정박한 프랑스 함대 알루이트호와 서프라이스호의 함장들은 이재호 목사로부터 황사평의 땅을 양도할 것을 약속받았다.[23] 1902년 8월 8일부터 11일까지 뮈텔 주교가 제주를 방문하게 되자, 주교는 이재호 제주목사에게 매장지의 확보를 강력

---

19)「뮈텔문서」, 라크루 신부의 1902년 5월 21일자 서한;「뮈텔문서」, 라크루 신부의 1903년 3월 30일자 1903년 연말 보고.
20)「뮈텔문서」, 라크루 신부의 1901년 12월 17일자 서한.
21) 김옥희, 앞의 책, 213~224쪽.
22)「뮈텔문서」, 뮈텔 주교의 1913년 5월 28일자 묘지 건에 관한 메모.
23) 위와 같음.

히 요구하였다. 당시 뮈텔 주교와 뷔조호의 쿠스톨(Coustoll) 함장은 이재
호 목사에게 1901년의 약속 불이행을 따져 물었다. 이재호 목사는 피살
된 교민들의 유해는 가족들에 의해 매장되었으므로 묘지는 더 이상 필요
없다고 변명하였다. 당시 이재호 목사는 면직 상태였으므로, 주교 일행은
목사 대리인을 만나고자 하였으나 만나지 못하였다. 이들은 약속 불이행
시 군함을 파견하겠다고 위협하였다.[24]

 1903년 1월 초까지도 교민들을 위한 무덤 부지 선정에 대한 관의 허가
가 나지 않았다. 당시 윤석인 목사는 서리 자격이기 때문에 허가할 수 없
었다. 관에서는 각 마을에 회람장을 돌리며 피살교민의 무덤을 제공하
라고 하였다. 즉, 이는 각 마을 주민들이 자기 구역에 피살교민의 무덤을
만드는 것을 기피하였음을 반증한다. 이에 대해 교회 측은 공동묘지를
만들기 위한 부지 선정이 시급하다고 독촉하고, 황사평을 계속 요구하
였다.[25]

 매장지 문제는 홍종우 목사가 부임하자[26] 급진전되었다. 부임 직후 홍
종우는 피살교민의 유골 수습을 하는 한편 매장지 문제의 해결을 외부에
요청하였다.[27] 홍종우의 보고를 받은 프랑스공사 대리 이인영과 외부대
신 이도재 사이에 매장지 문제를 상의한 결과, 1903년 4월 29일 제주군

---

24)『뮈텔 주교 일기』1902년 8월 8일~11일;「뮈텔문서」, 뮈텔 주교의 1902년 8월 30일자
  묘지의 양도 건에 관한 메모;「뮈텔문서」, 뮈텔 주교의 1913년 5월 28일자 묘지 건에
  관한 메모.
25)「뮈텔문서」, 라크루 신부의 1903년 1월 12일자 서한.
26) 1903년 1월 26일 제주목사로 임명되고(『官報』1903년 1월 29일), 2월 24일 제주에 도
  착하였다(『官報』1903년 5월 1일).
27)『皇城新聞』1903년 4월 24일.

사라봉 남쪽에 있는 황사평으로 결정하였다.28) 그러나 이는 단순한 합의사항에 불과하여 실천에 옮겨지지는 못하였다.

이에 1903년 8월 4일 파리호의 스네(Sener) 함장과 서프라이스호의 함장이 제주를 방문하여 약속의 이행을 다시 촉구하였다. 홍종우 목사는 중앙정부에 프랑스 측의 입장을 정확히 알리겠다고 약속하고, 정부에서 매장지의 면적을 정확히 지시해 줄 것을 요구하겠다고 답하였다.29) 1903년 11월 홍종우는 라크루 신부와 더불어 황사평을 매장지로 정하고, 11월 11일경에는 국유목장이 아니고 민유지인 황사평 부지를 인민의 자원에 의하여 매장지로 정하였다고 중앙정부에 보고하였다. 결국 1903년 11월 17일 대한제국정부의 매장지 결정에 대한 프랑스공사의 공식적 수용이 이루어짐으로써, 2년 반을 끌었던 매장지 문제는 마무리되었다.30) 당시 교민들은 한 측면이 400미터가 되어야 한다고 주장하였으나, 이 요구는 받아들여지지 않고 측면 200미터로 양도되었다.31)

1904년 6월 7일 라크루 신부는 묘지 장소를 측량하고 양도받았다고 뮈텔 주교에게 통보하였다.32) 1904년 11월 살해당한 교민들의 장례식을 황사평에서 치렀다.33) 장례식에는 목사가 부재중이어서 판관과 아전들이 참석하였다.34)

---

28) 『法案』 1903년 8월 23일.
29) 「뮈텔문서」, 뮈텔 주교의 1913년 5월 28일자 묘지 건에 관한 메모.
30) 유홍렬, 앞의 책, 462쪽; 김옥희, 앞의 책, 195쪽.
31) 「뮈텔문서」, 뮈텔 주교의 1913년 5월 28일자 묘지 건에 관한 메모.
32) 위와 같음;「뮈텔문서」, 라크루 신부의 1904년 6월 7일자 서한.
33) 「뮈텔문서」, 타케 신부의 1904년 12월 16일자 서한.
34) 『콩트 랑뒤』 1905년도 보고.

한편 제주민란의 처리 과정에서 뮈텔 주교는 프랑스 공사를 통해 대한제국 정부에 제주의 두 신부가 당한 피해배상금을 청구하였다.[35] 배상금 총액은 5,160원인데, 라크루 신부의 피해액 3,080원, 무세 신부 피해액 1,080원에다가,[36] 민란 당시 피살된 라크루 신부의 복사 신재순(아오스딩)에 대한 위로금 1천 원이 포함된 액수이다.[37] 배상금 문제의 처리는 계속 지연되다가 채구석의 처리 문제와 연결되면서 진전을 보게 되었다. 즉, 채구석을 석방하는 대신에, 그가 귀향하여 제주도민들로부터 배상금을 징출하는 의무를 담당하게 되었다.

우선 대한제국 정부는 배상금 원금 5,160원을 프랑스 상인 롱동(Rondon)으로부터 차용하여 갚았다. 1903년 11월 중순 석방된 채구석은 제주로 돌아오자마자, 제주목사 홍종우와 함께 제주도의 삼군 주민들에게 배상금 차용금 및 이자, 배상금의 이자를 분배하여 징출할 방안을 상의하였다. 1903년 12월에는 도민들을 대상으로 배상금 균등 부담에 대한 여론을 조사하였다. 당시 제주도 내의 유지들은 이러한 도민 부담을 거의 대부분 수용하였고, 홍종우 목사는 집사를 각 마을에 보내어 수금을 독려하였다.[38]

---

[35] 배상금 처리 문제는 다음의 글에 잘 정리되어 있다. 유홍렬, 앞의 책, 462~471쪽; 김옥희, 앞의 책, 192~213쪽. 본서에서는 위의 글에 누락된 부분을 중심으로 보완·정리하고자 한다.
[36] 이들 두 신부의 피해 내역과 삼군 교민들의 피해 내역은 다음의 자료에 상세하게 기재되어 있다. 「뮈텔문서」(제주-130), 「具敎士所失及浮費」; 「뮈텔문서」(제주-131), 「文敎士所失物目」; 「뮈텔문서」(제주-70), 「辛丑八月 日濟州三郡家舍什物燒燼成冊」.
[37] 『皇城新聞』 1902년 11월 15일.
[38] 「뮈텔문서」, 라크루 신부의 1904년 1월 20일자 서한; 「뮈텔문서」, 뮈텔 주교의 1904년 2월 20일자 메모.

결국 1904년 5월 29일 제주도 제주·대정·정의 삼군의 주민 40,523명이 1명당 15전 6리씩을 분담, 총 6,315원을 채워서 법부에 우송하였다.[39] 그리고 6월 25일경에는 이 금액이 법부, 외부를 거쳐서 프랑스공사에게 전달되었다.[40] 이로써 매장지 문제와 배상금 문제는 민란 발생 3년 만에 모두 일단락되었다. 한편 라크루 신부는 배상금 문제 처리 과정에서 배상금의 이자를 둘러싸고 주민들의 불만이 고조되자, 이자를 주민들에게 돌려줄 수 있도록 뮈텔 주교에게 건의하였다.[41] 배상금 이자 총액은 1,055원이었는데, 그 삼분의 일인 420원은 교회에 지급되었고, 나머지 삼분의 이는 내장원이 수령하였다.[42] 라크루 신부는 교회에 지급된 배상금 이자 전액을 주민들에게 반환시킴으로써,[43] 교회에 대한 주민들의 반발을 무마시키고자 하였다.

제주천주교회는 이러한 두 가지 난제가 해결되자 크게 고무되었다. 이제 교회는 본격적으로 교세의 회복을 통한 복구작업에 나서게 되었다. 이에 따라 교민구성을 비롯한 교회의 성격, 향촌사회와의 관계 등 교회 내외의 여러 측면에서 변화가 나타났다.

---

39) 『皇城新聞』 1904년 6월 1일.
40) 『皇城新聞』 1904년 6월 27일.
41) 「뮈텔문서」, 라크루 신부의 1904년 1월 20일자 서한; 「뮈텔문서」, 뮈텔 주교의 1904년 2월 20일자 메모.
42) 내장원 수령액은, 당시 내장원의 책임자였던 이용익이 자신의 명의로 프랑스 상인 롱동으로부터 배상금을 차용했기 때문에, 그 차용금에 대한 이자를 가리킨다.
43) 「뮈텔문서」, 라크루 신부의 1904년 6월 7일자 서한.

3. 교회의 복구와 교민구성의 변화

1) 교회의 복구 과정

1901년 민란 직후 제주지역의 교민 수는 격감하였다. 특히 하논본당 신자들은 138명에서 35명으로 격감하였다. 예비신자는 600여 명에 달하다가 6명밖에 안 될 정도였다. 신자들은 하논에 33명, 색다리 2명 정도에 불과하였다.[44] 예비신자 46명을 포함하여 65명의 교민을 갖고 있던 색다리 공소는 민란으로 인하여 완전히 해체된 것으로 보인다.

제주 대로동 본당의 경우, 신자 59명 중 25명만이 정기적인 성사를 보고 있고, 나머지 신자들도 그다지 열성적인 활동을 보이지 않았다. 또한 민란 당시 제주읍내로 피신하여 온 제주 남부의 하논본당 소속 교민들이 원래 거처지로 돌아가기를 꺼리자, 대로동 본당의 라크루 신부는 이들의 교적 이동과 식량 문제의 해결로 어려움을 겪었다.[45]

지역별 교세의 전체적인 추이를 다음의 표를 통하여 살펴보도록 하자.

〈표 6-1〉 제주도 지역별 교민 수(1899~1910)

연대 지역명	899~1900	1900~1901	901~1902	902~1903	903~1904	1909~1910
제주군	20(10)	104(?)	59(?)	50(?)	90(?)	207(25)
대정군	?(?)	37(239)	?(?)	?(?)	14(30)	?(?)
정의군	?(20)	101(382)	35(6)	60(100)	87(131)	195(14)
계	20(30)	242(?)	94(?)	110(?)	191(?)	402(39)

(출전 - 『본당별 교세통계표』(1899~1910). 괄호 밖은 신자 수, 안은 예비신자 수)

제주본당(제주군)의 교세는 1903년 초부터 서서히 회복되기 시작하였다. 예전보다 활기는 없지만 예비자들이 늘기 시작하였다. 1902년 성탄 때 10명을 영세시켰고, 제주 주둔 군인들 가운데 일부가 입교의 뜻을 나타내기도 하였다. 그러나 민란의 영향이 미처 가시지는 않았다. 목포에서 오는 자들이 목포 사람들은 제주 교민들이 또다시 학살될 것이라고 믿고 있다고 전함으로써, 교세 회복에 걸림돌로 작용하였다.[46] 그런 중에도 1902년 5월 라크루 신부가 피정을 다녀온 이후 일부 신자가 교회에 복귀하여 1903년 3월 현재 새로운 영세자를 포함하여 신자 수는 50명으로 늘어났고, 예비자의 수는 늘기 시작하였다.

하논본당(대정군·정의군)의 경우 1902년 4월 20일 무세 신부의 후임으로 타케(Taquet, 嚴宅基) 신부가 부임하여 교세 회복에 주력하였다.[47] 그가 하논본당에 도착하였을 때 계속 종교의례를 지키는 신자는 서너 명에 불과하였고, 민란의 여파로 하논 마을에는 거의 과부들뿐이었다. 1902년 새로이 영세를 받은 신자는 8명에 불과하였다.[48] 당시 신자 수가 60명이라고는 하나, 그 대부분은 이전 김원영 신부 때 신자들이다. 이들은 민란 이후 원래 거처지로 복귀한 자들로서 신앙생활을 중단한 자들이 많았다. 타케 신부는 김신부 때 영세받은 자들 가운데 5~6명이 성당에 나

---

44) 『본당별 교세통계표』 하논본당(1901~1902) 참조.
45) 『본당별 교세통계표』 제주본당(1901~1902) 참조.
46) 「뮈텔문서」, 라크루 신부의 1903년 1월 12일자 서한.
47) 타케 신부는 5월 31일 제주에 도착하였고, 6월 9일 하논본당에 정착하였다(「뮈텔문서」, 타케 신부의 1902년 6월 17일자 서한).
48) 세례대장을 보아도 부임 이후 1903년까지 확보한 신자 수는 12명에 불과함을 확인할 수 있다.

오지 않고, 나머지 신자들 중 일부는 나오기는 하지만 성사를 보지 않는다고 하였다. 여기에 보이는 예비신자 수 100명은 모두 남자들로서, 대부분 민란 과정에서 살아남은 자들로 보인다. 타케 신부는 이들이 각 지역에 분산되어 있고, 본당과 멀리 떨어져 있어서 신자로 확보하는 데 매우 어렵다고 하였다.[49]

타케 신부는 1902년 7월 본당을 하논에서 홍로로 옮겼다.[50] 이후 그는 홍로를 중심으로 교회를 복구하는 데 전력을 기울였다. 그 결과 홍로에서만 34명의 새로운 교민을 확보하게 되었고, 특히 제주도 동남부 지역의 교세도 확대시켜 갔다. 이 과정에서 떼미공소가 신설되었다. 1904년 2월 29일 떼미공소를 방문하여 6명의 교민에 대한 영세를 준 사실이 세례대장을 통하여 확인된다. 동남부 지역의 교세 확장 과정에서 예비신자 120명을 확보하였다는 것은 괄목할 만한 일이었다. 또한 민란의 피해를 크게 입었던 대정군 지역에서도 예비신자 30명을 확보하여 교세 회복을 시도하였다(위의 〈표 6-1〉 참조). 그러나 대정군 지역의 선교는 상당히 어려운 실정이었다.[51]

1904년 이후 홍로본당의 교세 확장은 두드러졌다.[52] 1904년의 영세자

---

49) 『본당별 교세통계표』 홍로본당(1902~1903) 참조.
50) 타케 신부는 부임 직후 하논본당의 열악한 여건을 간파하고, 다른 본당부지를 물색하던 중에 1902년 6~7월에 하논에서 5리 떨어진 홍로에 건축 중인 집을 한 채 사서 이곳으로 본당을 이전하였다(「뮈텔문서」, 타케 신부의 1902년 6월 17일자 서한; 1902년 7월 20일자 서한; 1902년 9월 4일자 서한).
51) 대정군은 민란의 진원지로서, 민란 이후 상당 기간 교민들에 대한 적대감이 해소되지 않아 교세 회복에 상당한 어려움을 겪었다(「뮈텔문서」, 타케 신부의 1902년 9월 4일자 서한; 『콩트 랑뒤』 1902년도 보고).
52) 1903년까지 타케 신부는 교세 확장에 상당한 어려움을 겪었다(「뮈텔문서」, 타케 신부의 1903년 3월 4일자 서한). 그러나 1904년부터 예비신자들이 늘어나고 개종의 움직

는 43명이고, 1905년의 영세자는 67명이었음이 세례대장에서 확인된다. 1910년 초 당시 신자 총수는 195명에 달하여 민란 직전의 교세를 상회하게 되었다. 1910년 부활날 당시 세례대장에 기재된 영세자 300명에 대한 현황을 통하여 당시 교세를 가늠하여 볼 수 있다.

〈표 6-2〉 1910년 당시 교세 현황표

신자 현황 관할 신부별 영세자	세례대장 기재 신자	유고 신자					잔여신자
		사망	이사	냉담	살해	행불	
김원영 신부 영세자	123명	13	15	16	48	9	22명
무세 신부 영세자	10명	1	3	1			5명
타케 신부 영세자	167명	18	25	23			101명
계	300명	32	43	40	48	9	128명

(출전 - 『교세통계표』, 타케 신부(1909~1910). * 냉담: 정기적인 교회 성사를 치르지 않는 신자, * 살해: 민란 때 피살된 신자, * 행불: 민란 때 남편이 죽고 비신자와 결혼한 부인과 그 자식들, * 신자 총수 195명에는 이사 온 신자 포함)

당시 교회의 복구와 교세의 확장을 위하여 두 신부는 우선적으로 교회가 순수한 신앙공동체로 정착하는 데 전력을 기울였다. 신부들은 제주민란의 원인을 제공했던 藉托 교민들의 교회 출입을 특히 경계하였고, 교민들 가운데 사회적으로 물의를 빚는 자들은 직접 징벌을 가함으로써 교회를 정화시키는 데 적극 노력하였다.53) 또한 안정된 선교를 위하여 본당의 정착과 건물의 신축・확장, 공소의 증설에 주력하였다. 이와 더불어

임이 두드러지게 나타나고 있다고 파악하였다(「뮈텔문서」, 타케 신부의 1904년 1월 4일자 서한).
53) 「뮈텔문서」, 타케 신부의 1902년 9월 4일자 서한; 1903년 3월 4일자 서한.

교회는 전교의 한 방법으로서 지역사회의 주민들과 가까워질 수 있는 교육 활동의 필요성을 절감하였다. 그 결과 라크루 신부는 1902~1903년 이전에 소규모의 여학당을 운영하기 시작하였다.[54] 결국 1909년 10월 18일 제주에 유배와 있던 박영효 등의 도움을 받아 신성여학교를 설립하게 되었다. 신성여학교는 라크루 신부의 노력에 의해 개교 첫 해에 40여 명의 학생을 모집함으로써, 1910년대 이후 제주지역 선교의 중요한 역할을 담당하였다.[55]

2) 교민구성의 변화

제주민란을 거치면서 제주지역의 천주교회는 커다란 변화를 겪게 되었다. 민란 이전과 이후의 교민구성이 어떻게 변화하는가를 살펴봄으로써 제주민란이 제주지역의 천주교회와 향촌사회에 미친 영향을 이해하여 보도록 하겠다.

① 교민의 지역별 분포

우선 〈표 6-1〉을 통하여 민란을 전후한 시기의 지역별 교민 분포의 추이를 파악하여 볼 수 있다. 제주민란이 일어나기 전까지 교세는 하논본당

---

54) 「뮈텔문서」, 타케 신부의 1903년 10월 2일자 서한.
55) 신성여학교의 설립과 운영·성장과정, 제주지역에 미친 영향 등에 관해서는 다음의 글이 참고된다. 양진건, 「제주도 최초 근대여학교, 신성여학교 연구」, 『탐라문화』 18, 1997.

〈표 6-3〉 하논본당 관할 정의군 관내 지역별 교민 수(1900~1901. 4.)

하논	호근	법환	서귀	홍로	토평	효돈	볼목	우미	예촌	양근
50(70)	2(33)	2(15)	4(11)	11(43)	3(13)	1(11)	2(6)	3(13)	·(2)	16(85)
栗洞(감남골)	화전(뱅듸친밭)	수망	보한(펼개)	밋노롬	도노롬	가시오롬	표선	부등개	계	
2(10)	2(16)	2(13)	1(6)	·(3)	·(9)	·(1)	·(10)	·(12)	101(382)	

(출전 - 『교세통계표』 김원영 신부 Ⅰ(1900~1901). 괄호 밖은 신자 수, 안은 예비신자 수)

〈표 6-4〉 하논본당 관할 대정군 관내 지역별 교민 수(1900~1901. 4.)

여산(염돈)	강정	도순(돌순)	하원	색달(색다리)	예래(열리)	중문	창천	녹화지	새당
1(20)	2(19)	1(25)	1(18)	19(46)	2(13)	·(25)	2(5)	3(16)	1(2)
모실개	내팟	도래물	난드르	감산	대포	검은질	대평	상천	계
4(4)	·(3)	·(25)	·(2)	·(5)	·(1)	·(1)	·(5)		36(238)

(출전 - 『교세통계표』 김원영 신부 Ⅱ(1900~1901). 괄호 밖은 신자 수, 안은 예비신자 수)

〈표 6-5〉 하논(홍로)본당 관할 지역별 교민 수(1901. 11~1910.)

하논	홍로	호근	법환	볼목	효돈	예촌	양근이	뱅듸친밭	떼미	옷기	수망리
23	62	2	5	2	2	16	2	15	25	4	1
울에	안좌동	상천	녹하지	열리	하원	강정	제미	저산이	不明	계	
10	1	3	2	3	6	1	3	1	1	190	

(출전 - 『하논(홍로)본당 세례대장』(1901. 11.~1910))

〈표 6-6〉 제주본당 관할 제주군 관내 지역별 교민 수(1909~1910)

제주읍	산지	옛개	한동	소섬	심돌	송당	엄장이
72	3	14	14	21	7	2(15)	7
도노미	수원	추자	다라곳	죽성	대정	가오리	계
16	19(10)	17	3	6	3	3	207(?)

(출전 - 『교세통계표』 라크루 신부(1909~1910). 괄호 밖은 신자 수, 안은 예비신자 수)

관할 구역인 제주도 남부지역이 제주본당 관할 구역인 북부지역보다 강하였다. 그러나 민란 직후인 1902년 초 교세는 제주 북부지역의 신자 수가 절반 정도 감소한 데 반하여 남부지역은 삼분의 일 정도로 격감하였다. 특히 남부지역에 상당한 수를 차지하고 있던 예비신자는 거의 없어진 것으로 확인된다. 이러한 변화는 민란의 영향이 특히 남부지역에 강하게 미쳤음을 보여준다. 1902년 후반으로 접어들면서 북부지역은 정체되고 남부지역은 회복되는 추세로 바뀌었다. 이는 남부지역에 새로이 파견된 타케 신부가 하논에서 홍로로 본당을 옮기고 본격적인 전교 활동에 나서면서 민란의 영향을 최소화시킨 결과로 보인다. 1904년 초가 되면 교세는 민란 직전 수준으로 완전히 회복되고, 양 지역 모두 계속 점진적인 성장을 보여주고 있다.

둘째, 제주민란이 발생하기 전의 지역별 교민 수가 파악되는 하논본당 관할 구역만 대상으로 하였을 때(〈표 6-3〉와 〈표 6-4〉 참조), 교민들은 대체로 본당이 위치한 하논과 홍로 지역을 중심으로 하여 양근·벵듸친밭·색다리·녹화지 등 산간 벽지의 화전촌에 이르기까지 넓게 분포하고 있었던 것으로 보인다. 한편 邑治 지역인 대정과 성읍에는 교민이 거의 확인되지 않고 있다.

이러한 경향은 민란 이후에 다소 달라지고 있다.(〈표 6-5〉 참조) 우선 본당을 중심으로 교민들이 집중되는 추세가 강하게 나타나고 있다. 1902년 6월 이전 본당이 있던 하논과 그 이후 본당소재지인 홍로에 전체 신자의 거의 절반이 모여 있었다. 그러나 하논의 경우 민란의 피해를 심하게 받았다.[56]

한편 민란 직전 교세가 강하였던 양근·색다리 등의 지역에는 거의 교민이 존재하지 않게 되었다. 이러한 본당소재지로의 교민 집중 현상은 본당과 떨어진 공소들이 민란 과정에서 주민들로부터 배척받은 결과로서, 교회의 보호가 현실적으로 가능한 지역 중심으로 교세가 확대되었음을 보여준다. 한편 1903년 이후 떼미·예촌·울에 등 동남부지역에 새로이 공소가 설치됨으로써 포교 범위가 서서히 본당에서 동쪽으로 확장되어 갔다. 반면 서남부 대정군 지역은 열세를 면치 못하였다. 대정은 민란의 진원지로서, 민란 과정에서 가장 심한 피해를 입었고 이후에도 교세의 회복이 힘들었던 것으로 보인다.

셋째, 북부지역인 제주군의 경우에는 1901년 당시 제주본당이 있던 읍내, 본당과 가까운 버랭이·광양동에 교민이 집중되어 있었고, 금악리와 연평리(소섬, 우도) 같은 산촌과 섬 지역에 교민이 분산되어 있었다.[57] 이러한 교민 분포는 제주민란 이후인 1910년에 이르기까지 큰 변화는 없었던 것으로 보인다.(〈표 6-6〉) 이러한 까닭은 민란을 전후한 시기 내내 라크루 신부가 이 구역을 관할하였던 때문이며, 남부지역에 비하여 민란의 피해를 덜 받았던 데 연유하는 것으로 보인다. 한편 소섬의 신자가 많아진 이유는 민란 당시 학살을 피해 일부 교민들이 이곳에 은신하였다가 정착한 결과라 할 수 있다.[58]

---

56) "하논은 원래 신부와 교인들만이 사는 곳", "본래 하논은 작년 난리를 치른 참상이 다른 곳에 비해 더욱 심하여 남자 10세 이상은 도륙당해 남아 있지 않고 여인들이 다소 있을 뿐. 지금 일부 남자가 남아 있는 것은 난리가 지나고 나서 남은 사람들이 부쳐 살 곳이 없으므로 부득이 더불어 살면서 품을 파는 사람들", "1902년 현재 열 집에 불과한 마을"이라는 표현이 당시 기록에서 확인된다(「뮈텔문서」(1902-118), 제주교우의 서한).
57) 박찬식, 앞의 책, 113쪽.
58) 1904년 당시 소섬의 영세자는 20명이며, 예비신자는 61명이었다(「뮈텔문서」, 라크루 신부의 1904년 5월 19자 1904년 연말 보고).

② 가족 관계

하논본당 세례대장(1899. 6.~1901. 3.)에 나타난 민란 직전까지의 신자는 모두 124명으로서, 그들 상당수가 직계가족으로 구성되어 있었다.[59] 이러한 경향은 민란 이후에 와서 더욱 두드러진다. 세례대장(1901. 11.~1910. 12.)에서 보듯이, 교민 가족 구성원이 같은 날 함께 세례를 받는 경우가 많음을 볼 수 있다. 따라서 당시 천주교민의 상당수는 직계가족과 친족을 중심으로 하여 입교하였다. 결국 당시 천주교회는 친족공동체를 중심으로 한 폐쇄적 집단을 형성하고 있었다고 할 수 있다.

③ 연령별 분포

세례대장에 보이는 하논(홍로)본당 신자의 연령 분포를 표로 작성하여 보면 다음과 같다.

〈표 6-7〉 연령별 신자 수

	연령	0-9	10-19	20-29	30-39	40-49	50-59	60-69	70-79	미상	계
수	민란 이전	22	18	28	14	17	11	8	5	1	124
	민란 이후	73	18	33	28	20	11	6	1		190

〈표 6-7〉을 보면, 민란 이전 전체 신자 가운데 20대에서 40대에 걸치는 청장년층이 59명(47.6%)으로 큰 비중을 차지함으로써, 이러한 청장년층

---

59) 박찬식, 앞의 책, 113쪽.

남성 위주의 교민 구성은 당시 천주교회가 사회세력화되어 갔던 실정을 보여 준다고 볼 수 있다. 반면 민란 이후 청장년층은 81명(42.6%)으로서, 이전보다 비중이 약해졌다. 그러나 30대 신자의 비중은 더욱 커지고 있고, 유아기인 10세 미만의 영세자가 73명(38.4%)이나 차지하는 것으로 보건대, 결혼과 출산을 통한 입교가 늘고 있음을 보여준다.[60] 이러한 연령 구성은 앞에서 본 바와 같이 직계가족 중심 교회의 성격을 역력하게 보여준다고 하겠다. 또한 이는 이전의 교회가 사회세력의 성격을 강하게 띠었던 데에서 벗어나 본연의 종교집단으로 자리 잡고 있음을 보여준다.

④ 성별 분포

민란 이전 하논본당 신자 가운데 남자는 87명, 여자는 37명으로 파악되어, 남자 신자의 수가 상당히 많았다. 특히 남자 신자 가운데 20대에서 40대에 걸치는 청장년층은 42명으로서 같은 연령대의 여자 신자가 17명이었던 데 비하여 압도적으로 많았다. 이러한 남성 위주의 교민 구성은, 당시 천주교회가 사회적 이해관계에 민감한 사람들로 구성되어 있었음을 보여 준다고 할 수 있다. 그러나 민란 이후에 와서는 남자 96명, 여자 94명으로 균형을 이루게 되었다. 청장년층의 경우, 남자 40명, 여자 41명으로 오히려 여자 신자가 더욱 많다. 이러한 성별 분포의 변화는 연령별 분포에서 보는 바와 같이, 제주 천주교회가 민란 이후 사회세력이 아닌 신앙공동체로서의 종교적 성격을 가지게 된 것으로 분석된다.

---

[60] 특히 갓 태어난 영아의 유아세례자가 세례대장에 많이 나타나 있음은 이를 증명한다.

4. 교회와 향촌사회 간 갈등의 재연

민란의 종료 후에도 그 영향으로 향촌사회 내에서 반교회적인 움직임은 상존하였다. 민란 직후인 1901년 후반의 움직임은 앞에서도 잠깐 살펴보았다. 그러나 1902년 이후에도 이러한 교회와 향촌사회의 갈등은 여러 곳에서 발생하였다.

예컨대, 1902년 12월에는 위에서 본 바와 같이, 민란주동자 김남혁이 석방되고 귀향한 뒤 자신에게 백 명의 무리만 있으면 교민들을 모두 학살하겠다고 공공연히 발언하였다.[61] 1903년 초 정의군 지역에서는 천주교의 폐지를 요구하는 等狀이 준비되기도 하였고,[62] 호근리에서는 許座首라는 자가 반교회적인 비밀결사를 설립하고 더 나아가 마을을 둘로 해체할 것을 요구하기도 하였다.[63] 정의군의 예비신자 김희주는 두 형제를 살해한 자기 마을의 몇 사람에게 복수심을 품고 두 형제의 아들들을 부양하라고 격렬하게 요구하기도 하였다.[64]

1) 김명필 사건(1902)

이 사건은 제주민란의 여파로 일어난 교·민 간의 갈등 사건으로서, 제

---

61) 「뮈텔문서」, 타케 신부의 1903년 3월 4일자 서한.
62) 「뮈텔문서」, 라크루 신부의 1903년 3월 12일자 서한.
63) 「뮈텔문서」, 타케 신부의 1903년 3월 4일자 서한. 타케 신부는 이 단체를 제주민란 직전 설립된 대정군의 상무사와 전적으로 같은 반교회적 조직이라고 보았으며, 김남혁과 관계가 있는 것으로 파악하였다. 마을을 둘로 나누겠다는 것은 교민들이 집단적으로 거주한던 하논 마을을 호근리에서 떼어내겠다는 의도로 보인다.
64) 「뮈텔문서」, 라크루 신부의 1903년 6월 11일자 서한.

주군 원동에 사는 교민 김명필(6所場의 場監)이 목장의 노비(牧子) 이태신를 징계한 데서 비롯된 사건이다. 이태신은 민군 대장 이재수의 집사 중 한 명이었다. 그는 교민 이시량을 죽이고 그의 재산을 자신의 소유로 만든 자였는데, 김명필은 이러한 이태신의 죄를 확인하기 위해 그를 고문하였던 것이다.

이 사건으로 라크루 신부와 황진국 검사시보 사이에 심각한 대립이 빚어졌다. 결국 윤석인 제주목사의 중재로 수습되었으나,[65] 민란 직후 교회와 향촌사회의 갈등을 드러낸 사건으로 주목된다. 당시 라크루 신부와 황진국 검사시보 사이에 세 차례 서한을 교환하였는데,[66] 이를 통하여 당시 사건의 처리상황을 엿볼 수 있다.

라크루 신부의 서한에 따르면, 1902년 11월 24일(음) 라크루 신부는 황진국 제주검사시보 특사의 내방을 받았다. 이 자리에서 황진국은 교민 김명필을 잡아오도록 장교와 나졸을 보냈지만 체포하지 못하였으므로 신부가 체포하여 보내줄 것을 요청하였다. 12월 26일 김명필이 제주본당으로 찾아오자, 라크루 신부는 다음날 그를 관에 보내기로 하였으나, 느닷없이 당일 검사의 하인 십여 명이 성당으로 난입하여 교민 몇 사람을 데려갔다는 것이다. 그러나 정작 당사자인 김명필은 잡아가지 않았다.[67]

이에 대하여 황 검사는 답장을 보내 반박하였다. 이 서한에서 김명필은 장감으로서 백성들에게 '주리' 형벌을 받게 했으며, 악독한 짓을 일삼았다고 하였다. 그를 체포하기 위해, 그가 사는 원동으로 장교와 나졸을 보

---

65) 「뮈텔문서」, 라크루 신부의 1903년 1월 12일자 서한.
66) 「뮈텔문서」, 라크루 신부의 1902년 12월 25일자 제주검사에게 보낸 첫째 서한.
67) 라크루 신부가 황진국 검사시보에게 보낸 첫째 서한.

냈으나, 수십 명의 교민들이 순교를 때리고 욕하고 쫓아버렸다는 것이다. 교당으로 가서 교민들을 잡아온 것은 순교의 독자적인 행동이었고, 직접 교당으로 간 게 아니고 교당 주변에 있는 교민을 잡아온 것이었다고 하였다. 황진국은 서한을 통하여 교회에서 김명필을 보내지 않은 데 대한 불만을 강력하게 표출하였다.(68)

그러자 라크루 신부는 두 번째 서한을 보내서 반박하였다. 신부는 김명필이 단지 남을 비방한 것일 뿐이었고, 순교가 김명필을 체포하려고 갔으나 그가 병중이었으므로 그냥 돌아간 것이지 쫓겨난 것이 아니었다고 주장하였다. 당시 교민들은 3~4명에 불과하였고, 순교가 김명필 일행을 잡으려고 교당으로 왔으나 명필을 체포하지 않은 까닭은 순교의 의도가 다른 데 있는 것으로 파악하였다. 즉, 순교가 검사의 교민 처벌 방식의 문제점을 미리 고려하여, 김명필이 처벌받다가 죽을지도 모른다고 염려하였다는 것이다. 또한 순교와 김명필과의 오랜 친분관계 등도 작용하였다는 것이다.(69)

이에 대하여 황 검사는 답장을 다시 보내, 자신이 편파적이라는 신부의 비판을 반박하였다. 죄를 저지른 자라면 조선인으로서 누구를 막론하고 차별 없이 다루어야 함을 주장하고, 교회 때문에 상당히 곤혹스러움을 표출하였다. 사악한 교민들의 축출을 신부에게 다시 강하게 요청하였다.(70)

라크루 신부는 세 번째 서한을 보내, 황 검사의 교민들에 대한 편파적인 행태의 사례를 일일이 다음과 같이 열거하였다. ① 건입 고을의 교민

---
68) 황진국 검사시보의 라크루 신부 서한에 대한 답장.
69) 라크루 신부의 두 번째 서한.
70) 황진국 검사시보의 두 번째 답장.

유주사: 계모 문 여인이 편석여라는 선원이 맡겨둔 돈을 탕진하여 버리자 편석여가 군수에게 고소, 이에 여인을 처벌하였다. 이 여인이 교당에 보호를 요청하러 왔으나 돌려보냈다. 이러한 일이 있은 지 얼마 안 되어 황 검사가 유주사를 체포하여 불효죄로 고문·처벌하였다. ② 우도의 교민 윤동백: 우도의 富民 김두표와 언쟁을 벌이다 김두열 및 친족 30여 명이 그를 데려다 코를 뚫고 소처럼 줄을 꿰어 버림으로써 그가 죽을 뻔하였다. 그의 아내가 판사에게 고소하기 위해 관청을 찾았으나 밤이 되도록 그 여인을 관청 문밖에 내버려두었다. 재판관을 찾아가 고소를 함에 재판관이 장라를 보내려 하자 검사가 이를 저지하였다. 법정에서의 처결도 공정하지 못하였고, 라크루 신부는 윤동백이 부당하게 당한 이유는 천주교인이면서 순교로 임명된 데 대한 김씨 집안의 보복이라고 판단하였다. ③ 제주성내의 교민 이계병: 절도 혐의로 고소된 청년의 말에 따라 무고죄로 그를 잡아와 증거 없이 치죄·고문하고는 서울 평리원으로 넘겨버렸다. 검사의 하인들이 뇌물을 받고 서홍로의 변세원에게서 259냥짜리 수표를 받았다는 소문이 있다.[71]

이에 대하여 황 검사의 답장이 다시 왔다. 여기에서 황 검사는 신부가 지적한 세 가지 사례에 대하여 일일이 반박하였다. ① 유주사 건: 유주사가 문 여인을 고소하였다. 문 여인과 그의 부친은 정식 혼인한 관계이다. 따라서 이는 자손이 부모를 고발한 사례에 해당되므로 불효의 죄로 다스린 것이다.[72] ② 윤동백 사건: 오히려 윤동백을 불쌍히 여겨 처벌을 감해

---

71) 라크루 신부의 세 번째 서한.
72) 이에 대해 라크루 신부는 유주사가 아니라 편석녀가 고소한 것으로 파악. 또한 문여인은 유주사의 부친과 이혼한 상태였다고 하였다.

주었고, 김두열이 더 심하게 처벌받아서 항의를 하였다. ③ 이계병 건: 맞고소였기 때문에 심문하였고 한 번밖에 고문하지 않았다. 또한 수표를 받았다는 증거가 없고, 장감 김명필이 목자 이태신을 고문할 수 있는 법적 근거가 무엇인지 반문하였다.[73]

이상과 같이 교·민 간의 갈등이 신부와 검사시보 사이의 갈등으로 발전하고 있다. 이러한 전개상황은 다른 교안 사례에서도 흔히 볼 수 있다. 이 사건을 둘러싸고 교회 측은 관에 대하여 의도적으로 교회를 탄압하기 위한 것으로 파악하였다. 또한 교회는 민란 이전에 교회에 의해 실추되었던 관권을 회복하고자 했던 것으로도 파악하였다.[74]

2) 양시중 사건(1902)

이 사건은 하논에 사는 교민 박재순이 예촌에 사는 별감 양시중을 때린 데 대하여 일본인과 결탁한 송시백[75]과 일본인들이 무기를 들고 하논마을에 돌입하여 난리를 일으켰던 데서 비롯되었다. 즉, 1902년 6월 10일 하논본당 교민 박재순이 술을 먹고 길을 가다가 양시중이 춘궁기에 음주

---

73) 황진국 검사시보의 세 번째 답장.
74) 다음과 같은 기록에서도 교회의 관에 대한 인식을 확인할 수 있다. "검사가 일부러 성탄절을 택해 교민들이 모여 있는 교당으로 쳐들어 왔다.……검사는 절대권위자가 되고 싶어하였다."(「뮈텔문서」, 라크루 신부의 1903년 1월 12자 보고). 황진국 검사는 송재진 전 대정군수를 아들 장지의 보상 건을 문제 삼아 투옥시켰는데, 교회 측은 검사의 지방 유지들에 대한 이러한 조치를 교회에 탄압을 가하기 위한 신호로 보기도 하였다(위와 같음).
75) 송시백은 1901년 민란 당시에도 교폐와 연관되어 교민들과 다툰 바 있었다. 「정의군 교폐성책」 150항에 보면, "교인 오달현이 풍덕리 평민 宋時伯의 밭 두 뙈기를 선교사에게 부탁하여 강제로 탈취한 일"이 있었다고 기재되어 있다.

하였다는 이유로 욕설을 하자, 박재순이 대들면서 서로 싸움이 붙었다. 이 과정에서 양시중의 탕건이 부서졌다. 이 사실을 전해 들은 타케 신부는 박재순에게 엄한 벌을 내리고, 양시중에게 탕건 값 4냥을 변상하였다. 그런데 돌연 6월 13일에는 서귀동의 송시백의 집에 체류하던 일본인 11명이 총포 2자루와 군도 3개, 창 4개, 깃발 2개를 가지고 고동을 불면서 하논마을에 사는 교민들을 공격하였다.76)

하논마을은 교회가 자리 잡고 있는 곳으로서, 제주민란을 경과하면서 많은 교민들이 피살되어 교세가 급격하게 약화되었지만, 그때까지도 교민들 상당수가 모여 거주하던 교민촌이었다. 한편 하논마을과 인접한 서귀동은 포구와 인접해 있기 때문에 일본상선이 수없이 이곳을 왕래하였고, 이곳에 일본인 수십 명이 천막을 쳐서 어업활동을 하고 있었다.77) 따라서 같은 지역에서 프랑스 신부가 포교를 하던 천주교회와 경제권을 장악해가던 일본어민들 사이의 갈등은 언제라도 표출될 수 있었다. 더구나 송시백이 하논본당을 설립했던 김원영 신부와 사이가 좋지 않았다는 점을 감안한다면,78) 이 사건은 제주민란 발생 이전부터 교회에 대한 반감을 가졌던 토착세력과 일본어민들이 민란 이후 교회세력을 약화시키기 위하여 일으킨 것으로 볼 개연성이 높다.

---

76) 이 사건의 전말은 『신축교안과 제주 천주교회』, 254~271쪽에 수록된 기록을 통하여 살펴볼 수 있다. 타케 신부는 만취한 일본인 13명이 일장기를 펼쳐 들고 무기를 든 채로 박재순의 집을 공격하였다고 보고하였다(「뮈텔문서」, 타케 신부의 1902년 6월 17일자 서한).
77) 1902. 5.; 1902-118; 자료집 2, 263쪽. 일본어민들의 제주 연근해 포구로의 진출은 이미 1880년대부터 이루어져 제주어민들과 심한 마찰을 빚었다(본서 제7장 참조).
78) 「뮈텔문서」, 타케 신부의 1902년 6월 17일자 서한.

당연히 타케 신부는 이 사건을 일본인들이 교회에 대항하기 위하여 의도적으로 일으킨 것으로 파악하였다.[79] 또한 당시 라크루 신부는 일본인들이 프랑스와의 충돌을 구실로 한국 영토를 점령하고자 하는 것으로 파악하였다. 그는 뮈텔 주교가 직접 나서서 서울의 일본 공사관과 담판하여 이 사건을 해결할 것을 요청하였다.[80] 또한 제주지역의 여론을 듣건대, 이 사건의 원인은 서귀포의 일본어 통역사 송시백에게 있고, 목사는 일본인들을 두려워하여 처벌하지 못하였다고 하였다. 제주도 주둔 조선수비대 대장도 군인들의 행동 시 수백 명의 일본인 어부들이 군인들에게 대항할까 봐 두려워하였다고 하였다.[81]

목사는 이 사건에 대해 라크루 신부가 주교에게 보고하는 시기를 늦춰달라고 부탁하였다. 결국 일본인들이 자신들의 잘못을 시인하고 송시백을 감옥에 가두었다고 전하여 왔다.[82] 라크루 신부는 홍로본당의 타케 신부가 자제하지 않았더라면, 교회가 일본인들의 표적이 되었을 것이고, 타케 신부도 온전하지 못했을 것이라고 지적하였다.[83] 이러한 교회 측의 일본에 대한 경계는 이미 제주지역에서 천주교회의 영향력이 약해진 반면, 일본 세력이 커져가고 있음을 단적으로 보여준다 하겠다. 라크루 신부는 제주읍에 정착한 일본인 영어교사가 학교를 만들기 위해 집을 매입한 데 대하여 매우 민감하게 반응하였는데,[84] 이는 교회의 일본에 대한

---

79)「뮈텔문서」, 타케 신부의 1902년 6월 17일자 서한); 1902년 7월 20일자 서한.
80)「뮈텔문서」, 라크루 신부의 1902년 6월 28일자 서한.
81) 위와 같음.
82)「뮈텔문서」, 라크루 신부의 1902년 6월 30일자 서한.
83)「뮈텔문서」, 라크루 신부의 1902년 7월 26일자 서한.
84)「뮈텔문서」, 라크루 신부의 1903년 3월 12일자 서한.

인식을 엿볼 수 있는 대목이다. 또한 1906년 발생한 상명리의 소나무 벌목 사건을 치르면서 교회는 제주에 진출한 일본세력의 실상을 뚜렷이 확인하게 되었다.[85]

양시중 사건에서 보듯이, 이미 향촌사회에 일본세력의 침투가 이루어짐으로써, 교회와 일본세력이 주도권을 놓고 대립하는 사례도 확인되고 있다. 이 사건에 대한 교회의 대응 자세는 이전에 비해 상당히 약화된 것이었다. 이로써 제주민란을 겪은 뒤 천주교회는 제주지역 내에서 사회세력으로서의 성격이 약화되고, 그 영향력은 서서히 일본세력에게 전이되어 갔던 것으로 보인다.

---

85) 소나무 벌목 사건의 실상은 『신축교안과 제주 천주교회』, 284~289쪽과 『초기 본당과 성직자들의 서한(1)』, 208~215쪽과 『초기 본당과 성직자들의 서한(2)』, 232~235쪽에 기록되어 있다. 1906년에 발생한 이 사건은, 라크루 신부가 1903년경 장차 건물을 지을 때 사용할 재목을 얻기 위하여 상명리의 소나무밭을 매입한 적이 있었는데, 1906년경 일본인들이 제멋대로 이 밭의 소나무 25그루를 전신주용으로 벌목하여 버린 데서 비롯되었다. 1901년경 라크루 신부가 소나무값을 대신하여 상청골의 향청 건물을 소유하게 됨으로써 문제는 해결되었다.

제7장

일본인이 본 민란

제7장
일본인이 본 민란

1. 민란 이전 제주도 인식

 1885년 발생한 영국군의 '거문도 점령사건'은 영국과 러시아가 거문도를 둘러싸고 군사기지 확보를 위한 쟁탈전을 벌인 것으로 알려져 있다. 그러나 개항시기 일본의 신문에 게재된 제주도 관련 기사를 보면, 러시아의 제주도 군사기지 확보를 위한 노력에 일본이 민감하게 대처하고 있음이 확인된다. 즉, 1885년 4월에 러시아 동양함대가 제주도 점령을 시도한다는 정보가 일본 朝野에 알려지면서 일본 신문에서는 제주도에 대해 정보를 수집하여 특집 기사를 게재하게 되었다.[1] 일본은 러시아가 제주도를 차지한다면 남쪽으로 진출하는 요긴한 항구를 확보하게 될 것으로 우

---

1) 『大阪每日新聞』 1885년 3월 12일(露國 제주도를 노리다), 4월 9일(제주도), 4월 23일 (제주도 차용에 관한 조회); 『鎭西日報』 1885년 4월 15일(제주도); 『大阪朝日新聞』 1885년 4월 24일(제주도).

려하고 있었다. 그리고 영국과 러시아의 대립으로 제주도·거문도 점령이 더욱 가시화될 것이기 때문에, 일본 정부도 이를 방치해서는 안 된다고 지적하였다.[2] 이에 대하여 일본 정부는 제주도 근해 측량을 명분으로 군함 龍驤艦을 제주도로 출동시켰다.[3] 당시 상황은 겉으로는 1885년 영국이 거문도를 점령하면서 1884년 조선과 수호조약을 체결한 러시아와의 갈등으로 비치고 있지만, 오히려 러시아나 일본이 군사기지로서 관심을 갖고 있는 곳은 제주도였다.

이 시기 제주도는 일본에게 한반도 어장 침투의 최고 요충지로도 인식되었다. 일본 어업인들이 조선 근해에 출어하려면 반드시 제주도를 통항의 거점으로 삼아야 할 뿐만 아니라, 주요 어장이 모두 제주도 근방에 있기 때문이었다. 제주도 인근 해역에서 조업하는 어종은 주로 상어·전복·해삼·도미 등인데, 매년 어획고가 대폭 증가하였으며 수산물은 거

---

[2] "英艦 아고메논호 및 다른 두 척이 보루토하미루톤(거문도)에 정박하고 있다는 소문은 최근 더욱 자자하다. 또 露國이 게루바루토(제주도) 점령의 담판을 조선과 한다는 것을 풍설이라고 막연히 듣고 넘길 수 없다. 만약 이 소문이 사실이라면 이는 조선으로서는 심히 우려되는 大患이다. 이는 조선뿐만 아니라 역시 日·淸 양국의 우환이 된다. 더욱이 노국이 게루바루토를 노리는 것은 오늘에야 일어난 것이 아니다. 일찍부터 세상 사람이 다 아는 바이다. …… 두 나라(영국과 러시아)의 다툼이 피할 수 없는 기세는 즉 제주·거문 두 섬의 점령을 촉진시킬 것이다. 단지 두 섬의 점령을 촉구할 뿐만 아니라 또 일·청 두 나라에 파급될 것이다. 지난 시기 영·로가 전쟁을 했을 때 러시아의 군함이 우리 항구에 들러 파손된 것을 수리한 것처럼 금후도 그렇게 시도할 것이다. 우리나라가 國外 중립을 지키려는 것은 물론이지만 그 어려움은 청불전쟁 시에 비할 바가 아니다. 충분한 병력과 수비로써 변경의 바다와 항구를 경비하는 문제는 곧 눈앞에 닥쳐올 것이다."(『鎭西日報』1885년 5월 1일, 사설: 英露의 관계 조선에 파급)
[3] "우리 군함 龍驤艦이 제주도 근해 측량을 위해 이미 조선 부산포를 떠났었는데, 그 측량을 마치고 지난 24일 다시 동항에 귀착 投錨하였다고 함."(『大阪每日新聞』1885년 5월 6일, 제주도 근해 측량)

의 중국에 수출하여 막대한 수익을 올렸다. 따라서 일본 정부는 제주도가 개방되면 일본 어민의 수익이 급증할 것으로 기대하였다.[4] 그러나 조선 정부는 제주도민의 반발 때문에 일본 어민들에 대하여 제주도 어장에서의 조업을 금지하였다.[5] 때문에 1890년대 이후 일본 정부는 조선 정부와 제주도 어장의 개방을 위한 외교적 절충에 심혈을 기울이게 되었다.

1892년 조선 정부가 대동강 개항의 대가로 제주도 禁漁 조치를 제시한 것에 대해 일본 정부가 이를 수용할 것이라는 설이 확산되자, 九州 지방의 어업인들은 낙담하였다. 당시 長崎縣의 지역 신문은 일본 정부의 제주도 漁權 포기를 강력히 비난하며 제주도가 최상의 어업 지역임을 강조하였다.[6]

일본은 1894년 청일전쟁을 전후하여 조선에 대한 침략을 기정사실로 여겼다. 이 시기 일본 朝野의 눈은 조선에 집중되었다. 신문·잡지 등에서 조선 문제가 활발하게 논의되었고, 조선의 역사 및 언어·지리 연구가 서서히 진행되었다. 19세기 말이래 제주도 또한 일본의 경제적 침탈에서 자유롭지 못했다. 1880년대 이후 어장 침탈을 시작으로 일본인들의 제주

---

4) 『鎭西日報』 1890년 1월 17일(조선 근해의 어업).
5) 제주도 어업의 다수는 부녀자들의 전업으로 생계를 유지하고 있는데, 일본어민이 제주도에 들어와서 어업을 하면 생업을 잃게 되어 불만이 크다는 것이다(『鎭西日報』 1890년 6월 5일, 다시 제주도의 어업에 대해서).
6) "제주도 해면은 우리 어민의 金庫寶藏이다. 거기서 얻을 수 있는 것은 전복·해삼·상어 등이고, 그 품질은 다 우리나라 해산물보다 뛰어나기에 한번 제주해에 든 자는 百財를 낚고 千財를 그물 친다. 이래서 오늘날 풍파를 만나 물고기의 밥이 됨을 꺼려하지 않는 까닭은 여기가 최상의 어업지이므로 九州 연안의 어업자가 대체로 이에 의거해서 생계를 유지하고 있기 때문이 아닌가. 우리 정부가 제주도를 포기하고 단지 대동강 개항에 고집하면 다리 밑의 자갈을 잡고 수중의 주옥을 잃은 셈이 된다."(『鎭西日報』 1892년 9월 28일, 제주도 漁權 포기를 비난한다)

왕래는 빈번해졌고, 그들은 교역과 상업을 주도하여 갔다. 19세기 말 일본은 제주도를 본격적인 어업 거점 지역으로 여겼고, 나아가 산업 식민의 대상으로 삼고자 하였다.

2. 민란에 대한 사실 인식

1) 민란의 원인

일본 신문에 처음으로 제주도에서의 민란 발발 분위기를 전한 것은 『大阪每日新聞』이었다. 이 신문에는 大分縣 출신으로서 상업을 하기 위하여 제주도에 재류 중인 松川實[7]가 신문사에 보내온 서신을 통해 제주도 상황을 보도하였다. 즉, 제주도에서 천주교가 크게 발호하여 범죄자들이 입교하는 등 민심이 악화되어 민란의 조짐이 있다는 것이다. 또한 제주도 내 목사를 비롯한 유력자들이 천주교도의 행동에 분개하여 일본어학교를 세우는 데 찬성하고 있으며, 교사는 기독교 전도사 및 불자를 임용하고 싶다는 내용의 서신이다.[8] 이 서신은 민란 발발 직전 천주교 포교에 반발하는 사회 분위기를 대충 전한 것이지만, 천주교 때문에 유지들이 일본어학교 설립에 동의했다는 내용은 일본 측에 기울어진 인식으로 보인다. 교사를 기독교・불교계 인사로 채용함으로써 천주교 세력 확장을

---

7) 松川實는 제주도에서 감태를 이용한 옥도 제조 사업을 벌였다. 그는 청일전쟁 전 제주도에서 잠시 신문의 통신원으로서 도세를 조사・시찰한 적이 있었다(靑柳綱太郎, 『朝鮮の寶庫 濟州島案內』, 1905, 77쪽).
8) 『大阪每日新聞』 1901년 4월 29일(제주도 소식).

견제하고자 하는 일본인의 경계심을 드러냈다고 할 수 있다.

『大阪每日新聞』은 5월 29일, 5월 31일, 6월 1일자 기사를 통해 제주도에서의 민란 발발 소식을 처음으로 보도하였다. '제주도민의 폭거', '제주도의 민란' 등의 제목을 통해 프랑스 선교사 및 교회에 대한 제주도민의 폭력 행위로 사건을 규정하였다. 이 기사들은 대부분 '京城來電'으로서 서울로부터의 전신에 의존하였기 때문에 프랑스 공사관에서 제공한 사실에 의존하여 작성되었다. 그럼에도 이 신문은 이번 민란이 천주교회의 발호에 제주도민이 분개한 결과라며, 프랑스가 선교사의 생명과 교회의 보호를 위해 출병 진압을 요구하는 것은 당연한 일이지만, 치안의 교란을 일으킨 교회에 대해 제주도민의 원성이 많다는 것도 무리가 아니라며 교회 측의 문제점을 같이 지적하였다.[9]

한편 『大阪朝日新聞』은 이 민란의 원인에 대해 교민들이 외국인의 위세에 의지하여 도민들을 자극했다는 사실, 더욱이 봉세관이 천주교인이었기 때문에 민심을 격분시켰다는 점이 직접 원인이었다고 보도하였다. 배외적이고 종교적 갈등이 주요 원인은 아니었다고 덧붙였다.[10]

이상의 일본 신문에 보도된 제주민란 관련 사실들은 대부분 한국 또는 제주도에서 보내온 전신·서신에 의거해서 작성한 기사들이기 때문에 정확한 사실을 담고 있다고 보기는 힘들다. 반면 『日本公使館記錄』은 목포 주재 일본영사관에서 현지에 파견한 2명의 순사가 조사한 보고서이기 때문에 자세한 내용을 담고 있어서 신빙할 만하다.(본장 뒤에 수록하

---

9) 『大阪每日新聞』 1901년 6월 1일(제주도의 민란에 관해).
10) 『大阪朝日新聞』 1901년 6월 2일(제주도 민란의 원인); 『神戶又新日報』 1901년 6월 3일(제주도 사변 여문).

였음.)11)

일본 순사들은 민란의 원인으로서 제주도민과 교회의 대립(敎弊)을 중요하게 인식하였고 봉세관 강봉헌의 稅弊는 부수적으로 취급하였다. 천주교 포교 이후 제주도의 악한들이 선교사의 힘을 빌려 프랑스 국민이 된 것처럼 행동하였고 선교사는 이들을 프랑스인처럼 비호하여 교민들의 폭행 협박의 행태가 만연하게 되었다는 것이다. 교폐의 내용으로는 금전의 채무 이행 거부, 양민으로부터 금전과 곡물 약탈, 神佛(神堂) 파괴, 삼림 벌채 강요, 금전 수탈, 이혼한 부녀자 강탈 등을 거론하였다. 일반 도민들은 아무리 분격한다 해도 어쩔 수가 없다고 생각하면서도 교민들에게 거듭 고통을 당함으로써 전 도민의 분노가 누적되어 결국 봉기가 있게 된 것이라고 보고하였다.

한편 봉세관 강봉헌의 세폐에 대해서도 봉기의 원인을 제공한 것으로 보았다. 1899년 음력 11월경에 봉세관 강봉헌이 부임한 뒤 종전부터 징세하던 세금 외에 가옥・樹木・어망・漁場・염전 기타 일체의 해산물에 이르기까지 징세하려고 시도하자, 도민 전체가 이 일에 분노하게 되었다고 하였다.

제1회 보고서는 위와 같이 교폐와 세폐를 병렬적으로 서술하는 것으로 그쳤음에 반해, 제2회 보고서에는 세폐와 교폐가 결합된 것을 민란의 주요 원인으로 강조하였다. 즉, 봉세관에게 사주 당한 무뢰한들이 모두 천주교도들로서, 마을마다 촌민들을 협박해서 금전과 물품을 약탈하며 폭

---

11) 민란의 원인 및 발단에 대해서는 영사관 순사가 작성한 2건의 보고서 중에 6월 3일자 첫 보고서에 주로 언급하였으며, 제2회 보고서에 다시 요약 정리하였다.

행과 협박을 일삼았기 때문에 일치된 복수심이 생겨나서 폭거가 발생한 것으로 이해하였다.

또한 봉기의 발단을 교민들과 상무사와의 대립 사건으로 상정하였는데, 1901년 4월 5일 밤 교민인 제주군 고산리 金秉鉉 진사가 상무사원인 대정군 신평리 宋希洙의 집을 습격하여 폭행을 가한 사건으로 보았다. 송희수가 부상을 입었다는 소식을 들은 '도민파'가 사방으로 격문을 보냄으로써 민란이 시작되었다는 것이다. 한편 영사관 순사가 작성한 보고서에는 1901년 2월에 발생한 정의군 하효리 吳信洛 노인이 정의교당(하논 성당)에서 사망한 사건에 대해서는 언급이 없다.[12]

이러한 일본영사관의 보고서가 서울 주재 공사관을 통해 일본 본국에 전달된 뒤 일본 언론은 구체적인 사실에 근거해서 민란의 원인에 대해 보도하였다. 『大阪每日新聞』과 『鎭西日報』는 6월 3일자 영사관 순사의 첫 보고서를 抄錄하여 게재하였다.[13] 『神戶又新日報』는 영사관 보고서에 기록된 바와 같이, 민란의 제1원인으로 선교사와 교민의 지역민에 대한 횡포 때문에 교회를 미워하게 된 점을, 제2원인이 수세관의 가혹한 징세 때문임을 지적하였다. 또한 사건의 발단에 대해서도 보고서와 마찬가지로 천주교회에 반항하는 상무사 설립으로부터 비롯되었다고 보도하였다.[14]

그러나 구체적인 진상을 확인한 뒤에도 일본 언론의 일반적인 논조는

---

12) 오신락 노인의 사망 사건에 대해서는 본서 제3장에 간단히 정리해 놓았다.
13) 『大阪每日新聞』 1901년 6월 23일(제주도 민란의 상세한 정황); 『鎭西日報』 1901년 6월 26일(한국 폭동의 진상).
14) 『神戶又新日報』 1901년 6월 19일(제주도 폭동의 원인).

교회 측의 폐단이 더 큰 원인이었음을 지적하는 쪽으로 기울었다. 『大阪朝日新聞』은 민란의 핵심 원인은 교민이 종횡무진으로 난폭 행위를 한 데다 프랑스 선교사가 이를 암암리에 후원했기 때문이었다고 논평하였다.15) 『大阪每日新聞』은 사태가 진정된 뒤 논평 기사를 통해 이번 사변은 전적으로 천주교도의 횡포가 원인이 되어 폭발한 것으로서, 교도들은 폭도들이며 회민은 제주도 내의 양민들이라며 천주교에 대한 극도의 반감을 표시했다.16)

2) 민란의 진전 과정

한국 주재 일본인의 공식적인 입장을 대변한 것으로 볼 수 있는 『공사관기록』에는 제주민란의 명칭을 '제주도민 봉기', '폭도 봉기', '제주도민란', '제주도 민요' 등으로 기록하였다. 또한 일본 언론에서는 '제주도

---

15) 『大阪朝日新聞』1901년 6월 18일(제주도의 난원). 또한 이 기사에서는 제주도 소란의 원인을 익명 인사의 말을 빌려, "교민의 폭행에 대해 도민이 이를 비난, 추궁하는데 교민들이 곧 선교사의 뒤에 숨어 선교사 또한 이들을 비호하니 한국 관헌의 세력이라 할지라도 어찌할 수 없었다. 그러므로 교민은 한국 국민이면서도 마치도 치외법권을 가진 것처럼 점점 횡포를 더하므로 도민의 분개가 격심하였다는 것이다."라고 전하였다.

16) "선교사들이 공명심에 젖어 신도를 많이 만들었다고 본국에 보고하는 것을 영광으로 생각하기 때문에 선악을 가리지 않고 유인하여 오는 자는 거절하지 않는 식이니, 우선 입교하는 자는 빈민 또는 폭한으로서 자기 죄를 가리기 위해 도망해 오는 것으로서 진정한 양민은 극히 적었다. 따라서 교도는 무뢰한이고 교당은 악마의 집회소가 되어 천주교는 양민을 해독하는 기계와 같은 반대의 결과를 낳게 하였다. 프랑스 선교사가 상신하는 것은 프랑스 공사가 죄다 이를 수용하여 대한제국 정부에게 요구함으로써 자연 신분을 교도의 적에 두면 떳떳한 감이 들고 자연스레 폭한 무리에 들어가 행세하는 경우도 나타난다는 것이다."(『大阪每日新聞』1901년 6월 22일, 제주도 아직 평온하지 않다)

민란', '제주도 폭동' 등으로 불렀다.

영사관 파견 순사의 보고서에 작성된 민란의 진전 과정 내용은 크게 도민파의 격문 발송, 제1회 접전, 제2회 접전, 상호 살상, 한국 병사의 파견과 진압 등으로 구분되어 있다. 보고서는 민란 발발 이후 교도파가 명월 지역에 모여 있는 도민파에 대해 선제공격을 한 것을 첫 번째 상호 전투로 기록했다. 이 전투에서 포격 접전이 벌어졌는데, 교도파가 습격하여 도민파의 수령 오대현을 생포한 사실을 적었다.

제2회 접전은 도민파가 제주성내로 육박해 들어가서 성안에 포진한 교도파와 대치하며 벌인 전투를 말했다. 도민파가 全島에서 매 호당 1명씩을 징집하여 민군 1만 명을 구성했고, 제주도 내의 포수로 불리는 獵夫들을 징발하여 구식 총포 500여 정으로 무장했다.[17] 도민파가 제주성을 포위 공격한 것은 사태가 일어나자 각 지역에 거주하던 교도들 대부분이 성내로 피신하여 주둔하였기 때문이라고 밝혔다. 제주성 안에 있던 교도 총수는 2,000여 명이라고 추정하였다.

제1회 보고서는 민란으로 인한 사망자 수에 대해 교도파 500여 명(여자 9명 포함), 도민파 19명이라고 파악하였다. 교도파의 사망이 많은 이유를 도민파가 소지한 총포가 많았을 뿐만 아니라 각 마을별로 교도들을 색출하여 죽였기 때문이라고 하였다. 보도서 작성 때까지 5월 28일 제주성 입성 직후 벌어진 관덕정 앞에서의 교민 살해에 대해서는 정보를 입수하지

---

17) 제2회 보고서에는 전도 2만 1,1419호 중 1호도 이 민란에 관계하지 않은 가구가 없었고, 간혹 성내 일부를 제외하고는 1호에서 반드시 한두 사람의 장정을 내보냈으며, 부녀만 있는 집에서는 하루에 일정량의 미곡을 갹출하여 出役에 대신했다고 기록하였다.

〈사진 1〉 프랑스 군함에서 상륙한 프랑스 군인이 관덕정 앞에서 피살된 교민들의 모습을 찍은 사진 (1901. 5. 31.)

못한 듯하다. 이러한 오류는 제2회 보고서 작성 때 5월 28일부터 30일까지 3일간 제주성내에서 살육한 교도 수가 300여 명이라고 정정하였다.

제2회 보고서는 살육된 자는 모두 교도이며 400명, 500~600명, 또는 1,000여 명 등 다양한 설이 있다고 하였다. 제주목청에서 공식 조사를 한 것이 아니기 때문에 어느 것도 믿을 수 없지만, 서군 대장 이재수가 비양도에 체재 중인 통어연합회원에게 전한 내용과 영사관 순사들이 탐문한 결과 살해당한 교도는 600명, 도민파는 20명 내외라고 하였다.[18] 영사관

---

18) 제주목에서 平理院 安鍾悳 검사에게 보고한 문서인 『三郡平民教民物故成册』을 보면, 사망자 수는 도합 317명으로서, 교민이 309명, 평민이 8명이었다(본서 제4장).

순사들은 6월 3일 濟遠號 사관과 함께 제주목관아를 방문하여 목사 이재호를 만났는데, 이때 제주성내에서 가장 격렬하게 천주교도들을 도살한 곳이 관덕정 마당이었음을 확인했다. 이들이 도착했을 때 시신은 피해자 친족들이 인수해갔기 때문에 현장에 남아있지 않았지만, 당시 흐른 피와 부패된 냄새가 심하게 났고 撲殺用으로 쓰였던 돌 뭉치 수천 개가 경내에 쌓여 있었다고 적었다.[19]

3) 민군의 동정

일본영사관 파견 순사들은 교회 측 동향 못지않게 민군의 동정도 면밀하게 시찰하였다. 이들은 민란의 대립 구도를 '도민파'와 '교도파'로 나누어서 규정하였다. 이들은 도민파(민군)의 동정을 보고하면서 먼저 商務所(商務社를 말함)에 주목하였다. 상무소는 대정군에 설치되었으며 소장은 대정군수 채구석인데, 그는 표면적으로는 도민파에 소속되지 않은 것 같지만 실은 가담하고 있는 것 같다고 하였다. 이러한 채구석에 대한 견해는 교회 측의 입장과 비슷하다고 할 수 있다.[20] 또한 도민파의 수령인 오대현이 생포된 직후 수령으로 옹립된 대정군 거주 李在樹(25세 정도)[21]도 상무소의 구성원인 것으로 파악하였다. 이재수는 목사의 관복을 착용하고 말을 타고 全軍을 독려하였다고 한다.[22]

---

19) 『駐韓日本公使館記錄』, 「濟州島民蜂起 動態報告 件」 館第13號, 1901. 6. 15, 別紙.
20) 본서 제6장 참조.
21) 평리원의 최종 판결문에 따르면, 성명은 李在守이고 대정군 거주 里綱으로서, 1901년 10월 교수형에 처해질 당시 나이는 25세였다(평리원 판결선고서, 1901년 10월 9일; 『舊韓國官報』 光武 5년 10월 18일).

영사관 순사들은 濟遠號를 타고 온 漢城新報社 시찰원 尺尾春芳와 함께 6월 4일 민군의 한 축인 東軍(東陣) 진영을 방문하여 강우백·오대현 등 지도부를 면담하였다. 동군은 제주성 동문에서 2km 떨어진 潤武亭23) 지경의 교외에 屯集해 있었다. 민군은 성내와 산지포 부근의 각 요로에서 초병들을 교대 入番시키면서 자체적인 방어와 치안을 담당하고 있었다. 동군의 주둔처에는 500~600명의 민군이 진영을 지키고 있었으며, 그들은 일본도를 장착한 순사용 검과 木片, 죽창, 鐵砲로 무장했다. 總軍의 편성은 목편을 가진 잡병들로 외진을 구성하고, 지휘부로 들어가는 관문에는 죽창 부대가 배치됐으며, 본진에는 70~80자루의 조선 엽총을 휴대한 포수들이 지휘부를 호위하였다. 진영 밖에는 10여 명의 老婦들이 상주하며 소주와 돼지고기를 민군의 需用에 공급하고 있었다.

동군 지도부는 일본 영사관 직원들을 환대했으며, 일본 측의 도움으로 구명을 바라는 사람도 일부 있었다. 동군의 대장인 오대현 역시 일본 영사에게 관대한 처분을 받도록 주선해 줄 것을 부탁했다. 영사관 순사들은 동군이 제주목사에게 진정할 上書 초안 1통을 얻어서 돌아왔다.

---

22) 이재수의 복장 및 태도에 대해서는 『續陰晴史』에도 비슷하게 묘사되어 있다. "이재수는 관덕정에 높이 자리 잡고 평상 위에 앉아서 엄연하게 스스로 큰 체하면서 말하기를 '서양 사람을 쳐 없애서 州城을 회복하였으니 그 공은 막대하다.'라고 하였다." (『續陰晴史』光武5년 5월 29일) "絲氈笠을 써서 공작 깃을 꼽고, 甲紗 戰服에다 채찍을 잡고 안경을 꼈으며 준마의 가죽 안장에 올라타고 서양 우산을 손에 잡고는 앞뒤에 둘러싸여 호위를 받으며 나가는데 모두 성안에서 빌린 것이었다."(『續陰晴史』光武5년 5월 30일) 조경달은 이러한 이재수의 복장에 주목하여 20세기 초반 민중에 이르기까지 '士' 의식이 확산된 사회상을 보여주는 것이라고 해석하였다(조경달, 『민중과 유토피아』, 역사비평사, 2009, 146~149쪽).

23) 演武亭의 오기임. 조선 후기 병사들을 훈련시켰던 장소로서, 지금의 제주동초등학교 자리에 있었음.

한편 비양도에 체류 중인 조선해통어조합연합회 목포지부의 회원인 小早川與一郞는 연합회 순라선 선장과 함께 西軍의 주둔지인 명월을 방문하여 이재수와 면담하였다. 서군의 인원은 2,000여 명이며 엽총 100정과 기타 조선식 창과 검, 일본도 등으로 무장하였다. 일본인들은 서군으로부터도 환대와 구명 요청을 받았으며, 목사에게 올릴 상서를 등사하여 왔다.

동군의 상서는 6월 5일, 서군의 것은 6월 6일에 각각 제주목에 제출되었다. 서군은 제주목사로부터 확답을 기다리기 위해 진영을 명월로부터 제주성에서 가까운 남문 밖 10리 정도 떨어진 한라산 기슭의 언덕 위로 옮겼다.

일본 순사들의 보고서를 요약 정리하여 공사에게 보고한 목포 주재 森川季四郞 영사는 제주목사와 고문관 샌즈 등이 정부의 명에 따라 될 수 있는 한 병력에 의하지 않고 민군을 해산시킨 후에 지도부를 체포할 계획이라고 하였다. 또한 지도부는 표면적으로 강경하게 대처하고 있지만 속으로는 조만간 체포되어 엄형에 처해질 것을 확신하여 도주를 꾀하고 있는 모양이라고 전망하였다.

4) 프랑스 군함의 출동

목포 영사관 보고서는 프랑스 군함의 출동에 대해 특별히 서술하였다. 프랑스 군함 알루이트호는 太沽에서, 서프라이스호는 인천에서 출동했는데, 다 같이 5월 31일 제주에 도착하여 제주군수 김창수와 선교사를 방문하고, 특히 군수에게는 관리로서 책임을 물으며 공갈적인 언동을 한 사실을 적었다. 같은 날 무장 수병 30명 정도가 상륙하였지만 뚜렷한 행동이 있지는 않았다고 하였다. 6월 2일 한국 병사들이 도착하자 프랑스 군함은 목포와 인천으로 돌아갔다가 6월 9일 새벽에 다시 입항하였고, 사관 몇 명이 상륙하여 이재호 목사와 궁내부 고문관 샌즈를 내방하였는데, 민란 지도부를 체포하여 엄중 처벌할 것을 협박하였다고 적었다. 영사관 순사들이 제주목사에게 이 사실을 확인하려고 했지만, 목사는 그와 같은 사실을 숨기며 부인했다는 것이다.[24]

제주도에서 주민들과 천주교민들 사이에 분쟁이 발생하자, 일본 언론은 사태의 진압에 나서는 대한제국 정부의 동향뿐만 아니라 각국의 군함이 출동하는 정보를 수집하여 즉각 보도하였다. 제주도 민란을 진압하기 위해 대한제국 정부가 진압 부대를 보냈고, 프랑스 및 일본 군함이 제주도로 향했으니, 사태가 원만하게 해결될 것을 기대하였다.[25] 그러나 프랑스 선교사가 부상당했다면 한·불 간의 국제 문제가 야기될 것으로 예상했다.[26] 당시 일본의 대한제국에 대한 차관 문제가 해결되지 않은 상황에서 한국과 프랑스 사이에 외교적인 갈등이 더 확대되지 않기를 기대하기도 하였다.[27]

한편 일본 신문은 일제히 중국에서 발생한 義和團운동과 비슷한 사건으로 보도하였다.『大阪每日新聞』은 "이번 민란은 천주교도들의 발호를 미워하는 인민이 분개한 결과인 것 같으며 마치도 義和團 봉기의 사정과

---

24) 『駐韓日本公使館記錄』, 「濟州島民蜂起 動態報告 件」 館第13號, 1901. 6. 15, 別紙.
25) 『大阪朝日新聞』 1901년 6월 2일(제주도의 형세); 『大阪朝日新聞』 1901년 6월 9일(제주도 민란의 전말). 앞의 『大阪朝日新聞』 1901년 6월 9일자 기사에는 旅順에서 러시아함 1척이 제주도에 급히 출항한다는 정보가 있다고 보도하였다.
26) 『大阪朝日新聞』 1901년 6월 9일(제주도 민란의 전말).
27) 『神戶又新日報』 1901년 6월 2일(제주도의 匪徒).

성질이 서로 닮다."라고 하였고,28) 『大阪朝日新聞』은 "최근 불란서 선교사가 來住하면서 그 무뢰의 교민을 비호하고 있는 것이 청나라의 義和團의 봉기와 비슷하다."라고 하였다.29) 『神戶又新日報』는 "청나라의 현안이 일단 다스려지니 다시 무대를 바꾸어 한국 제주도의 外敎 배척주의의 匪徒가 봉기한 것을 보면 동양에서 사건의 실마리가 자주 바뀌어 끝맺을 바가 없다고 하겠다."라고 하여,30) 제주민란을 의화단운동의 연속선상에 이해하고 있다.

이러한 일본 측의 제주민란 인식은 서교(천주교)와 연관된 서구 열강이 제주도 또는 한반도에 대해 영향력을 갖는 것에 대한 비판 의식과 연결되었다. 『神戶又新日報』는 "평화의 복음을 전해야 할 선교사가 자칫하면 전란의 도화가 된다. 최근 北淸의 현상(의화단운동)이 바로 그렇다. 유럽 문명을 위해서 아깝고 동양 문명을 위해서 한탄스럽다."31)라는 논평 기사를 통해 은근히 프랑스 세력에 대한 견제 의식을 드러내 보였다.

제주도의 사태가 한창 진행 중일 때 일본 신문은 주로 서울과 인천·목포·부산 등지로부터 수집한 전신 정보 등에 의존하여 사실 자체를 보도하던 태도를 유지하였다. 그러나 제주민란이 진정된 뒤에는 언론사 자체의 논조를 강하게 표출하는 주관적인 기사가 여러 차례 게재되었다. 『大阪朝日新聞』은 민란의 주요 원인을 천주교민의 난폭행위와 선교사의 후원, 나아가 프랑스 본국 정부의 위력이 배경이 되었다는 논조를 펼쳤다.

---

28) 『大阪每日新聞』 1901년 6월 1일(제주도의 민란에 관해).
29) 『大阪朝日新聞』 1901년 6월 2일(제주도의 형세).
30) 『神戶又新日報』 1901년 6월 2일(제주도의 匪徒).
31) 『神戶又新日報』 1901년 6월 14일(제주도 폭동의 전말).

이러한 사태가 전국적으로 번지면 중국의 의화단운동과 같은 폭발적인 사태로 발전할 수 있을 것이며, 이를 막기 위해서는 대한제국 정부가 교회 측의 범죄도 엄정하게 규명하여 프랑스 정부에 엄중하게 항의할 것을 주문하였다. 만약 한국 정부가 힘이 없어서 처리하지 못한다면 일본 정부가 직접 나서서 협조할 것을 주문하기까지 했다.[32]

한편 프랑스 군함과 일본 군함이 출동한 사실에 대해 미국 측도 민감한 반응을 보였다. 뉴욕타임스, 워싱턴포스트, 로스앤젤레스 타임스, 시카고 트리뷴 등 미국 언론은 제주도 민란의 발발 사실과 2척의 프랑스 포함, 1척의 일본 군함이 출동한 사실을 보도하였다. 이들 신문은 제주도 사건이 외세의 개입으로 이어지고 국제 문제로 발전할 가능성을 언급하였다.[33]

특히 알렌 미국 공사는 일본 신문인 『漢城新聞』이 제주도 사건에 대해 천주교회 측에 비판적인 기사를 연속 보도한 점에 주목하여 조선에서의 일본과 프랑스의 갈등 분위기를 본국 정부에 보고하였다. 알렌 공사는 일본이 제주도 사건을 계기로 조선에서의 차관과 광산 문제를 둘러싸고 프랑스와 러시아에 대해 가졌던 반감을 표출시킴으로써 앞으로 일본 측에게 유리한 분위기를 형성하려는 시도로 보인다고 보고하였다.[34] 당시 대한제국 정부가 프랑스 자본 차관 도입을 적극적으로 시도했으나 일본과

---

32) 『大阪朝日新聞』 1901년 6월 18일 (제주도의 난원).
33) 제주4·3연구소에서 발행한 『4·3과 역사』 6호(2006)에 미국 언론에 보도된 기사와 서울 주재 알렌 미국공사가 본국 국무부에 보고한 리포트 내용이 번역·수록되어 있다.
34) 위 『4·3과 역사』 6호, 186~187쪽. 프랑스와 러시아에 대한 일본의 견제 의식은 자국의 언론을 통해서도 표출되었다. 프랑스 공사가 제주민란으로 인한 손해배상금을 대한제국 정부가 받아들이지 않으면 경의선 철도 부설권과 평안도 광산 채굴권을 요구하겠다는 의향을 제시했으며, 그 이면에는 러시아 공사가 관여했다고 보도하였다 (『新戶新聞』 1903년 3월 15일, 주한 불란서 공사의 요구).

영국의 반대로 실현되지 못했던 점을 감안한다면,35) 이러한 알렌 공사의 보고는 일본이 제주민란을 둘러싸고 프랑스에 대해 취했던 외교적 입장을 잘 지적한 것이라고 하겠다.

3. 민란 당시 일본 거류민 대책

1) 일본 군함의 파견과 어민 보호

'제주도의 민란'을 보도한 『大阪每日新聞』에는, 민란이 일어난 제주도가 일본과의 연관성이 깊은 지역이란 점에 주목하였다.36) 즉, 제주도에 왕래하는 對馬島人들이 50만 석의 大富源이라고 부러워하였으며, 해산물 이득이 무진장하여 일본 어민의 出稼가 많은데, 근년에 와서 연안 곳곳에 땅을 빌리고 집을 지어 정주하거나 중간 거래하는 일본인들이 많아졌다는 것이다. 여기를 맞아 제주도 연안에 출어하는 일본 어민이 수백 명을 넘을 정도로 많아지는 상황에서 그들을 보호하기 위해 군함 파견의 필요성이 제기될 것으로 예상하였다.

결국 서울 주재 일본공사관은 일본 어민 거류민이 많은 상황을 감안하여 6월 1일 오전 5시 인천에서 일본 군함 濟遠號(함장 佐伯誾 中佐)를 출동시켜 제주도로 향했다.37) 군함 출동의 목적은 제주도 민란의 정황을 시찰함과 동시에 일본 어민을 보호하기 위함이었다.38)

---

35) 전정해, 「광무년간의 산업화 정책과 프랑스 자본·인력의 활용」, 『국사관논총』 84, 1999; 김태웅, 「한국 근대개혁기 정부의 프랑스 정책과 천주교」, 『역사연구』 11, 2002.
36) 『大阪每日新聞』 1901년 6월 1일(제주도의 민란에 관해).

또한 목포 주재 일본영사관에서는 6월 2일 소속 순사 2명(古屋貞藏, 岩井德太郞)을 제주도에 파견하였다. 당시 비양도에 출어하는 일본 어민들이 5월 30일 목포로 가서 조선해통어조합연합회 목포지부에 제주도 상황을 통보해 왔는데, 여러 포구에서 교민들이 도주하는 것을 막기 위해 배의 출입을 엄금하므로 땔감·물·식량의 보충에 어려움을 겪고 영업상의 지장이 막심하다고 하였다. 또한 민군 측에서 일본 어선에 승조원 또는 통역으로 고용했던 주민들을 징발해 가기도 했다고 보고하였다. 이에 목포의 일본영사관은 통어조합연합회에서 운항하는 巡邏船에 순사 2명을 탑승시켜 제주도에 파견하게 되었다.[39]

군함 濟遠號는 6월 2일 오전 10시 제주도에 도착하였다. 목포의 영사관에서 파견한 순사들은 6월 2일 밤에 도착하여 군함을 방문하였다. 군함은 풍파 때문에 접안하지 못해 제주성내로 당장 들어가지 못했다. 결국 다음 날 6월 3일 오후 4시에 순사들은 군함에 편승해 제주성 산지포로 입항하여 성내로 들어갔다. 군함에는 서울 주재 漢城新報社에서 파견한 視察員 尺尾春芿와 인천의 일본 경찰서 순사 山內長三郞가 통역원으로 탑승하였다.[40]

군함과 영사관 순사를 파견한 최우선 목적은 제주도 거류 일본 어민의

---

37) 『駐韓日本公使館記錄』, 「濟州島民蜂起 件」 館第11號, 1901. 6. 5, 別紙.
38) 『神戶又新日報』 1901년 6월 2일(제주도의 匪徒); 『大阪朝日新聞』 1901년 6월 2일(제주도 민란에 관하여; 濟遠艦 제주도로 향하다).
39) 『大阪朝日新聞』 1901년 6월 9일(제주도 민란의 전말); 『大阪每日新聞』 1901년 6월 9일(제주도의 민란과 우리나라 어민). 이들 순사는 1901년 7월 10일까지 제주도에 체류하였다(『續陰晴史』 光武 5년 7월 10일).
40) 『駐韓日本公使館記錄』, 「濟州島民蜂起 件」 館第11號, 1901. 6. 5, 別紙.

보호 때문이었다. 1901년 당시 모두 445명의 일본인이 제주도 연안이나 주변 도서에 거주하면서 어업에 종사하였으며, 연안에 20여 개의 일본 어민의 어막이 있었다. 당시 비양도는 제주성내에서 가장 가까운 위치에 있던 일본인의 어업 거점지역으로서, 이 섬에는 창고 5棟, 잠수기선 6艘, 鯛繩船 13척, 親船 4척 등과 어민과 倉庫主를 합하여 150명 정도가 체류하였다.[41] 또 梧桐浦(행원)에 창고 1동, 器機船 2척과 어민 23명이 있고, 성산포에는 창고 7~8동, 기계선 9척, 어민이 약 80명이며, 牛島에는 상인 1명과 白濱(표선)에 창고 3동, 기계선 7척, 어민이 약 80명이며, 松波(월정)에 창고 3동, 기계선 4척, 어민 40명, 또 가파도에 창고 1동, 기계선 6척, 어민 약 70명이 있었다.[42]

영사관 파견 순사들은 우선 일본 어민들이 집중 거류하는 비양도에 상륙하여 어민들로부터 사정을 들었다. 어민들은 민란이 일어난 뒤 제주도민들이 연안을 경계하여 통행을 철저하게 차단함으로써 일본 어선들이 비양도에서 음료수를 구하러 가도 상륙시키지 않았다고 하였다.

순사들은 비양도에 재류 중인 일본 어민들의 대표자인 荒川留重郞 등에게 서로 상해를 입히는 분쟁이 발생하면 국제 문제로 발전하여 쉽게 해결할 수 없을 것임을 주의하도록 조치하였다. 荒川留重郞는 廣島縣 출신으로서 1894년 4월 원양어업을 목적으로 어선을 이끌고 제주도 연안을 정찰하다가 제주군 비양도에 상륙하여 근거지로 삼았다. 그는 제주도를

---

41) 『駐韓日本公使館記錄』 16권. 비양도는 일본 어선의 주요한 근거지로서, 통어자는 大分縣을 비롯하여 長崎縣·山口縣 출신들이 주로 출어하였다(靑柳綱太郞, 『朝鮮の寶庫 濟州島案內』, 1905, 45쪽).
42) 『駐韓日本公使館記錄』, 「濟州島民蜂起 件」 館第11號, 1901. 6. 5, 別紙.

비료제조업의 적지로 여겨서 1901년 여름에 비료제조장을 곽지리와 함덕리에 설치하였고, 근거지를 비양도 맞은편의 협재리로 옮겼다.[43] 그는 제주도에서 일어난 주요한 일에도 깊이 관여하였는데, 앞에서 서술한 대로 민란 소식을 목포에 급하게 알린 사람이기도 하였다.[44]

2) '무기제공설'의 부인

제주도에 거류 중인 일본 어민들이 민군 측에 무기를 제공했는지 여부는 제주민란 연구자들 사이에 서로 다른 입장을 보여 왔다. 일본인이 민군 측과 결탁해 적극적으로 사주·선동했다는 설[45]과 이를 부정하는 설[46]로 나누어져 있다. 한편 일본인의 민란 개입은 사실로 받아들이되 관련의 형태 및 이유 등을 구체적으로 분석한 연구도 있다.[47]

---

43) 大野秋月, 『南鮮宝窟 濟州嶋』, 1911, 89~90쪽. 『韓國水産誌』에는 "1892년 廣島縣人 荒川某가 도미와 오징어 어업을 목적으로 어선 40척, 모선 5척을 이끌고 비양도에 와 매년 이곳을 근거로 어업을 하였는데, 1902년경부터 협재·곽지를, 그 다음해에는 함덕까지를 근거지로 하여 멸치 중매를 겸해 1906년에는 어업을 폐하고 곽지에 본점, 협재와 함덕에 지점을 마련하여 오로지 멸치 중매 및 搾粕 등을 제조하게 되었다."라고 하여, 제주도에 들어온 시기를 1892년으로 보았다(農商工部水産局, 『韓國水産誌』, 1908, 414쪽).
44) 大野秋月, 『南鮮宝窟 濟州嶋』, 1911, 90쪽.
45) 柳洪烈, 앞의 글; 朴廣成, 앞의 글; 金玉姬, 앞의 책.
46) 鄭鎭珏, 앞의 글; 姜昌一, 앞의 글.
47) 金洋植, 앞의 글. 이 연구에서는 일본인의 민군 지원은 일본 정부와는 무관한 일로서 제주도에 있는 일본 어민들이 자신들의 운신의 폭을 위협하는 천주교 세력을 제거하여 이권을 독식하고 기존의 침탈 기반을 보지하려는 데 불과한 것으로 보았다. 또한 민군 측이 일본인의 협조를 요청한 것은 외세에 대한 철저한 인식이 부족한 한계성을 보인 것으로 해석하였다.

민군과의 결탁에 가장 중요한 역할을 했던 일본인은 비양도에 거류 중인 荒川留重郎였다. 그는 이재수가 이끄는 민군 진영에 무기를 제공함으로써 이 사건에 깊숙이 개입하였고, 민군 측이 그와 함께 후일의 거취를 함께 의논하였다. 이러한 사실은 金允植의 『續陰晴史』, 『공사관기록』, 교회 측 자료 등을 통하여 뚜렷이 확인된다.

김윤식은 민란이 상호 격전으로 진전된 때인 5월 19일자 일기에 민군이 소지한 서양 소총 50자루가 魚採幕의 일본인으로부터 구한 것이라고 밝혔다.[48] 5월 29일자 일기에는 荒川留重郎를 비롯한 일본인 3명이 민군의 이재수를 찾았음을 적었다. 교민들이 일본 어민을 대상으로 漁稅를 심하게 징수함에 불만을 품어 荒川 등이 민군의 거사를 돕는다며 이재수에게 총과 칼을 제공했다고 하였다.[49] 5월 28일 제주목 관아를 장악한 뒤 처음에 東陣은 서쪽으로 순시하고 西陣은 동쪽으로 순시하기로 했는데, 이를 변경하여 이재수가 이끄는 서진이 서쪽으로 가려고 한 것은, 비양도에 있는 일본어민들과 계책을 꾸미기 위한 것으로 예측하였다.[50]

이재수 등 서진의 지도부가 비양도의 일본 어민 거처에 머물렀던 것은 사실로 확인된다. 천주교회 측 자료에는 이재수가 이끄는 西陣의 장두들이 6월 1일 비양도 거주 荒川의 집에 은신하고 있었음을 보여 주는 通文이 확인된다.[51] 그리고 6월 2일에는 이재수가 荒川留重郎와 大分縣 출신

---

48) 『續陰晴史』 光武 5년 5월 19일.
49) 『續陰晴史』 光武 5년 5월 29일.
50) 『續陰晴史』 光武 5년 5월 30일.
51) "민중이 해산한 후에 장두가 몇 패로 나뉘어 비양도 일본인(荒川留重郎)의 집에 은신했다는 것을 멀리서 들은 것으로 하지 말기를 바란다."(「뮈텔문서」(제주-139), 1901년 6월 1일자 通文)

으로서 상업을 하기 위하여 제주도에 재류 중인 松川實 등에게 상호 협력하자는 서면을 보냈다(아래 사진).52)

이와 같은 일본 어민과 민군과의 연관성은 6월 2일 도착한 일본 군함과 영사관 순사들의 지침에 따라 단절된 듯하다. 앞에서 본 바와 같이 6월 2일 밤에 비양도에 도착한 일본 순사들은 荒川에게 국제 문제로 번지지 않게끔 각별히 주의를 주었기 때문이다. 일본 외교 당국은 일본 어민의 무기 제공 사실에 대해서는 한 마디도 언급하지 않았다.

반면 민군 측이 일본 어민들 또는 영사관 순사들에게 도움을 요청하였음은 인정하였다. 위 이재수의 협조 요청 서한뿐만 아니라 민군 지도부의 일본 도피설을 보고서에 의도적으로 기재하여 놓았기 때문이다. 일본 도피설은 프랑스 군함 함장 또는 궁내부 고문관 샌즈가 일본 측에 제기한 문제인데, 목포의 일본 영사는 이를 헛소문으로 일축하면서도 기정사실로 받아들이는 이중적인 태

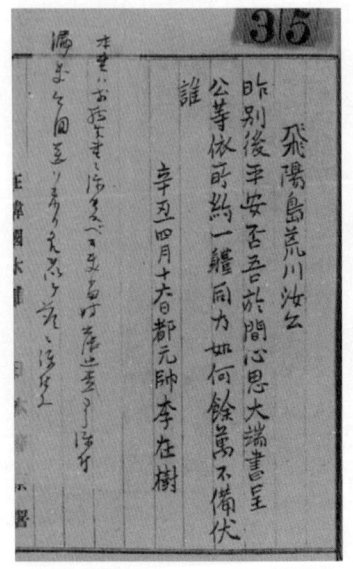

〈사진 2〉 이재수의 서신

---

52) "어제 헤어진 후 평안하신지요. 요사이 제가 생각하기에 중요한 일들을 써서 공들에게 보내니 약속한 대로 모든 것을 협력하는 것이 어떨지요. 할 말이 많습니다만 다 쓰지 못합니다."(『駐韓日本公使館記錄』, 「濟州島民蜂起 動態報告 件」 館第13號, 1901. 6. 15, 別紙, 附屬書 2)

도를 취하였다. 순사들이 6월 4일 東陣을 방문했을 때 장두 오대현이 일본이 힘을 발휘하여 관대한 처분을 받도록 주선해 줄 것을 부탁한 사실을 보고서에 적어 놓기도 하였다.

목포의 일본 영사는 일본 도피설이 퍼지게 된 원인을 오히려 일본 측에 유리하게끔 분석하여 공사관에 보고하기도 하였다. 그 원인을 네 가지로 보았는데, ① 일본 어민과 도민 간의 교통이 종래부터 특히 친밀했다는 점, ② 비교도들은 교도들의 극히 전횡적인 행동을 개탄하여 마침내 분노를 금할 수 없어서 폭거를 하게 되었다는 점, ③ 교도 측에는 프랑스 선교사의 원조가 있었고 비교도 측에는 외국인의 후원 같은 것이 전혀 없었다는 점, ④ 형세가 날로 기울게 되면서 지도부 가운데 미리부터 일본에 도항하여 일본의 문화를 실제로 보고 와서 일본 국민이 되겠다고 말할 정도로 흠모하는 무리들도 있어 결국 일본인에게 의지할 생각을 갖게 되어 일본 순사와 어민들에 대하여 특별한 호의를 표하고 있었다는 점 등을 들었다.[53]

일본 영사는 일본 어민들은 결코 폭민들과 관계하여 사단을 양성하지 못하도록 충분한 주의를 가하고 있으며, 목포의 영사관에서는 일본 어민에 대한 단속과 더불어 일본인 보호를 명분으로 제주도에 순사 12명을 증파시킬 예정이라고 보고하였다. 결국 일본의 외교 채널은 일본 어민과 민

---

[53] 『駐韓日本公使館記錄』, 「濟州島民蜂起 動態報告 件」館第13號, 1901. 6. 15. 일본 언론에서도 일본 해군 장교의 말을 빌려, "제주도민은 일본이 큰 힘이 된다는 것을 알게 되었으며, 일본인 또는 일본군함이 제주도에 갔을 때 크게 환영하여 다른 외국인에 대하는 것과는 전혀 다른 감정을 가지고 있다."라고 일본에 우호적인 제주도 民情을 기사로 게재하였다(『大阪朝日新聞』 1901년 8월 22일, 제주도 民情; 『鎭西日報』 1901년 8월 29일, 제주도민 일본인을 흠모함).

군 측과의 연계설을 공식적으로 부인하면서도 제주도에 대한 일본의 외교적 개입을 강화시키려는 이율배반의 태도를 보였던 것이다. 당시 대한제국 정부와 차관 및 이권을 둘러싼 협상 과정에서 프랑스 및 러시아 등에 불리했던 상황을 제주도 문제를 계기로 만회하고자 했던 일본 정부의 입장이 반영되었던 것으로 해석될 수 있다.

4. 민란 이후 제주도 인식

제주민란이 진정된 이후 일본 어민들은 새로운 사회세력을 형성하여 어업 침탈뿐만 아니라 마을 내부의 문제에 무력으로 개입하는 정도에까지 이르게 되었다. 1902년 서귀포에서 발생한 '梁始中 사건'은 민란 때부터 누적된 일본 어민들의 천주교회에 대한 반감이 현실적으로 표출된 사례였다. 이는 하논 마을에 사는 천주교인 朴在順이 예촌에 사는 別監 양시중을 때린 데 대하여 일본인과 결탁한 宋時伯과 일본인들이 무기를 들고 하논 마을에 돌입하여 난리를 일으킨 사건이었다. 1902년 5월에 서귀동 송시백의 집에 머무르던 松永哲之浦 등 일본 어민 11명이 총포 2자루와 군도 3개, 창 4개, 깃발 2개를 가지고 고동 1개를 불며, 하논 마을에 와서 집집마다 들어가 난리를 일으키고, 박재순을 결박하고 구타하였던 것이다.[54]

한편 일본 언론은 1903년 1월에 부임한 洪鍾宇 제주목사가 프랑스 선

---

54) 「뮈텔문서」(1902-117), 「濟州牧旌義郡守報告書抄」, 壬寅(1902) 5월 27일. 본서 제6장에 사건의 실상을 정리해 놓았다.

교사와 密議해 일본인을 배척하였다고 보도하였다. 홍종우가 일본인에게 가옥을 대여함과 인부로 고용되는 것을 금지하고, 일본인과의 물품 매매를 금지했다는 것이다. 때문에 제주도 거류 중인 일본인 1,500여 명은 일상의 음식물도 구하지 못해 제주도를 철수할 수밖에 없는 상황임을 목포영사관에 알려왔다.[55] 군함 濟遠號가 사세보로부터 출동하였고, 목포 주재 若松 영사는 高島 서기를 동반하여 제주도로 향하였다.[56] 이 사건은 林權助 일본 공사가 李道宰 외부대신과 교섭하여 홍종우가 내린 훈령을 취소하게 함으로써 원만하게 해결되었는데,[57] 이를 계기로 민란 이후 일본 어민 또는 자본의 제주도 진출이 더욱 활발하게 되었다.[58]

1902년 당시 제주 어장에 진출한 일본 어선은 20척, 승무원은 1,200명에 달할 정도였다. 일본 어선들은 제주도 연안의 여러 포구에 정박하였는데, 1890년대와 달리 제주도 어민과의 분쟁이나 갈등은 거의 없어지게 되었고, 제주도에서의 어업을 일본 어민들이 완전히 독점하게 되었다고 일본 신문은 보도하였다.[59] 1903년 3월에는 목포경찰서의 출장소를 제

---

55) 『大阪每日新聞』 1903년 4월 26일(한국 관리의 무법); 『大阪朝日新聞』 1903년 4월 30일(일본인 추방의 고시); 1903년 5월 2일(목포 단신). 홍종우와 일본인과의 분쟁에 대해서는 다음 책에 잘 정리되어 있다. 조재곤, 『그래서 나는 김옥균을 쏘았다』, 푸른역사, 2005, 249~250쪽.
56) 『大阪朝日新聞』 1903년 4월 28일(제주도 사건에 군함 파견); 1903년 4월 29일(사이엥 직항); 1903년 4월 30일(사이엥 출항 제주도 시찰); 『大阪每日新聞』 1903년 5월 1일(사이엥과 아타고함).
57) 『神戶又新日報』 1903년 5월 6일(제주도 사건 낙착); 『大阪朝日新聞』 1903년 5월 6일(제주도의 실황); 『鎭西日報』 1903년 5월 9일(제주도 사건의 낙착).
58) 홍종우는 1905년 青柳綱太郎가 제주도를 일본의 식민 대상으로 인식하여 저술한 『朝鮮の寶庫 濟州島案內』의 서문을 작성하기도 했다.
59) 『鎭西日報』 1903년 2월 26일(제주도에서 우리 사람의 어업).

주도에 설치하여 2명의 일본 순사가 주재하게 되었고, 일어학당도 설립되었다.60)

1905년에는 제주도에 진출한 일본인의 수는 더욱 증가하여 2,300명 정도에 이르렀다.61) 이들 중 절반은 어업에, 또 절반은 육상의 상업(중개업)에 종사하였다. 제주도에 진출한 일본인이 늘어나자 일본 정부에서는 재류 일본인을 보호하기 위해 경찰관 출장소를 두었고, 우편수취소를 두어 통신의 편리를 도모하기도 하였다.62)

제주민란 당시 제주도에는 상당수의 일본 어민들이 거류하고 있었다. 1880년대와 1890년대 초반까지 제주 지역민과 어업 활동을 둘러싸고 잦은 분쟁을 일으켰던 일본 어민들은 1890년대 후반에 지역민들의 저항이 완화되면서 지역사회에서 유력한 지위를 확보하게 되었다.63) 1898년 '방성칠란' 때 주민들을 질책한 성산포의 어민 대표 龜井多三朗, 1901년 제주민란 당시 민군과 결탁한 비양도의 荒川留重郎·松川實, 1902년 '양시중 사건'에서 영향력을 발휘한 서귀포의 松永哲之浦 등은 대표적인 일본인들이었다.

일본인들은 제주민란 당시 선교사·교민들과 연계된 프랑스 못지않게 기민하게 움직였다. 제주도 거류 일본 어민들은 자체적으로 대표자를 목포 주재 영사관에 파견하여 사태의 실상을 알림으로써, 일본 군함 濟遠號

---

60) 『大阪每日新聞』 1903년 5월 5일(제주도 사건에 대해서).
61) 『新戶新聞』 1905년 5월 4일(제주도에 가라).
62) 『大阪每日新聞』 1904년 1월 11일(제주도에서의 새 일본).
63) 박찬식, 「개항 이후(1876~1910) 일본 어업의 제주도 진출」, 『역사와 경계』 68, 2008.

가 출동하고 일본 영사관 직원 2명을 제주에 파견하여 사건의 진상을 조사하게 하였다. 일본군함의 파견과 외교 채널의 가동은 일본 어민 보호를 위한 명분으로 이루어졌지만 정작 일본의 속내는 당시 차관 제공 및 이권 획득을 둘러싸고 대립하던 프랑스·러시아 등의 南進을 차단하려는 의도였다. 당시 일본 신문에 연일 보도된 사건 관련 기사들은 이러한 일본인의 마음을 엿볼 수 있는 중요한 자료이다.

한편 천주교회 또는 프랑스 공사관 측은 일본이 민란에 적극 개입하는 것에 대하여 상당히 민감하게 반응하였다. 교회 측은 제주민란의 성격을 민군이 일본 어민과 결탁하여 교회를 공격한 것으로 이해하였다.[64] 민란의 처리 과정에서 일본 공사가 프랑스 측의 요구를 견제하는 데 대하여 뮈텔 주교나 프랑스 공사가 민감하게 대처한 것은 이러한 인식의 결과라 할 수 있다.

이러한 일본과 프랑스의 제주도를 둘러싼 긴장관계는 양국이 제주도에 대한 지정학적 가치를 인정한 결과로 보인다. 일본인들은 자국의 한반도 진출 과정에서 남단에 있는 제주도를 둘러싸고 프랑스가 영향력을 가지려는 것에 대해 민감하게 반응한 것이다. 일본인들은 제주민란을 계기로 대륙세력 가운데 하나인 프랑스의 개입을 막아낸 것으로 이해하였다. 일본의 한 신문은 1903년 8월경 제주도에 日本黨이 西學黨(天主派)을 누르고 조직되었다는 기사를 게재하였다.[65]

---

64) 「뮈텔문서」(제주-121), 라크루 신부의 1901년 6월 11일자 서한.
65) 『神戶新聞』 1903년 8월 13일; 8월 15일(제주도와 日本黨).

제주도 주민은 일찍이 심하게 일본 어민을 박해하고 해마다 쟁투를 야기하여 일본 영사의 폐를 끼친 것이 한두 번이 아니었다. 근년에 들어 갑자기 일본인을 환영하게 된 것은 괴이한 현상이다. 오늘날 섬의 양민은 노약남녀를 불문하고 앞으로 굳센 일치단결을 이루어 견고한 일본당을 조직하자고 의논하고 있으니 점점 재미있는 형세라고 하지 않을 수가 없다. 그런데 도민으로 하여금 그와 같은 결심을 하게 만든 것은 천주교도의 난폭을 꺼리는 감정이 생긴 것이 그 주된 원인이다. …… 제주도민은 다년간 천주파의 압박과 학대에서 벗어나려고 백방으로 수를 쓴 결과 일본당 조직 이외에 아무런 수단이 없음을 깨달아서 결당하자고 20만의 의사는 드디어 一決했다.

이러한 일본인들의 인식은 제주민란을 계기로 프랑스에 대한 제주도민의 반감을 이용해 일본의 영향을 강화시키려는 의도에서 생겨났다. 제주민란 당시 제주도를 다녀간 靑柳綱太郞가 러일전쟁 직후 제주도에 대한 식민 구상을 신문에 기고하고 책으로 만들었음은 우연의 일치라고 할 수 없겠다. 1901년 제주민란은 일본의 대륙 진출에 걸림돌이었던 프랑스와 러시아를 견제하면서 제주도를 넘어서서 한반도를 침략하는 데 좋은 기회를 제공해 준 사건으로 일본인들은 인식하였다.

반면 제주 지역민들은 제주민란 당시 가졌던 중앙정부와 천주교회에 대한 반감 때문에 한반도 침략 계획을 구체화한 일본의 의도를 읽어내지 못했다. 조경달의 지적과 같이, 제주도민에게 반제국주의 근대 의식은 매우 희박했던 것이다.[66] 제주민란에 참여한 제주도민의 움직임을 민중운

---

[66] 조경달, 앞의 책, 150쪽.

동사 시각으로만 바라보지 말고 문화사적으로 다양하게 해석해야 할 필요가 있음을 일깨워주는 대목이라고 하겠다.

〈자료 3〉『駐韓日本公使館記錄』

1. 문서제목 (2) [濟州島民蜂起의 件] 문서번호 館第11號

濟州島 暴民 봉기의 건에 관하여 상황을 전해 들은 그대로 지난달 30일과 이달 3일 두 차례에 걸쳐 미리 전보로 보고드렸고 또 그 후 상세하게 말씀드렸습니다. 어제 4일 帝國 군함 濟遠號가 입항하였으므로 同艦에 가서 그곳의 최근 상황을 물어 확인하였던바 폭민들의 폭행은 佛艦과 新牧使의 부임과 동시에 진정되었고 향후 별다른 불상사는 없을 것이라고 합니다. 또 프랑스 군함 아르에트의 함장에게 들은 바와 대동소이하였습니다. 상세한 것은 이번 濟遠號 함장으로부터 貴 공사에게도 보고가 있을 것으로 압니다만 여기서 간략하게 말씀드리겠습니다. 별책은 지난번 그 섬의 상황을 조사하기 위하여 當館에서 출장시킨 巡査 2명의 제1회 보고서 사본으로 濟遠號가 이곳에서 귀항하는 편에 부탁하여 본사에게 제출한 것입니다. 참고로 살펴보시기 바랍니다.
이상 보고 겸 말씀드립니다. 敬具.
1901년 6월 5일

在木浦 森川季四郞印
在京城 特命全權公使 林權助 殿

[別紙]
문서제목 [上件에 관한 現地調査 第1回 報告書](사본)

제1회 보고서

6월 2일 오후 7시 제주도 소속 飛揚島에 도착하여 곧바로 상륙하여 재류하는 일본 어민에게 (本島는 제주 읍내에서 韓里로 약 80리 정도 되는 서쪽에 있음) 물어보았고 또 同 3일 오후 4시 30분 제주 성내에 들어와서 실지 조사하였는데 그 요점은 다음과 같음.

폭도 봉기의 원인

一. 프랑스 天主敎 선교사가 작년(月不詳. 무엇을 조사할 예정이었음.) 2명(그중 1명은 韓人이라고 함)이 건너온 이후 포교에 종사하고 있었으나 원래 本島에는 무뢰 악한들이 많기 때문에 이들은 그 선교사의 힘을 빌려 사단을 일으켜 보려는 생각을 품고 드디어 그 교에 입교하여 의지하였다. 그들이 신도가 되고부터는 곧 한국민이 아니고 프랑스 국민이 된 것처럼 행동하려 하였고, 또 하느님의 使者가 되었기 때문에 함부로 한국 관민들의 저항과 압박을 받을 것이 아니라고 하면서 선교사가 프랑스인처럼 비호하여 폭행 협박의 행태가 이르지 않는 곳이 없었다. 때로는 다른 島民들로부터 빌린 금전의 채무 이행을 단념하게 하는가 하면, 때로는 양민을 협박하여 금전과 곡물을 약탈하고, 때로는 神佛을 파괴하고, 또 삼림을 벌채하라고 옥박질러 양민들로부터 금전을 징탈하고, 혹은 또 몇 년 전에 이혼하고 지금은 이미 다른 집에 개가하여 수 명의 아이까지 있는 부녀자에 대하여 이전에 자기 아내였으니 돌려보내야 한다면서 돌려주지 않으면 상당한 보상금을 내놓으라고 하여 약간의 금전과 탐욕적인 행위 등 폭행이 이르지 않는 곳이 없었다. 또 한번 이 교에 가입하게 되면 죽음도 감히 두렵지 않으며 죽으면 곧바로 하느님 곁으로 갈 수 있기 때문에 도리어 죽음을 즐거워한다고 한다. 그리고 그들은 내심 무엇보다도, 선교사는 歐洲 문명국 사람으로 도민들이 아무리 분격한다 해도 어떻게 할 수 없을 것이라고 생각하고 있는 것 같다.

따라서 양민들이 이 교도들에게 고통을 당한 것이 단지 수차례만이 아니므로 全 도민의 분노가 거듭 쌓여서 결국에 오늘과 같은 사건에 이르게 한 것이 이번 사변의 중요한 원인이 된 것이라고 함.

一. 本島의 납세 상황을 보면, 재작년 음력 11월경에 捧稅官 姜鳳憲이 와서 종전부터 징세하던 세금 외에 가옥·樹木·어망·어장·염전 기타 일체의 해산물에 이르기까지 징세할 것을 기도하였고, 또 이 밖에 공적인 매매 중개세라는 것을 부과하여 거래가격의 7푼 내지 1할의 수수료를 징수하여 자기들의 배를 채우는 등의 음모가 있었다. 때문에 도민 전체가 이 일에 분노한 바 있었는데 그때에 맨 먼저 同官을 살해하려 한다는 풍문이 있었기 때문에 同官은 어렴풋이 이 소식을 듣고는 이번 사변 직전에 도망쳐서 본토로 돌아갔다고 하며 이것 역시 폭도들의 봉기에 원인을 제공한 힘이 된 것으로 상상됨.

폭도 봉기의 발단

一. 천주교 신도의 主領인 한국인 金 진사(제주군 高山 거주)는, '大靜郡 新坪에 사는 宋 서방이라는 자가 천주교에 반대하여 도민을 동원하여 商務所라는 명칭 하에 그 교도 반대 운동 사무소를 설치하였고, 이에 따라 민간 세력이 매우 팽창하여 아무래도 同人을 살해하지 않고서는 교도들의 뜻을 마음껏 펼치지 못하고, 항상 그 자 때문에 폭행에 방해를 받는 것'을 유감으로 생각하였다. 그래서 드디어 결심하고 수십 명의 교도를 인솔하고 4월 5일 밤중에 송 서방의 집을 습격하여 교살하려고, 처음에 새끼줄로 목을 조르려고 시도하였다. 그런데 옆에서 자고 있던 부인 某氏가 삽시간에 송 서방의 목 부분에 두 손을 집어넣고 목을 묶는 것을 방해한 것이 크게 奏效하여 마침내 송 서방을 교살하지 못하게 되었다. 때문에 김 진사 패거리의 폭행자들은 곤봉과 그 밖에 닥치는 대로 들고 난타하여 거의 반죽음에 이르게 한 후 각자 한 발 앞서 그 자리를 떠났다고 한다. 처음부터 교살할 준비를 하고 습격했으면서 반죽음에 이르게 하고 그곳을 떠났다는 데 대해서는 다소 의심되는 바가 없는 것도 아니지만, 그러나 다른 장애로 방해가 되었기 때문에 당초의 목적을 달성할 수 없었는지, 또는 처음부터 죽일 결심까지는 아니었는지 그 점은 판명되지 않았으나 고찰하여 보면 폭행하고 있는 동안 촌민들이 이 일을 알게 되어 다수의 도민들이 모여 오게 되면서 방해를 받은 것은 아니었는지.

島民派가 사방으로 격문을 보냄

一. 이에 송 서방이 중상을 입었다는 사실을 들은 島民派에서는 사방으로 격문을 보내어 많은 동지들을 규합하고는 5월 13일에 제주군 明月(비양도에서 약 10리 되는 對岸인 本島에 있으며 제주 읍내에서 서쪽으로 80리 떨어진 곳에 있음)이라는 곳에서 집합하여 城內(읍내)의 신도들을 공격하기로 의논 중 제주 군수 金某는 전부터 천주교도와 다소 친분이 있었기 때문에 이들의 중재를 시도하려고 명월에 가서 도민파의 수령과 회견하고 중재를 시도하였지만 담판은 끝내 결렬되고 같은 달 17일 도민파가 성내를 습격하려는 모의가 있었다는 것을 이 군수가 교도파에게 알리게 하였다.

제1회 접전

교도파에서는 이 소식을 전해 듣고 성내에 집합하여 모의한 결과 저들 도민파의 습격을 기다리기보다 차라리 선제공격을 하는 것이 낫다고 하여 5월 15일 도민파가 모여 있는 명월을 공격하기로 하였다.

그리고 그때에 교도파의 수령은 金 진사이며, 도민파의 수령은 吳大鉉이었다고 한다.

쌍방이 이른 아침부터 명월에서 포격 접전을 시작하여 정오가 지나서 정지되었다고 한다. 그리고 이 전투에서 도민파의 수령 오대현은 점심 식사 도중 사람이 없는 틈에 교도파의 습격을 받고 끝내 생포되어 성내에 감금당했지만 얼마 안 되어 풀려서 돌아온 뒤 다시 도민파 일부의 영수가 되었다고 한다.

제2회 접전

며칠 후인 5월 19일 도민대는 全島에서 每戶當 1명씩을 징집하여 兵數 약 1만 명과 斗島 내의 포수라고 하는 獵夫들을 징발하여 구식 銃砲 약 500정을 휴대시켜 성내로 육박하여 들어가서 세 방향에서 성문을 공격하기 시작하였다. 성내에서는 가장 오래된 舊砲로 口徑이 약 1寸 5分 정도의 대포도 가끔씩 발포하며 응전, 몇 시간 후에 프랑스 선교사도 그때 말을 타고 교도파를 지휘하면서 싸움을 독려했는데 유탄에 의하여 모자가 떨어지자 놀라서 성벽에서 추락했다고 한다.

도민파가 성내를 포위 공격하게 된 것은 교도의 대다수가 성내 거주민이고, 가령 성내의 거주민이 아니라도 사변이 일어남과 동시에 성내로 달아나 숨어서 교도의 대부분이 성내에 있었기 때문이라고 한다. 도민파의 말이라고 하면서 전하는 바에 의하면, 프랑스 선교사는 외국인이기 때문에 함부로 살상하면 뒷날 어떤 국제 문제를 야기시킬지 예측할 수 없기 때문에 선교사는 아무래도 살상할 수 없다, 그러나 도민으로서 신도가 된 자들은 자국인이면서 맹호의 위세를 빌려 자기들의 폭리를 마음대로 얻어 보려는 간악한 여우와 같기 때문에 이들을 주살하는 것은 도민의 이익을 도모하는 일이라고 말하는 것 같았다.

그렇게 하여 그날의 접전은 온종일 계속되어 살상자가 매우 많았는데, 도민파는 경솔하게 성내로 돌진하면 교도파에서 혹 지뢰 등을 매복해 두었을지도 모르므로 성급하게 이들을 공격하기보다는 시일을 끄는 持久策으로 성내에서 탄약과 양식이 떨어지게 하자고 의논이 결정되어 19일부터 同 31일까지 13일간을 포위하고 가끔씩 교전했다고 한다.

一. 쌍방의 兵數와 교도들의 총수

도민파의 병수는 前記한 바와 같이 약 1만여 명에 달하고 교도들은 총수가 약 2,000여 명이었다고 함.

一. 쌍방의 사상자

부상자는 아직 확실한 숫자를 듣지 못했지만 교도파의 사망자는 實數가 500여 명이나 되며 그중 여자가 9명이라 하였고, 도민파의 사망자는 겨우 19명이라고 함.

교도파의 사망자가 많은 것은 평소 수렵을 업으로 하는 포수들이 전부 도민파에 가담하였는데 그들의 기량이 참으로 놀라울 정도여서 발포하면 꼭 명중하고 때로는 1발에 세 명을 죽인 일도 있었다. 뿐만 아니라 총포도 교도파가 소지하고 있는 것과 비교하면 그 숫자가 매우 많고 또 때로는 교도 수십 명이 초가에 숨어 있는 것을 알아내서는 이들을 한꺼번에 태워 죽이고, 혹은 각 마을의 洞長을 붙잡아서 교도들을 국문케 하고는 이들을 모두 刺殺하게 하였기 때문에 마침내 이같이 많은 교도들이 도살당하게 된 것이라고 생각된다.

무기

교도파는 15일에 明月을 공격하여 도민파의 수괴 오대현을 생포하여 승리하였기 때문에 그 승세를 타고 大靜郡 읍내(명월에서 서남쪽으로 약 40리 떨어진 곳)에 몰려들어 군 창고에 있는 총포, 창 등의 무기를 약탈하였다고 하는데 그 숫자 등은 상세하게 알 수 없다.

도민파는 全 도민 거의가 뭉친 세력이기 때문에 각 군의 민간 사유물을 수집하여 모은 것이고 소총 약 500정 외에 槍矛 등을 소지하고 있었다고 한다.

商務所

상무소는 前記한 바와 같이 교도파에 반대운동을 펼 목적으로 설립한 것으로서 대정군에 있으며, 소장은 同 郡守 蔡龜錫이라고 한다. 표면적으로는 暴民, 즉 도민파에 소속되지 않은 것 같지만 실은 가담하고 있는 것 같다.

최초 도민파의 수령이었던 오대현이 생포되자 同派에서는 대정군 거주 李在樹(25세 정도)를 수령으로 옹립했다. 그는 牧使의 관복을 착용하고 말을 타고 全軍을 독려하였다고 한다. 그리고 이 사람도 역시 상무소의 한 구성원이었다고 한다.

  本職 등이 비양도에 도착하던 날, 즉 6월 2일 전기 수령 이재수가 同島에 창고를 설치하고 어업에 종사하는 廣島縣 사람 荒川留重郞과 大分縣 사람으로 상업을 하기 위하여 재류 중인 松川實 두 사람에게 別紙와 같이 일치 협력하여 운동을 전개하자는 서면을 보내서 도발을 유인하였다고 하며 각각 1통씩을 제시하였지만 모두 동일한 내용이었으므로 그중 한통을 받아둔 것을 참고로 첨부하였다.

천주교회당

교회당은 舊 한인 가옥으로서 瓦葺한 것이 2곳에 있었다.

  하나는 성내에 있고 또 하나는 旌義郡 大畓이라고 하는 곳에 있었는데, 대답의 교회당은 도민파의 봉기와 동시에 파괴되어 없어졌다고 한다.

선교사

선교사는 프랑스인 2명이었는데 1명은 목포로 건너가서 없었고 지금은 한 사람만이 성내에 있다고 한다. 선교사는 포위 공격을 받았을 때에 모자에 총알을 맞았다고 하였지만 별다른 부상은 입지 않고 건재하다고 한다.

해안의 경비

도민들은 사건이 일어남과 동시에 연안을 경계하여 통행을 차단하였고 일본 어선들이 비양도에서 음료수를 구하러 간 일도 있었지만 상륙시키지 않았고, 간신히 상륙할 수는 있었지만 櫓 등을 압수하고는 출선시키지 않으므로 간신히 귀항하였다고 한다. 그리고 배를 대기 편리한 해안에는 모두 새끼줄을 치고 매우 엄중히 경계하고 있었다고 한다.

일본인

제주 성내에는 일본인 1명, 즉 山口縣 사람인 畑榮槌(23세)가 賣藥商의 집을 지키며 사변 이전부터 재류하고 있었지만, 이 사람은 이번 폭동에 아무런 피해를 받지 않고 지금까지 건재하다고 한다.(참고로 비양도에 재류 중인 荒川留重郎 등에게도 배편이 있을 때마다 일본인에게 가해하는 일이 있으면 국제문제로서 쉽게 해결할 수 없는 사건을 야기하게 될 것이므로 차제에 충분한 주의와 보호를 해주도록 신고해 두었기 때문에 쌍방에서 정중하게 취급하였고 다시 부자유스러운 일이 없다고 한인들로부터 전해 들었지만 사변 후는 서로 한번의 통신도 할 수 없었기 때문에 기실 생사 불명이라 함) 이 외에 성내에서 가장 가까운 곳에 재류하고 있는 일본인은 비양도로서 이 섬에는, 倉庫 5棟 潛水器船 6艘 鯛繩船 13척 親船 4척 어민과 倉庫主를 합하여 150명 정도이지만 이 섬은 본섬에서 물을 건너 북쪽에 있으며 가장 가까운 곳으로 건너오려 해도 약 30丁 정도 떨어졌을 뿐만 아니라 성내에서는 80리나 되는 먼 곳에 있기 때문에 다시 피해를 입을 염려도 없어서 이른바 강 건너 불과 다를 바 없다. 그러나 이번 사변 때문에 부근에서 어업에 종사할 수 없게 되어 거의 20일이라는 長時日을 허비하게 되어서 손해가 아마 적지 않을 것이라고 생각된다.

또 이곳 오동개에 창고 1동, 器機船 2척과 어민 23명이 있고, 城山浦에는 창고 7, 8동, 기계선 9척, 어민이 약 80명이며, 牛島에는 상인 1명과 白濱에 창고 3동, 기계선 7척, 어민이 약 80명이며, 松波에 창고 3동, 기계선 4척, 어민 40명, 또 加波島에 창고 1동, 기계선 6척, 어민 약 70명이 있다고 하는데, 사변 후 다시 통신이 된 자가 없어서 과연 무사하게 어업에 종사하고 있는지 분명하지 않다. 그러나 모두 성내에서 수십 리 밖에 떨어져 있기 때문에 큰 지장은 없었을 것이라고 한다.

추후 탐문하여 보고할 예정이다.

군함

本職 등이 6월 2일 비양도에 도착했을 때 이 섬과 제주 本島와의 사이 해협에서 1척의 군함을 보았는데 상륙 후 일본인의 담화에 의하면, 이 군함은 帝國 군함 濟遠號인데 2일 오전 10시 來着하였다고 한다. 이 군함에 편승하여 현지 시찰을 온 漢城新報社員 堀尾 某도 그때 상륙하여 있었기 때문에 그날 밤 9시경 通漁組合聯合會 書記 小早川與一郎을 포함하여 4명이 제휴해서 군함을 방문하여 副艦長을 면회하였다. 同艦은 경비함으로서 인천항에 정박 중 本島의 사변 소식을 듣고 6월 1일 오전 5시 同港을 출발하여 2일 오전 10시에 도착하였지만 풍파가 가라앉지 않고 또 짙은 안개까지 끼어서 성내 부근으로 접근하지 못하여 내일 이른 아침, 즉 3일 오전 7시를 기하여 城下 부근으로 항행할 예정이라고 하였다. 그래서 本職 등 2명은 편승하여 城下까지 같이 갈 것을 의뢰하고는 일단 비양도로 돌아왔다. 다음날 3일 오전 6시 다시 同艦에 가서 함장 佐伯闇 中佐를 면회하여 편승할 것을 부탁하였지만 마침 풍파가 가라앉지 않아서 예정한 시간에 출범할 수 없었고, 오후에 이르러서 점차 날이 개면서 풍파 역시 평온하게 회복되었기 때문에 同日 1시에 그곳을 출범하여 제주 성하로 향하여 항해하기 시작하였다.

(참고로 연합회 서기는 풍파 때문에 同會의 巡邏船을 취항시킬 수 없었

기 때문에 同船에 남아서 순풍을 기다려서 城下로 회항하기로 약속하고서 비양도에 체류시켜 두었음.

인천의 일본 경찰서에서는 순사 山內長三郎을 同艦의 통역으로 탑승시키고 있었음.)

프랑스 군함

비양도에 있는 일본 어민들의 말에 의하면 프랑스 군함이 5월 31일 城下에 도착하여 제주 군수에게 관리로서의 책임을 물으면서 협박했다고 하였지만 사실 여부는 아직 판명되지 않았다.

本職 등이 2일 오후 비양도의 먼 바다에서 약 20리 되는 곳에서 멀리 黑烟을 뿜아 올리면서 同島의 부속 牛島 방향에서 楸子島와 본토 사이를 질주하면서 인천 항로를 진행 중에 있는 군함 1척이 視界에 닿았기 때문에 비양도에 도착 후에 전해들은 바로는 1척은 長崎에서 항해 중 일시 정박한 배라고 말한 것에 따라 本職 등이 발견한 배가 아마 그 배일 것이라고 상상된다.

이것은 실제로 본 것이 아니고 탐지한 그대로이며 추가로 답사한 후에 다시 상세하게 보고하겠습니다.

이 사실을 우선 보고드립니다.

1901년 6월 3일 오후 3시

巡査部長巡査 古屋貞藏印 巡査 岩井德太郎印
領事 森川季四郎 殿

2. 문서제목 (3) [濟州島民 蜂起動態 보고의 件] 문서번호 館第12號

濟州島 폭민 봉기 이래의 전말에 관하여 이달 5일자 館 제11호로 미리 보고드린 후 미처 아무런 詳報도 얻지 못하고 있었는데, 이달 10일 仁川을 출범하여 기항한 기선의 선원과 직접 대화할 수 있었습니다. 그 대화 내용에 의하면, "潮州府號로 韓國 병사 약간을 태우고 제주도로 출발하려고 하는데 마침 그날 프랑스 군함 아르에트 호가 제주도에서 와서 입항하였기 때문에 그곳의 최근 상황을 문의하였던바, 그 배의 출범 전까지는 同艦만 정박하고 있었고 다른 외국 군함과 기선 등이 정박한 것을 보지 못했다고 한다. 또 폭민들의 폭행에 대하여는 지금도 여전하여 진정되지 않고 있으며 때때로 살상이 계속되고 있지만 일본인의 위치는 안전하고 또 각자 자위책을 써서 상당한 조처를 취하고 있으며 이미 제2차로 한국 병사를 파견하고 있으므로 조만간 속속 진정될 것으로 생각한다."라는 취지였습니다.

위의 피해자들은 말할 것도 없이 신자들로서 非信徒 측에서 저들을 발견하는 대로 즉시 살해한 것이 폭동이 발생한 이래 500여 명의 사상자를 내게 된 연유입니다. 또 그 군함이 회항할 때 한인 30여 명은 한 사람의 선교사에게 구조되어 편승 피난하여 왔으므로 우선 同日자 電信으로 개요만을 말씀드렸습니다. 그 후 어제 11일자에서 편승 도항자와 한국 士官 일행들에 관한 상황을 들은 그대로 전보하였으므로 아실 것으로 생각됩니다. 특히 교도 중 중심이 되는 자 한 사람의 거동에 관한 조사를 하였지만 한편으로는 충분한 요점을 얻지 못하였고 當港 海關長 등의 말에 의하여 피차의 관계를 참작하여 보건대 그 사람은 제주도에서 단지 세력을 가지고 있고 또 부호라는 명성도 있습니다. 이번 사변 발생에 대하여는 혹은 한쪽의 수령으로 지칭되고 있었습니다. 이에 따라 當 務安警務署에서 일단 본인을 조사하였다고 듣고 있습니다만 지금 이 일을 비밀에 부치고 또 거처마저 듣지 못하였다고 얼버무리고 있습니다. 어찌된 것인지 監理署와 경무서만 아무런 말도 입 밖에 내지 않고 있을 뿐만 아니라 거의 강 건너 불 보듯 하는 상황으로 그곳으로 피난한 많은 사람의 구호와 보호 등은 전적으로 선교사의 자유에 맡겨 소위 '전지전능하신 신'에게 비는 것 같이 보입니다. 이 밖의 상황은 아직 파견한 순사의 보고를 받지 못하였기 때문에 상세하게 보고드릴 수 없습니다. 프랑스 군함 아르에트 호는 한국 사관을 편승시킨다고 말하면서 오늘 새벽 이곳을 출범하여 다시 항행하였습니다.

이상 보고드립니다.

1901년 6월 12일

領事 森川季四郎印

特命全權公使 林權助 殿

3. 문서제목 (4) [濟州島民 蜂起 動態報告 件] 문서번호 館第13號

前日 濟州島에 출장한 當館 소속 巡査로부터 제2회 보고서를 접수하였으므로 어제 14일자로 그 개요를 전보하여 두었기 때문에 이미 아실 것으로 생각됩니다. 이 보고서와 기타 방면에서 들은 바로는 牧使와 顧問官 샌즈 등은 정부의 명에 따라 될 수 있는 한 병력에 의하지 않고 폭도들을

해산시킨 후에 괴수를 체포할 계획을 하고 있는 모양입니다. 폭도들은 지금까지 표면적으로 약간 강경하게 대처하는 체하고 있는 것 같아도 속으로는 巨魁라고 말할 수 있는 자는 조만간 체포되어 엄형에 처해질 것이라고 확신하여 오로지 도주를 꾀하고 있는 모양입니다. 또 우리 순사에 대하여 청원한 일이 있다고 하지만 당초부터 아무런 일도 관여한 바 없으므로 차제에 충분한 주의를 더하여 둘 의도입니다. 또 이제까지 전해 들은 바로는 우리나라 사람이 폭민들에게 다소의 원조를 공여하였다는 설도 있습니다. 이 일은 궁내 고문관 샌즈 씨와 아르에트 호의 함장에게서도 듣고 있는 상황이므로 우리 순사도 이 점에 대하여 충분한 조사를 하였지만 추호도 이 같은 형적이 없을 뿐만 아니라 샌즈 씨 등도 지금은 전적으로 한낱 헛소문임을 확신하고 있을 것으로 생각됩니다. 그러나 그 후 우리 순사들의 보고서에서도 기술하고 있는 바와 같이 우리 어민들은 결코 폭민들과 관계하여 사단을 양성하지 못하도록 충분한 주의를 가하고 있는 형편입니다. 또 當館에서는 계속 이 점에 대하여 단속할 겸 우리나라 사람의 보호를 위하여 당분간은 同島에 순사 12명을 출장시킬 생각을 하고 있으므로 이와 같이 알아주시기 바랍니다. 그리고 이 같은 풍설이 일어난 원인을 생각하여 보건대, 우리 어민과 도민 간의 교통은 종래부터 특히 친밀하였다는 점, 그런데 非敎徒들은 교도들의 극히 전횡적인 행동을 개탄하여 마침내 분노를 금할 수 없어서 이번과 같은 폭거를 하게 되었다는 점, 그렇지만 교도 측에는 프랑스 선교사의 원조가 있었고 비교도 측에는 이를 외국인의 후원 같은 것은 전혀 없었다는 점, 더욱이 형세가 날로 기울어지게 되면서 그들의 괴수 중에는 미리부터 일본에 도항하여 우리나라의 문화를 실제로 보고 와서 帝國 臣民이 되겠다고 말할 정도로 흠모하는 무리들도 있어 마침내 우리나라 사람에게 의지할 생각을 갖게 되어 우리 순사와 어민들에 대하여 특별한 호의를 표하고 있었다는 점 등을 지적할 수 있을 것입니다. 그래서 또 이때에 이런 설을 날조하였을지도 모르는 일이라 생각되며 더욱 상세한 사정은 別紙 보고서 사본에 의하여 이해하여 주시기 바라며 이 건을 겸하여 말씀드립니다.

1901년 6월 15일

領事 森川季四郎印

特命全權公使 林權助 殿

[別紙] 문서제목 [上件에 관한 現地 調査報告 寫本]

제2회 보고

一. 기선 입항과 한국 병사 파견

2일 정오 기선 챠챠프 호로 한국 鎭衛兵(江華) 100명을 중대장 洪淳明이 인솔하여 도착함. 그러나 牧廳 부근의 관사에 병영을 설치하고 목청 앞의 도로에서 병사의 훈련만 할 뿐 타처에 동원하는 상황은 없었음. 正尉 홍순명은 단신으로 도민파의 集屯所에 가서 조속히 해산하면 도민파의 희망 사항을 채납하도록 당국에 조처하겠다고 간절히 설유한 바 있었다고 함.

10일 오전 6시 기선 顯益號는 한국 병사 진위대 200명(100명은 江華, 100명은 水營兵)을 尹喆圭(參領으로서 少佐 상당)와 중대장 2명, 소대장

몇 명을 탑승시키고 섬에 왔음.

  지금 한국 병사가 本島에 주둔하고 있는 수는 전후 합하여 300명에 총기와 탄약 등을 다소 정비하고 있음.

  一. 牧使 방문

  3일 오전 4시 本職 등이 城下의 山地浦에 도착하여 濟遠號 사관과 함께 牧廳을 방문함. 牧使 李在護를 면회하여 이번 폭도 봉기의 원인과 사건의 전말을 들어 확인하였던바 거의가 지난번 보고와 다를 바가 없었음.

  성내에서 가장 격렬하게 천주교도들을 도살한 곳은 목청 앞문 밖에 있는 觀德亭이라는 가람 경내이며 本職 등이 도착하였을 때에는 그들의 시신은 벌써 모두가 각 피해자의 親屬들이 인수하여 갔기 때문에 시신은 하나도 볼 수 없었음. 그러나 그 당시 흐른 피와 부패된 냄새가 땅에 스며들어 피비린내가 코를 찔렀음. 또 撲殺用으로 쓰였던 크고 작은 돌 뭉치 수천 개가 경내에 쌓여 있어서 매우 기이한 느낌이었음. 당시의 상황이 얼마나 잔혹하였고 비명은 또 얼마나 처참하였을지, 이런 극한 상황에서 도저히 인간 세상에 있다고는 생각할 수 없었을 것은 상상하고도 남음이 있었음.

  그리고 그곳에서 살육된 자는 교도만도 300명 이상일 것이라고 함.

  一. 일본인

  다음으로 일본인 古賀 某(佐賀縣 사람으로 이름은 모름)는 작년에 本島에 건너와서 城下의 한인 가옥을 빌려서 賣藥商을 경영하다가 지난번 우리나라로 귀국하고 없는 동안 山口縣 玖珂郡 日住村 평민인 23세 畑榮

槌 혼자 그 집을 지키고 있었음. 그 사람에게 가서 안부를 물어보았는데 지난번 보고한 내용과 다를 바가 없었음. 특별히 일반인들로부터 우대를 받은 일은 없어도 별반 평상시와 다를 바가 없이 무사히 생활하고 있다고 하였음.

一. 프랑스 군함(지난번 보고와 다른 점이 있으므로 참조)

프랑스 군함 아르에트는 太沽에서, 스루프리스는 인천에서 출발하여 다 같이 5월 31일 도착하여 濟州郡守 金昌洙와 선교사를 방문하였고 특히 군수에게는 그가 처치한 데 대하여 공갈적인 언동이 있었다고 들었음. 그날 武裝水兵 30명 정도가 상륙하였고 1일에도 역시 같은 수의 水兵이 상륙하였다지만 뚜렷한 행동이 있었다는 것을 듣지 못하였음.

6월 2일 기선(濟州府) 챠챠프 호로 한국 병사들이 도래하였고 그날 아르에트는 목포로, 스루프리스는 인천으로 각각 출범하였음.

선교사의 말로는 아르에트는 2, 3일 후 다시 올 것이라고 했는데, 과연 9일 새벽에 목포에서 와서 입항하여 사관 몇 명이 상륙하여 목사와 궁내부 고문관을 내방하여 마침내 그들을 本 군함에 탑승시켜 함께 갔음. 탐문하여 본 바로는 본 군함에서는 목사에 대하여 아무쪼록 도민파의 거괴를 체포하여 엄중 처벌하여 줄 것을 협박하였다고 함. 그러나 本職 등이 목사에게 이 사실을 듣고 확인하려 하였지만 전기와 같은 사실은 없었다고 감추고 있었음.

그날 밤 同艦은 다시 목포를 향하여 출범했음. 선교사가 말하는 바에 따르면 同艦으로 선교사가 숨기고 있던 교도 13명을 목포로 도주하게 하였고 또 군함이 여러 차례 왕복하는 것은 단지 선교사를 보호하기 위한 것이라 함.

一. 顧問官

궁내부 고문관 미국인 샌즈는 지난 2일 입항한 기선 챠챠프 호로 목사 이재호 및 한국 병사 1중대와 함께 건너와서 지금도 체재하고 있음.

同官과는 전후 두 차례 회견하였음. 本職 등이 城下를 지나가려 할 때 도민파의 거괴 李在樹, 姜遇伯, 吳大鉉 등은 은밀히 일본 어선에 편승하여 도망을 기도하고 있다는 풍문이 있었음. 만일 前記와 같은 사실에 직면하면 사건이 점점 어려워져서 단지 한국 정부의 골칫거리일 뿐 아니라 나아가 국제 문제로 발전될지도 모른다고 생각됨. 이번 사건에서는 다행하게도 일본인은 조금도 관계한 바 없음을 확인하였지만 향후에도 거괴들의 도망에 대하여, 어업자들에게 이들을 방조하는 등의 행위를 하지 말도록 미리 諭告해 두기 바람. 또 목포 귀착 후에는 영사에게도 전기와 같은 취지를 상신하여 상당한 단속을 하기 바란다고 요청한 데 대하여 승낙한다는 뜻을 답변하여 두었음.

그리고 同官은 귀경한 후 本職 등에게 전기 청구건은 즉시 우리 공사에게 통고할 예정이라고 말했음.

同官의 말투로는 도민파의 거괴는 꼭 체포하여 엄중 처벌할 것으로 사료됨.

一. 도민파의 세력과 그들의 동정

전번에 이미 보고 드린 바와 같이 內藏院 봉세관 姜鳳憲이라는 자가, 도내의 악한과 무뢰한으로서 항상 도민들의 蛇蝎視하는 자들을 사주하여 함부로 무거운 세금을 부과하게 하고 또 종래에 징세하지 않던 가옥 宅地稅, 어망, 어장, 염전, 霍鮑 기타 일체의 해산물과 육산물의 매매, 수목의 벌채 등에 이르기까지 모두 과세하려고 작년 음력 9월경부터 이들에 대한 조사에 착수하였음.(징세관이 부임한 것은 재작년 음력 11월이었다고 함) 더욱이 사주 당한 무뢰한들은 모두 천주교도들로서 각 郡에 가는 곳마다 촌민들을 협박해서 금전과 물품을 약탈하며 폭행과 협박이 미치지 않는 곳이 없었음. 양민들은 도탄에 빠진 결과 약속하지 않았는데도 일치된 복수심이 생겨나서 마침내 이번과 같은 폭거가 일어나게 된 것임. 그러므로 그들의 세력은 의외로 공고하여 全島 2만 1,419戶(牧廳이 조사한 바로서 실제는 다소의 차이는 있을 것임) 중 1호도 이 동란에 관계하지 않는 가구가 없었고 간혹 성내 일부를 제외하고는 1호에서 반드시 한두 사람의 장정을 내보냈음. 부녀만 있는 집에서는 하루에 얼마만큼의 미곡을 갹출하여 이것으로 출역에 대신하는 등 참으로 상상 밖에 이르렀음.

  3일 밤 大靜郡 舊 군수(당시 同郡에는 정당한 군수는 부임하지 않았고 봉세관 강봉헌이 신임 군수로 임명하여 목사와 함께 2일 챠챠프 호로 내임하였지만 사건이 이미 폭발한 후여서 발표하지 못하고 그대로 牧廳 내에 숨어 있었음) 蔡龜錫이 목사 앞으로 서한을 보내옴. 이를 보건대 목사의 훈시에 따라 이번의 사변에 대하여는 점차 도민들의 희망을 받아들여 온당한 처분을 할 것이므로 집합한 도민들은 조속히 해산하여 각자의 생업에 종사하라고 告諭하였다고 함. 그러나 前 봉세관 강봉헌이 이번에 새로 대정 군수로 부임한다는 풍설이 있음. 실제로 그가 군수로 도임한다면 아무래도 이대로 해산할 수 없을 것임. 또 도민파의 희망을 전적으로 받아들여 모두 구습대로 회복하고 수괴라 할지라도 처벌하지 않는다고 약속하지 않으면 명령에 따를 수 없다고 하면서 여전히 해산하지 않고 있다는 사실을 기재하고 있었음. 때문에 그들의 결심이 일반화되어 있는 것을 엿볼 수 있었음.

  4일 오후 本職 등 2명과 漢城新報社 視察員 天尾春菾 셋이 함께 도민파의 東軍이 城下의 동문에서 약 2킬로미터 떨어진 潤武亭 地境이라고 하는 교외에 둔집해 있다는 소식을 듣고 실제로 이들을 보기 위하여 함께 그곳에 도착하였음. 가는 길에 馬毛로 제작한 갓이 넓고 찢어진 茶楊色 모자(羅紗와 유사하며 도민들은 평상시라도 농사일을 할 때에는 모두 이 것을 쓰고 함)를 쓰고 허리에 도시락을 찼으며 혹자는 또 찢어진 거적자리를 말아서 등에 메고(강우에 대비한 것) 城下 동문을 지나 山地浦라고 하는 곳에서 북문 밖의 방면으로 왕래하는 자가 끊임없이 이어져서 베틀의 북이 움직이는 것 같았음. 그리고 또 그들은 손에 각각 나무 지팡이 하나씩을 갖고 있었으며 의복은 대체로 모두 때가 묻어서 흰색이 회색으로 변하고 하의는 거의가 갈색으로 물들인 것을 입고 있어서 一見하여 시골 백성들이 단결한 것임을 알 수 있었음(本職 등이 지난번 濟遠號 사관과 함께 상륙했을 때까지는 성내에 이런 유의 도민들이 가득하여 각처에 방황하고 있었는데 지금은 거의 그 자취가 끊어지고 가끔 한두 사람만이 배회하고 있을 뿐). 그들은 성내와 산지포 부근의 각 요로에서 보초 서는 哨兵들을 교대시키면서 각자의 임무를 감당하고 있었음. 윤무정 지경의 작은 언덕에 도달하니 약 500~600명의 폭도들이 각각 전기한 바와 같은 복장을 하고, 혹자는 일본도를 장착한 순사용 칼을 가진 자도 있었고 총을 가진 자도 있으며, 죽창을 가진 자, 철포를 가진 자도 있었음. 全軍이 둥

글게 진을 치고 있었는데, 그 후방 약 2, 3칸 또는 10칸 정도의 사이를 둔 곳에 10여 명의 老婦들이 소주와 돼지고기를 늘어놓고 저들 島民軍의 수용에 공급하고 있었음.

  1명의 한인이 本職 등에게 온 뜻을 물었음. 巨魁에게 면회를 요청하자 즉시 원진 속으로 안내하였음. 總軍의 편성은 나무 조각을 가진 잡병으로서 外部를 둘러싸게 하고, 그 정면에는 십여 자루의 죽창을 서로 맞대서 관문을 삼았음. 本職 등이 통과하려 하자 관문의 죽창이 양측으로 열렸음. 그곳을 통과하여 다시 내부로 들어가자, 약 7, 80자루의 조선 엽총을 휴대한 포수들이 둘러싸고 그 중앙에 낡은 돗자리 한 장과 錦製 방석 한 장을 깔고 거괴 강우백(대정군 月平 거주, 42세) 同 오대현(대정군 읍내 거주, 27세. 이 사람은 지난번 교도들에게 붙잡혔는데 제주 군수가 힘을 써서 풀려서 돌아온 자임)과 書記 몇 명 외에 고문으로 생각되는 노인 몇 사람이 떠들썩하게 本職 등이 찾아간 것을 기뻐하면서 환대한다는 뜻을 표하고는 술을 들어 일행에게 권하였음. 또 우리의 방문 목적을 물었으므로 그들의 수십 일간의 괴로운 상태를 살펴볼 겸 현지 상황을 구경차 내방한 것이라 하고는 조용히 이번의 폭거의 전말을 물어 보았음. 그들이 말하는 바는 전번에 이미 들어서 보고한 바와 다르지 않았고, 저들이 이번 폭동에 관하여 목사에게 진정하려고 써 놓은 上書 草案 1통을 얻어 가지고 재회를 약속하고는 귀로에 올랐음(초안은 別紙와 같음).

  이 청문 중 은밀히 本職 등에게 귓속말로서 이번 사건에 대하여는 만부득이한 일로 이러한 사건을 일으키지 않을 수 없었기 때문에 이와 같은 시말이 된 것이라고 했음. 향후는 결단코 이와 같은 일에 참여하지 않을 것이므로 이번에 한하여 본직 등의 힘에 의지하여 救命을 받고자 한다고 간청하는 자가 한두 사람 있었음. 거괴 오대현도 역시 상당하는 힘을 써서 가급적 관대한 처분을 받도록 주선해 줄 것을 부탁하였음. 때문에 저들의 마음의 일단을 알기에 족하였음.

이 행차에서 본직 등이 실제로 본 것은 약 500~600명에 불과하지만 이는 哨兵으로 교대하여 나가 있는 자도 있고 또 각기 자기 집에 돌아가 있는 자도 있기 때문에 그 수가 의외로 적지 않을 것인데, 그들의 실제 수는 東軍에서도 약 1,500명에 미달된다고는 볼 수 없었음.

聯合會員 小早川與一郎은 同會의 선장과 함께 비양도에 체재 중인 (당시 본직 등은 이미 성내에 도착해 있었음) 도민파의 거괴 이재수를 그들의 駐屯所인 명월을 방문하였다고 함. 여기서도 보통과는 다른 환대를 받았고 본직 등에 대하여 동군에서 依屬한 바와 거의 비슷한 말투로 구명될 수 있도록 힘써 달라고 부탁받았다고 함.

이들도 역시 西軍에서 上書할 초안을 등사하여 왔으므로 다시 등사한 후에 참고를 위하여 첨부하여 두었음.

서군의 인원은 약 2,000명 내외로서 엽총 100정과 기타 조선식 槍과 刀劍, 그리고 일본도 등을 혼합하여 휴대한 자들이 있었다고 함.

一. 島民派 軍을 東·西軍으로 나누다

도민파, 즉 폭도들은 군을 동·서로 나누어서 동군은 吳·姜이 인솔하여 지금 제주군 內別島 拱北(城下를 지나 약 10여 리)이라는 곳에 移屯하고 있음. 서군은 이재수의 인솔 하에 城下 남문 밖에서 약 10리쯤 떨어진 한라산 기슭 언덕 위에서 야영하며 집둔하고 있었음.

이는 前項에서 기재한 장소에서 옮겨 간 것으로 향후에도 역시 조속한 시일 내에 해산할 것 같지 않으며 들리는 바에 의하면 서군에서는 8, 9 양일간에도 2명의 교도가 숨어 있는 곳을 탐지하고는 이 둘을 도살하였다고 함. 동·서군을 비교하면 서군은 매우 강경하여 교도라고 하면 시비를 불문하고 즉시 이 자들을 육살하고 동군은 조금 너그러운 데가 있다고 함.

　一. 한국 巡檢

지난번 본직 등이 목포를 출발할 때 목포 경찰서 순검 3명이 정부의 전보에 따라 本島에 출장한다고 들었음. 그들은 6월 30일 도착한 이후 선교사 나그로쓰와 궁내부 고문관 샌즈 등을 보호하면서 지금도 체재하고 있음.

경성 경무서 순검 50명은 10일 오전 6시 입항한 顯益號로 한국 병사 200명과 기타 役員들과 함께 와 있었음.

생각하건대 도민들이 해산하면 거괴 체포 등을 위하여, 정부의 명령에 따라 10일 입항한 顯益號로 건너와서 현재 牧廳에 체재하며 계속 조사 중인 듯함.

대정 군수(前 봉세관) 강봉헌은 전기와 같은 사정으로 도착하고도 부임할 수 없었을 뿐만 아니라 외출마저 위험하므로 조만간 귀경길에 오르려 하고 있는데, 이번에 顯益號로 다시 許徹이라는 자가 同 군수로 내임하였음.

　一. 前 同 군수 강봉헌은 1, 2일 중에 출범하는 顯益號 편으로 귀경할 것으로 사료됨.

제주 군수도 역시 경질되어 전 군수 金昌洙는 免官되고 洪僖라는 자가 同 군수가 되어 새로 같은 편으로 부임하였음.

前記 2군 외에 또 旌義郡이 있지만 同 군수는 본건과 관계가 적기 때문에 여전히 경질되지 않은 것 같음.

一. 訴情書 제출

동군에서는 5일, 서군에서는 6일 각각 진정서가 牧廳에 제출되어 그의 확답을 기다리고 있는 중임. 관아에서는 중대장 또는 군수를 民軍에 파견하여 단지 해산할 것만 諭告하고 내심 해산 후에도 즉시 거괴를 체포하려는 의중임을 관찰하고 쉽게 해산되지 않을 것 같음.

一. 선교사

선교사가 처음 이 섬에 온 것은 작년 4월이며 당시는 한 사람뿐으로 그의 이름은 나그로쓰라 함. 이후 그는 本島에 재류하면서 그 후 한 번 목포에 항행한 외에는 달리 시행한 일도 없고 지금도 城下에 건재하고 있으며 그는 보통 한국어에 능통함.

다른 한 명은 이름은 레하드라 하고 올해 음력 3월에 왔는데 이번의 변란 시에 프랑스 군함 아르에트에 편승 목포로 항행하였음.

본직 등이 찾아갔을 때 이번 사건의 원인에 대한 질문에 대해 그가 말한 요점은 다음과 같음.

도민 등이 교도와 자기에 대하여 불온한 거동으로 나오려는 상황이 있으므로 다수의 인민들이 명월이라는 곳에 집합한다는 것을 듣고, 최초로 군수 김창수가 현장에 출장하여 설득하여 해산시키려 하였지만 쉽게 응할 상황이 아니었다. 또 자기가 다른 데서 들은 바에 의하면, 한국민의 폭도들은 수괴만 체포하면 다른 자들은 자연히 해산하게 된다고 말하기 때문에 5월 11일 교도 수십 명을 인솔하고 자기는 말을 타고 명월로 가는 도중 그쪽에서 돌아오는 군수 일행을 만나서 함께 그곳에 도착하여 잠시의 전투 끝에 결국 거괴 오대현을 체포해 왔다고 한다. 그 후 그는 돌려보냈는데 같은 15일에 島民 약 1만 명 정도가 城外로 몰려와서 항전하려 하기 때문에 성문을 폐쇄하고 싸움을 거부하게 되었다고 한다.

一. 살상자 수

살육된 자는 모두 교도이며 혹은 400명이라고도 하고 혹은 500~600명이라고 하며, 혹은 또 1,000여 명이라고 하지만 어느 것이든 확실한 조사를 한 것이 아님. 牧廳에서도 아직 이것을 조사할 만한 여가가 없지만 서군의 거괴 이재수가 연합회원에게 말한 바와 본직 등이 탐문한 바에 의하면, 살해당한 교도는 실로 600명에 달하며 살상당한 도민파는 겨우 20명 내외라고 함.

그리고 교도로서 부상당한 자는 점차적으로 살육당하였다고 함.

一. 성내의 혼란

폭도들이 아직도 해산하지 않고 城外에서 동서 2곳에 할거하면서 자칫하면 다시 격렬한 폭행으로 나올 경향이 있고 거기에다 경성에서는 察理使, 顧問官 등을 비롯하며 많은 병졸과 순검 등이 도래하였고 또 군수의 경질 등 일시에 蝟集하고 있기 때문에 성내에는 사람들이 붐비고 있어서 인심이 흉흉하여 안심할 수 없을 것 같음.

이상 보고 드립니다.

1901년 6월 11일

巡査部長巡査 古屋貞藏印 巡査 岩井德太郎印
領事 森川季四郎 殿

[附屬書 1]
문서제목 前回 報告 중 訂正할 點

一. 폭도 봉기 발단의 項에 金 進士라고 되어 있는 것은 金秉鉉이며 진사 學位를 가진 자로서 同人은 그 후 도민들에게 붙잡혀서 성내에서 살육되었음.
一. 同項 중 송 서방은 대정군 읍내에 거주하며 이름은 希洙로서 지금도 건재하다고 함.
一. 도민파가 격문을 사방에 보냈다는 項 중 5월 13일은 11일의 오류.
一. 同項 중 군수 金某는 金昌洙임.
一. 同項 중 같은 달 17일로 되어 있는 것은 14일의 잘못임.
一. 제1회의 접전 중 5월 15일로 되어 있는 것은 11일의 오류.
一. 同項 중 金 진사는 김병현임.
一. 제2회 접전 項에서 5월 19일로 되어 있는 것은 15일의 오류.
一. 同項 중 19일부터 동 31일까지의 13일간의 포위로 되어 있는 것은 5월 15일에 폐문하여 28일 개문하였으므로 그 사이에 13일 동안 포위하여 28일부터 30일까지 3일간 성내에서 교도들을 살육한 것이 약 300여 명임.

一. 쌍방의 兵數와 교도들의 총수 항에서 총수 1,015명이라고 한 것은 약 2,000명의 오류.

一. 쌍방 사상자 項에서 수십 명의 교도가 초가에 숨어 있는 것을 알아내고서 한꺼번에 태워 죽였다 운운한 것은 사실이 아님.

一. 무기 項에서 교도파가 승기를 타고 대정군 내의 무기고에 있는 총포, 창 등의 무기를 약탈 운운한 것은 誤傳으로서, 교도파는 당초부터 제주성내의 무기고에 저장하고 있는 무기를 군수의 제지에도 불구하고 자기들 스스로가 문을 열고 갖고 나간 것이 사실인 것 같음.

一. 프랑스 군함 項에 대하여는 이번의 보고와 같으며 前回의 보고와는 다소의 차이가 있음.

[附屬書 2]
문서제목 [西軍 巨魁 李在樹가 日人 荒川留重郎에게 보낸 再會約束 書札]

飛陽島 荒川汝公

어제 헤어진 후 평안하신지요. 요사이 제가 생각하기에 중요한 일들을 써서 공들에게 보내니 약속한 대로 모든 것을 협력하는 것이 어떨지요. 할 말이 많습니다만 다 쓰지 못합니다.

光武 5년 5월 5일

都元帥 李在樹

이 편지는 앞의 보고서에 첨부해야 했으나 당시 출장한 순사가 첨부를 빠뜨린 것을 이번에 보내왔으므로 여기에 첨부함.

[附屬書 3]
문서제목 三郡都民等의 上狀

　저희들의 사정을 삼가 말씀드리고자 합니다. 本島의 위급한 사항이 조석으로 닥쳐오고 있습니다. 그 원인을 말씀드리자면 두 가지이지만, 이로 인한 폐단을 살펴보면 백 가지나 됩니다. 대략 가장 심한 것만을 말씀드려 간곡하게 그 전말을 개진하니 상세히 살피시고 처리해 주시기 바랍니다. 먼저 捧稅官은 山海草木에서 생산되는 크고 작은 모든 산물에 과세하지 않는 것이 없습니다. 또한 西敎人들과 체결하여 주인 있는 전답을 마름(지주의 위임을 받아 소작권을 관리하는 사람)에게 넘겨주는가 하면 혹은 강탈하고 討索합니다. 또 西敎人들은 가칭 聖學이라 일컬으며 어리석은 백성들을 속이고 유혹합니다. 도당들을 끌어 모아 읍촌을 횡행하면서 다른 사람의 재산을 빼앗는 비리를 저지르고, 국법을 어기며 刑獄을 파괴함으로써 관은 명령을 시행할 수 없게 되었고 민은 생명을 보전할 수 없게 되었습니다. 때문에 온 섬의 백성이 법에 호소하고 사리에 비추어 잘못된 것을 바로잡기 위하여 함께 모여 점차 州로 들어가려 할 때, 이른바 신부라는 자가 그들의 무리 300여 명을 이끌고 旗手를 앞세우며 총을 쏘고 칼을 휘두르면서 많은 인민들을 다치게 하였습니다. 또 구타하고 포박하여 原告人들을 끌고 갔으며 대정군을 습격하여 관아가 빈 틈을 타 무기고를 파괴하고 군기를 탈취하였습니다. 장기적인 싸움에 대비하여 대포를 성문 앞에 배치하고 발포하여 인명을 살상하였고 民物을 강탈하여 성내에 비축하고 官長들을 쫓아내었습니다. 또 軍庫를 무력으로 점령하여 성문을 굳게 닫아걸고 지키면서 사람 죽이기를 풀을 베듯 하였습니다. 그들의 事機를 보건대 반역이 분명하므로 의기가 격하여 인민들 모두가 한마음이 되어 크게 격하였는데, 이것이 서로가 살상하게 된 까닭이 된 것입니다.

지금 듣건대 捧稅官은 漢城으로 도주하여 자기의 과실을 은폐하고, 더하여 대정군에 다른 나라 군대를 인솔하여 도민들을 몰살시키겠다고 합니다. 이 어찌 통곡할 일이 아니겠습니까. 세금을 함부로 과징하는 폐단과 西敎徒들이 위협 공갈하였던 원통함을 열거하여 부모와 같은 使道에게 읍소하오니 통촉하시어 하교하신 후, 위의 두 조항을 황제 폐하께 아뢰어 주십시오. 그리하여 서교를 완전히 끊어 버리고 과도하게 징수하는 稅吏를 축출하며, 巨魁 高彭基 3부자를 체포하여 주살함으로써, 다시는 이러한 民瘼이 없도록 그들의 뿌리와 싹을 제거하여 도민이 각자 생업을 보전할 수 있는 터전을 지킬 수 있도록 해 주시기 바랍니다. 다만 使道의 처분을 기다릴 뿐입니다.

1901년(辛丑) 4월 일

[附屬書 4]
문서제목 三郡大小民人等等狀

저희들이 삼가 장계를 올려 호소하려 하는 내용은 西敎人들의 흉악한 행동과 捧稅官들의 무명잡세를 거두는 백성들을 침탈하므로, 우매한 백성들은 살을 에는 듯한 아픔과 고통을 견딜 수 없다는 것입니다. 그리하여 3개 군의 민심들이 모의하지 않았는데도 일시에 모여 이 원통함을 법에 제소하여 고통과 괴로움을 만에 하나라도 고쳐 주실 것을 바랐습니다. 필부필부가 일시에 일어나 원통함을 호소하기 위하여 牧廳으로 들어가는 길에, 완악한 저들 교도들이 봄 꿩이 울면서 스스로 화를 자초하는 격으로 군기를 휴대하고 땅을 울리는 기세로 다가와 백성들을 향하여 발포하고 일제히 무고한 촌민들을 협박하고 포박하여 죽이려 하였습니다. 다행히 우리 署理使道의 넓은 은혜에 힘입어 살아 돌아온 것입니다. 이 같은 기세가 점점 심해져 음력 3월 26일 대정군으로 향하여 갈 때의 광경과, 같은 달 29일 州城 남문 밖의 불상사는 형언할 수 없을 정도입니다. 애석하게도 저들 교도들에 포박되어 살상된 백성들이 참으로 많습니다. 때문에 저희들의 분노가 격발하고 노심초사 창자를 끊어 내는 듯한 아픔이 들끓어 온 섬 안의 우둔하고 어리석은 백성들이 머나먼 海島에서 王化의 혜택을 입지 못하여 갱생의 길이 없음을 알면서도 이러한 비탄에 빠져 있다는 것을 만인에게 고하고, 차라리 길가에서 죽을지언정 교도들을 소탕하기 전에는 맹세코 집으로 돌아가지 않을 것이라 하면서, 바람을 맞으며 노숙하고 서성거리기를 한 달 남짓하면서 아직도 해산하여 귀가하지 못하고 있습니다. 그러던 중 프랑스 군함이 한때 두 번이나 정박하면서 本島의 내왕을 막아 버렸기 때문에, 백성들이 스스로 흩어져 기필코 죽어 한번서 黃河水를 맑게 할 運에 빠졌다가 다행히 우리 使道가 구해 주시는 지극한 은혜를 입어 이 남쪽 먼 곳에서 대황제 폐하의 聖旨를 삼가 받들게 되었습니다. 먼 곳까지 은덕이 전해지고 大命을 완수하기 위하여 그 나라 군함을 타고 와 선교사 2명과 담당 將官들의 고집을 무마하여 그들로 하여금 軍士를 투입하지 못하게 막아 주셨습니다. 그로부터 2, 3일 후에 司令官과 參議官이 황제의 勅旨를 받들고 군사를 인솔하여 와서 백성들을 보호하게 하였으니, 오늘에 와서야 다시 살아나게 된 것을 알게 되었습니다. 저희들은 이에 감명을 받아 마음을 돌렸으나 해산하라는 명령을 여러 번 告諭받고도 여전히 완악하게 거부하는 죄를 지으며 다시 거사하기로 會同한 것이 이미 달을 넘겼습니다. 한 조각의 書箚으로 저희들을 폐단에서 구해 주신다는 소식을 접하지도 못한 채 그대로 해산하여 돌아가게 되면 어찌 민중들의 노고가 애석하지 않겠습니까. 여러 방법으로 이러한 폐단을 제거하겠다는 節目을 써서 내려 주시면 그날로 귀가할 것을 계획하고 있습니다. 또한 捧稅에 대해서는 이 나라 모두가 왕토이고 왕의 赤子인데, 어찌 징세에 응하지 않겠습니까. 세액은 다만 洞布·田結에 따라 확정하여 1년에 납부해야 할 세액을 법으로 정하고 京部에서 그것에 따라 납부하도록 함으로써 무명잡세를 하나하나 혁파하고, 만약 捧稅官의 所捧錢 수량이 법정 수량을 초과하면 철저하게 조사하여 되돌려 주게 하십시오. 또한 교도들 중 법망을 빠져나간 자들을 찾아내어 처단하지 않으면, 이는 이른바 잡초를 제거하지 않으면 오곡이 이삭을 맺지 못하게 된다는 것과 같은 것입니다. 그러나 이러한 일들은 백성들의 권한이 아닙니다. 곧 좌우 捕將을 파견하여 각 촌리를 두루 살펴서 이장 입회하에 기록에 따라 하나하나 체포하여 법에 따라 처단함으로써 감히 간악한 행동을 못하게 하십시오. 또 프랑스 선교사로 말하면, 이 섬은 원래 통상 항구가 아니므로 외국인들이 가옥을 건축하여 생활하는 것은 조약에 위배되는 것이 되니 즉시 철수하도록 명령하여 주십시오. 또한 봉세관은 조정에서 특별히 民情을 염두에 두고 무명잡세를 혁파한다는 조칙이 누차 하달되었으니, 이번 봉세관의 잡세 남징은 또한 조정을 능멸하는 소행입니다.

이후의 봉세는 3군수로 하여금 총액을 정하여 혼란을 막고 탁지부의 原稅를 갖추어 충당하게 하십시오. 봉세관에게 즉시 명령하여 모두 裝束載船하여 빨리 보냄으로써 호랑이를 기르는 후환을 남기지 마십시오. 그리하여 전 섬의 무고한 백성들 모두가 생명을 보전하여 지탱할 수 있는 혜택을 입게 해주신다면 지금 즉시 해산하겠습니다. 원컨대 聖世에 살 수 있는 백성이 되게 해 주시면, 이것이 여러 동지들이 꾀한 바와 같은 것이 됩니다. 때문에 저희들의 실상을 말씀드려 함께 호소하오니 삼가 통촉하셔서 처분하여 주시기를 천만번 기원하며 빌고 빕니다.

4. 문서제목 (6) [濟州島 暴徒에 관한 件] 문서번호 館第15號

濟州島 폭도에 관하여 지난 11일까지의 상황은 이달 15일자 館 제13호 信에서 보고드린 대로입니다. 그리고 그 후 오늘까지 아무런 소식도 알려 오지 않아서 말씀드릴 수 없었던바 지난번 민란 시찰을 위하여 그 섬에 출장 중이던 漢城新報 視察員 尺尾 某라는 자가 이달 16일 그 섬을 출범하여 귀경하는 길에 동 18일 當港에 기착하였으므로 그곳 상황을 문의하였더니 아래와 같습니다.

이달 11일 牧使廳에서 島民派의 수령으로 지목되는 李在樹, 吳大鉉, 姜遇伯 3명을 체포하고 그들의 도당들을 해산하도록 엄명하였는데 일단은 설유에 응하여 해산할 모양이었지만 도민파는 그날 밤 은밀히 모여서 어떤 협의를 한 바 있으므로 鎭衛隊에서는 재차 이들에게 해산을 명함과 동시에 또 黨의 중요 인물 한 사람을 포박하여 牧使廳으로 끌고 가서 엄벌에 처하였다. 이것으로 거의 진압의 실제의 조처를 시행한 상황이었는데 지난 13, 14의 양일에 全島民派의 부녀자 수백 명이 목사청에 몰려와서 오로지 수령 등을 방면해 달라고 탄원하기에 이르렀다. 그런데 이들은 결국 목적을 달성하지 못하고 쫓겨나서 지금 억지로 복종하게 된 형편이 되었으므로 현재의 상황으로는 벌써 폭도들의 정신 상태가 지치고 기력이 쇠퇴하고 있기 때문에 다시 봉기할 생각은 없어졌을 뿐만 아니라 전적으로 억울하지만 할 수 없이 단념하는 모습으로 평온하게 되었고 인민들은 벌써 각자의 생업에 종사하고 있다. 또 교도파의 수령이라고 할 수 있는 자는 한 사람도 체포되지 않았지만 유배된 죄인 金允植과 기타 2명이 체포되었다고 하는데 그들은 교도파에 가담한 연유로 체포된 것이 아니고 刑服務 중에 전혀 말을 삼가지 못한 조목 때문에 이번 조치를 한 것이라고 들었다.

궁내 고문관 샌즈 씨는 이달 12일경 기선 顯陽號를 타고 귀경길에 올랐고 또 同官이 복명한 후에는 前記 구류된 자는 각각 처분될 것이라고 한다.

그곳에 출장 중인 當館 소속 순사로부터는 아직 아무런 詳報도 접하지 못하였습니다. 이 폭도들이 평온을 되찾게 된 당시에는 우리 어민들의 상황 시찰을 겸하여 본건에 간여하지 말도록 說諭와 단속하는 한편 각 어장을 순회 중에 있었기 때문에 尺尾 某가 출발 시에 간신히 마을로 돌아온 것입니다.

사정이 대략 전술한 바와 같고 지금의 형세로서는 이미 평온하여져서 다시 폭민들이 봉기할 염려는 없을 것으로 보입니다. 前信에서 말씀드린 바와 같이 우리나라 사람의 보호를 위하여 순사를 주재시킬 필요도 이미 없어졌다고 생각되므로 차제에 시기를 보아 철수시킬 것입니다. 이 점 보

고 드립니다. 敬具

　1901년 6월 19일

　領事 森川季四郎印
　特命全權公使 林權助 殿

제8장

민란의 역사적 기억

제8장
민란의 역사적 기억

1. 당시 민중들의 의식

　1901년 제주민란은 20세기가 시작되는 1901년 변방 제주섬에서 제주민중과 천주교회 사이에 일어난 충돌 사건이다. 제주 민중은 이 사건의 원인에 주목하여 당시 세금 징수의 폐단과 교회의 문제점을 시정하기 위하여 정당하게 봉기한 항쟁으로 이해하고 있다. 특히 민란을 주도하였던 지도자 이재수의 희생을 기려서 '이재수란'으로 불러왔다.
　민란의 이면에는 기존의 향권(향촌사회의 권력)을 위협하는 외래적 요소인 천주교에 대한 제주민중의 사회경제적·문화적·종교적 반감이 작용하였다. 특히 사회세력화된 천주교회는 향촌사회의 주도권을 쥐고 있던 토착세력을 상당히 위협함으로써 그들로부터 심하게 배척을 받았다. 교민들이 각 마을의 神堂과 神木을 빠짐없이 훼손한 것은 제주민중에게 문화적 충돌을 넘어서 생존기반을 위협하는 도전으로 인식되었다. 또한 봉세관의 독점적 징세권 행사에 대하여 기득권자였던 지방관·향임층·향리층들이 더욱 반발하였고, 여기에 기층민들의 생존권 수호를 위한 저항이 중첩되면서 민란으로 터졌던 것이다. 따라서 이 민란은 외부로부터 유입된 봉세관과 천주교회의 세력화 과정에서 빚어진 제주민중을 포함한 전계층적인 반발로 볼 수 있다.

1901년 제주민란은 20세기 벽두인 1901년 한국사회가 근대로 넘어가는 과정에서 외래문화와 토착전통문화, 외세와 대한제국, 국가와 지방 사이의 충돌로 빚어진 총체적 사건이다. 변방 제주섬도 한국을 둘러싼 외세 열강들의 침탈이 횡행하는 국제정세에서 자유로울 수 없었다. 1백 년 전 근대화의 충격을 외래 봉세관의 수탈과 천주교의 교폐를 통하여 접하였던 제주민중에게 저항은 지극히 당연한 본능적인 대응형태였다. 이 민란은 20세기 초 제주민중이 새로운 외세·외부문화의 횡포에 저항하였던 자기정체성의 표출이었다.

"나무 한 그루에도 세금을 거두는 판에 구차하게 사느니 죽는 것만 못하다."라는 민중의 말을 통해서 극단적인 수탈에 대한 저항의 모습을 읽을 수 있다. 강인함의 상징인 제주여성들이 참다못하여 교인들을 향하여 "프랑스놈"이라고 질시하며 민란의 전면에 나서는 모습은 이 사건을 이해하는 중요한 요소이다. 일개 관노의 지위에서 모두가 꺼리던 지도자를 자청하여 죽음의 길로 나아간 이재수는 당시 제주민중의 정체성을 그대로 드러내 보인다. 민란의 과정에서 이미 그는 민중들에게 전설적인 영웅으로 부각되었다. 제주민들이 "인물됨이 영웅호걸이며, 한라산의 정기를 타고 난 예사 사람이 아니다."라고 하며 그를 따랐다. 중앙정부와 외세에 의해 침탈되던 변방 제주섬의 최하층민이 민란의 최고지도자로 나섰다는 것은 제주민중의 외부에 대한 저항의식이 최고조에 달했음을 보여준다.

우리의 관심을 끄는 것은, 이 사건의 과정에서 제주민중 자신의 발언이나 외부인의 눈을 통하여 제주인의 독립의식이 비치는 대목이다. 이재수가 제주성을 함락한 뒤 "서양 사람을 쳐 없애서 제주성을 회복하였다."라는 발언이나, 재판정에서도 "우리가 죽인 것은 역적이지 양민이 아니다."라고 한 최후 진술은 제주민중 나름의 자치관념을 엿보게 한다. 당시 사건 처리를 위하여 제주에 왔던 미국인 고문관 샌즈(W. F. Sands)는 제주섬을 "독립의 전통뿐만 아니라 여러 이상한 관습 때문에 다스리기 어려운 곳"이라고 하였다. 더욱이 그는 제주민들을 "조선으로부터 독립을 바라는 해묵은 감정을 가진 사람들"이라고 하였고, 민란을 "섬 주민 전체가 동의한 반란"이라고 표현하였다.

결국 1901년 제주민란은 조선시대에 이르러 변방의 최하층민으로 전락하였던 제주민중이 그들 나름의 독립적인 지위를 갖고 싶어하는 기대와 중앙정부로부터의 소외와 차별에 대한 저항의식이 함께 표출된 사건으로 평가된다.

2. 기억의 전승

제주민중의 이 민란에 대한 기억은 구전 설화를 통해 전승되었다.[1] 설화는 수십 년이 지난 역사에 대한 제주민중의 기억이다. 그들의 입에서는 똑같이 이재수가 등장하며, 이재수를 비롯한 여러 장두들이 제주민중을

---

[1] 허남춘, 「설화·전·소설에 수용된 제주민중항쟁」, 『제주작가』 7, 2001.

위해 희생된 것으로 이해하고 있다. 그리고 그 상대편에는 반드시 천주교회가 있다. '천주교'도 아닌 '聖敎'가 있다. 그러기에 사건의 이름도 '이재수란', '이재수 이야기', '성교란', '성교난리', '신축년 난리' 등으로 불리고 있다.

 설화의 대부분은 천주교도들의 무자비한 횡포 때문에 이 사건이 일어나게 되었다는 원인 설명과, 이에 격분한 이재수 등 민중이 나서서 제주성을 진압하고 교폐를 해결한다는 과정 서술이 주를 이룬다. 사건의 발단이 되었던 봉세관 강봉헌의 세폐는 민중들의 기억에서 지워져 있다. 교폐를 주로 언급하면서도 신부와 교회 프랑스 제국주의는 기억되지 않고 있다. 봉세관의 마름 역할을 하며 조세 수탈에 나섰던 천주교인, 신당·신목을 파괴했던 천주교인, 억지로 금전을 탈취했던 천주교인 등 실제 민중이 직접 대면했던 교민들이 설화의 등장인물로 기억되고 있다.

 이러한 1901년 민란에 대한 기억은 사건 발발 17년이 지난 뒤 제주의 대표적인 유학자 김석익에 의해서 기록으로 정리되었다. 그는 『耽羅紀年』 끄트머리에 이 사건에 관한 기록을 남겼는데, 오대현·강우백·이재수 등이 "倡義하여 西敎黨을 討伐한 것"이라고 했다. 또한 "이재수 등이 城中에 들어가 斥邪旗를 세워 賊黨 4백여 명을 다 죽였는데, 여론이 통쾌하게 여겼다. 斥邪扶正에 古今을 통틀어 한계가 있으리오만, 누가 창칼을 잡고 화살과 돌을 무릅쓰며 결단을 이 사람들처럼 할 자가 있겠는가. 소위 맹자가 말한 聖人의 무리라고 할 수 있을 것이다."라고 하여, 이재수 등의 거사를 유교적 관점에서 매우 높게 평가하였다. 즉, 위정척사적인 관점에서 의병을 일으킨 것으로 인식하였다.

그의 유교적인 인식은 1931년 일본에서 저술한 「天主敎亂記」에도 그대로 이어지고 있다. 서문에서 김석익은

> 光武년간에 西敎가 제주에 유입되어 …… 저들 선교사들이 그 나라의 강력함과 위세에 의지하기 때문에 억누를 수가 없었다. 이로 말미암아 죄를 피해 도망치거나 무뢰배들이 모두 서교에 들어가게 되었다. 수년 사이에 그 교도들이 섬 안에 가득하게 되어 적당의 소굴이 되었는데 외쳐대고 날뛰는 기세가 불꽃처럼 대단하여 매우 두려웠다. 이에 오대현이 먼저 성토할 것을 부르짖었고 강우백이 이어서 화답하였다. 격문이 당도하는 곳마다 용약하며 향응하여 그 기세가 맹렬한 우레와 같았다. 이때 이재수는 원래 신분은 한미하여 오대현의 부하로 있었는데 사졸들이 모여들지 않아서 오대현이 적에게 사로잡히게 되었다. 이에 이재수가 부르짖으며 말하였다. …… 적당을 찾아 수색하여 사로잡아 모두 죽여 버렸다. 이는 실로 동아시아의 유사 이래 없던 일이라고 하겠다.

라고 하여, 강한 척사론적 입장에서 이 사건을 평가하고 있음이 재확인된다.

1921년에는 『동아일보』 지상에 이 사건이 소개되면서 기억의 전승이 전국적으로 이루어지게 되었다. 조천읍 조천리 출신의 한학자이자 근대 지식인 김형식이 연재물 「李朝人物略傳」을 집필하면서 장두 이재수를 정리한 것인데, 내용은 아래와 같다.

> 大靜郡 官奴라. 在守, 家世가 卑賤하고 身體가 矮小하야 外面으로 보면 碌碌한 一小卒에 不過하나 內心의 抱負는 烈烈한 大丈夫의 氣槪가 有함으로 儕流가

제8장 민란의 역사적 기억 329

憚服하더라. 光武 己亥 春에 天主敎가 濟州에 傳入하야 各里에 敎堂을 設置하고 浮浪無賴輩를 網羅하야 暴虐을 恣行하니 官不能禁하고 民不聊生이라. 辛丑 三月에 儒生 吳大鉉, 姜遇伯이 倡義하야 明月鎭에 至하니 佛蘭西人 具瑪瑟이 敎徒들 率하야 吳大鉉을 邀擊하야 大鉉을 擒獲하고 濟州城에 入據하는지라. 在守 듯고 憤慨하야 大鉉의 餘衆을 收拾하고 州城을 包圍하야 十餘日을 砲擊하니 城中이 糧盡하야 開城迎帥하거날 在守等이 入城曉喩하고 敎徒 七百餘人을 捕殺하다. 時에 敎徒가 木浦에 逃往하야 佛國公使館에 打電請援함으로 佛艦이 濟州 健入浦에 來泊하야 陸戰隊를 上陸케 하고 濟州城을 占領하얏더니 察理使 黃耆淵과 政府顧問 山道(米國人)와 參領 尹喆圭等이 步兵 三百名을 領率來撫하니 佛艦이 退去하니라. 耆淵이 亂衆을 曉諭하야 各其歸業케 하거날 在守等이 尹喆圭 兵營에 自首한대 喆圭 詰問하야 曰 '爾等이 王民을 濫殺함은 何故인가.」 在守 勵聲曰 「彼雖土民, 藉勢外敎, 肆虐橫暴, 無所不爲, 民不聊生, 可謂猛敵 春秋之法 亂臣賊子 人人得而誅之 將軍 何出此言」고 하더라. 在守와 吳大鉉, 姜遇伯을 京獄으로 押送處絞하니라.2)

김형식은 『동아일보』의 조선시대 인물 열전을 저술하면서 이재수를 흥선대원군·신헌·김옥균·김홍집·전봉준 등과 함께 조선 말기 고종 때의 대표적인 인물로 꼽았다. 그는 이재수를 기개가 있는 대장부로 인식하였고, 이 민란을 천주교의 폐단에 대응하여 유생 오대현·강우백 등이 倡義한 의거로 보았다. 이재수가 정부군 참령 윤철규에게 "저들이 비록 우리 백성이나 외국 종교의 세력에 의존해 방자하고 모질고 횡포하여 무소

---

2) 『동아일보』 1921년 11월 3일, 「李朝人物略傳」 73, 李在守.

불위 지경에 이르러 백성들이 편안히 살지 못하게 되니 맹수와 같은 적이라고 할 수 있다. 춘추의 법에 난신적자는 모두 주살해야 한다고 하였다."라고 발언한 것을 강조하면서 이재수의 행동이 근왕주의적 국가의식에 입각해 있음에 주목하였다.

김형식이 제주지역 신진 지배엘리트 가문인 조천김씨 출신이며, 정의현감 김문주의 아들인 점, 김석익과 가까운 학문적 교유관계를 가졌다는 점 등을 고려할 때 그의 척사적 유교 인식은 그의 가문과 학문적 배경에서 이루어진 것으로 보인다. 한편 김형식이 동아일보에 글을 연재하게 된 동기는 동생 김명식이 논설위원으로 있던 데서 찾을 수 있다. 김명식은 강한 항일민족의식을 가진 근대 지식인이었는데, 김형식 또한 일제치하 3·1운동 직후 근대 지식인으로 전환 과정을 거쳤다고 보인다. 따라서 김형식의 1901년 민란과 이재수에 대한 인식은 유교적 가치관 못지않게 근대민족적 지향성을 갖고 있는 것이며, 제주출신으로서 애향적 입장도 가미되었다고 할 수 있다.

1901년 민란에 대한 기억은 그 뒤 향토사학자 김태능에 의해서도 적절하게 정리되었다.[3] 그 역시 김석익·김형식과 마찬가지로 민란을 정당한 '義擧'로 표현하였다. "濟州에는 自古로 反亂과 民亂이 많이 일어났던 곳이나 구한말의 李在守亂처럼 半世紀가 지난 今日에 이르기까지 民衆의 腦裡에 그 記憶이 생생하고 그 義擧主動者에 대한 감사의 情을 잊지 못하는 일은 없을 것이다."라고 민중이 의거주동자를 감사하게 기억한다

---

[3] 金泰能,「聖敎亂」,『濟州新聞』1962. 10.(『濟州島史論攷』, 世起文化社, 1982); 조성윤,「기억의 현재성: 제주민중과 이재수난 재론」,『1901년 제주항쟁 100주년 기념 학술대회 발표요지문』, 2001.

고 지적하였다.

나아가 "三狀頭에게 억울한 極刑이 선고되고 絞刑이 執行되었던 것이니, 이 소식이 고향 제주도에 전해지자, 三邑의 戰友와 州城 婦女들은 물론이요 방방곡곡의 남녀노소가 그 불공평한 재판과 가혹한 극형에 비분통탄치 않은 자가 없었다고 한다. 그러므로 60년이 지난 금일에 있어서도 그때를 회상하는 노인들과 민란의 경위를 古老들로부터 전해 들어 알고 있는 島民들은 李在守를 비롯한 三狀頭가 당시 三邑民을 괴롭히던 不義의 諸惡과 싸워서 이를 敗北시켜 民衆의 고통을 除去해준 義人이었음을 뇌리 깊이 崇仰하면서 그들의 유덕을 길이 추모 불망하고 있는 것이다." 라고 하였다. 즉, 이 글을 쓴 1962년 당시 민란 발발 60년이 지난 상황에서 전해 내려온 제주민중의 기억을 그대로 전하고 있다. '의거'이므로 이재수·오대현·강우백 세 장두는 '義人'으로 도민에게 각인되었다. 대정지역에 三義士碑가 세워졌던 때가 1961년이므로 당시 제주민의 기억을 그대로 옮겨놓은 글이라 하겠다. 김태능의 고향이 대정읍 가파도였기 때문에 이 지역 민중들의 기억을 충분히 대변할 수 있었던 것이다.

한편 그는 당시에 희생된 천주교인들에 대해서도 "그러나 이 사건의 最終段階에서 이미 捕縛된 敎徒들을 대량 殺戮하였던 것은 비록 蜂起 激怒한 群衆의 心理였다고는 하더라도 이는 島民 相互間에 骨肉相殘이 極한 것으로써 심히 遺憾스러운 일이었다."라고 지적하고 있다. 이재수를 민중의 추앙 대상으로 여기면서도 "敎徒 多量殺戮의 過誤責任은 면할 수 없는 것이다."라고 하여 무자비한 교도 살육에 대해서는 비판적인 기억을 되새기고 있다. 학자로서의 인식의 균형이 아닌 실제 민중 기억의 균형이라고 보아야 할 듯하다. 구전 설화에서도 이재수를 영웅으로 여기면서도 교도를 죽일 때 빙긋 웃기도 하는 모습, 다시 살아나는 자 위로 밟고 다니며 푹푹 찔러 죽이는 모습 등 잔인한 모습으로 기억되고 있는 것이다.[4]

3. 기억의 대립과 화합

 민란 발발 60여 년이 지나도록 민란에 대한 기억은 지하에 묻혀 왔다. 이 기억이 재생되기 시작한 것은 1961년 삼의사비가 대정에 세워진 것이 계기가 되었다. 교회 측도 마찬가지로 언제부터인지는 몰라도 매년 황사평에 모여서 순교자 현양대회를 열었다. 교회 측이건 제주민중들이건 상호 대화 없이 민란과 수난의 기억은 각자의 영역에서 재현되었다. 오랫동안 상호 기억에 대한 충돌이 생길 가능성이 없었다. 김태능 등 향토사가들이 제주도청이 내는 기관지에 이 민란을 의거로 기술하는 중에도 천주교 측이 강하게 반발하는 모습은 확인되지 않는다. 어쩌면 자신들의 기억만 간직한 채 애써 상대 측의 기억에는 무관심으로 일관했던 것으로서, 기억투쟁을 피해 가려는 모습이었다고 보인다.
 그러나 1980년 천주교 제주교구에서 김옥희의 『濟州島辛丑年敎難史』가 발간되자, 즉각 이에 대한 반발이 터져 나왔다. 이제 기억투쟁이 시작된 것이다. 현기영은 월간지 『마당』에 1982년 소설 「변방에 우짖는 새」를 연재하여 이듬해 단행본으로 출간했다.[5] 특히 오성찬은 1983년 3월 「'이재수란'의 제주도민은 폭도가 아니었습니다」라는 로마 교황에게 드리는

---

4) 허남춘, 앞의 글.
5) 현기영, 『변방에 우짖는 새』, 창작과비평사, 1983.

공개서한을 작성하여 기억 투쟁을 촉발하였다.6)

오성찬은 신문기자로 있으면서 이 책을 접하게 되었는데, 시골의 한 젊은이로부터 "그 책을 읽었으면서도 글을 쓰는 당신이 아무 짓도 않고 가만히 앉았느냐."라고 힐난을 받았다는 사실은 일부 기자나 학자들 사이의 논쟁이 아니고 제주사회 전체로 기억 재현이 확산되고 있음을 보여준다. 1982년에 발간된 『제주도지』에서도 홍순만은 김옥희 씨의 책이 지나치게 주관적인 데 대한 유감의 뜻을 표시했다.

이 과정에서 삼의사비는 도로 확장을 이유로 대정골 중심인 홍살문 거리에서 '드레물' 구석진 곳으로 옮겨졌다. 바로 앞에 이재수가 살았던 집이 있다는 상징성이 있지만, 그래도 대정 주민들의 입장에서는 자신들이 의사로 추앙했던 삼의사의 기념비가 구석에 처박히는 기억의 패배를 당했던 것이다. 1961년 세워진 뒤 아무 문제없이 대정골 중심에 있던 기념비가 1980년대 기억의 재현, 현실적 갈등 분위기 속에서 뒷전으로 물러난 것이다. 1961년 8월 대정지역 유지들과 이재수의 후손들이 세우고 같은 지역 한학자 권순명이 지었다는 비문의 내용은 다음과 같다.

> 아아! 이것은 濟州 三義士의 碑이다. 高宗 季年 佛人이 우리나라에서 宣敎할 때 濟州의 無賴輩들이 敎堂에 投入하여 勢力을 믿고 威勢를 떨쳤으며, 貪虐을 마음대로 하고 民財를 剝奪하였으며, 婦女를 劫奸하여 境內가 騷亂하게 되자, 官府가 禁止하여도 막을 수 없었다. 大靜郡守 蔡龜錫이 郡 士人 吳大鉉과 더불어 象武會를 만들고 同志를 糾合하여 그 세력을 막으려고 하다가 도리어 賊徒

---

6) 오성찬, 『한라의 통곡소리』, 소나무, 1988.

에게 잡힌 바 되어 被囚되고, 李在守 姜遇伯 2人이 의를 내세우고 무리를 모집하여 2隊로 나누고 東西로 나아가서 黃蛇坪에 合陣하니 군중이 數千이 되었으며, 教徒들은 마음대로 官庫 武器를 내놓아 義軍을 亂射하였으므로, 義軍은 砲手 數百을 모아 여기에 應하여 무찔러 싸우기 十餘日에 四百餘人을 討滅하였으니 때는 辛丑年 봄이었다. 佛人은 急을 告하여 佛 兵艦이 來泊하였으며, 朝廷은 비로소 報告를 듣고, 察理御史 黃耆淵, 陸軍參領 尹喆圭를 派遣하고, 率兵하고 와서 義軍을 解散시키게 하였다. 大鉉 등 三人을 불러, 犯法殺人하였다하여 拿致하고 入京하였는데, 저쪽이 法에 依據하여 論告할 것을 迫請하였으므로, 8月 27日로서 絞首刑에 處하였다. 在守는 刑에 臨하자 한탄하여 말하기를, "우리 皇上을 뵙고 나의 情實을 呼訴하지 못한다."고 하였으며, 國人들은 원통하게 생각하였다. 아아! 設教는 各國의 公法이나 내 民衆은 함부로 죽여서는 안 된다. 그러나 저들은 宣教를 하는 것이 아니라 賊黨을 모아 民財를 奪掠하고, 婦女를 劫辱하고, 庫兵을 마음대로 끌어내어 사람 죽이기를 城과 같이 하였다. 그 亂賊을 사람마다 죽임은 아예 물을 것도 없고 賊人을 가르쳐 殘虐하였으니 百姓으로서 그 義氣가 있는 자 어찌 가만히 보고 모진 짓 하는 대로 맡겨 둘 수 있으랴? 그 뿐만 아니라 온 조정 관리들이 法에 依據하여 論罪될 것에 劫을 내어 저들이 國人에게 殘虐한 짓 가르친 罪를 왜 밝히지 못하였는가? 그러나 이들 義士로 因하여 西教가 온 濟州를 범하지 아니한 것이 數十年이 되었으니, 그 功을 또한 써둘 만하다. 故로 回甲 되는 해에 碑를 쓰는 것은 戀慕하여 더욱 오랠수록 잊지 말자는 것이요, 大靜縣에 세우는 것은 義士가 本縣에서 출생한 까닭이다.

민란의 대상을 천주교로 명확히 한 가운데 의병투쟁을 전개한 것으로

〈사진 3〉 1961년 홍살문 거리에 세웠다가 '드레물'로 옮겨진 삼의사비

묘사한 반천주교적 의식이 뚜렷한 내용이다. 각자의 기억이 평행선을 달리고 상대편에 무관심했을 때 이 비석은 온전할 수 있었다. 그러나 1980년대 기억투쟁이 전개될 때 이 비석은 사람들의 눈에 띄지 않는 곳으로 미지의 압력에 의해 옮겨지게 되었다.

1990년대 후반 잠재해 있던 삼의사비를 둘러싼 기억투쟁은 다시 전개되었다. 비석의 초라함을 안타깝게 여기던 대정지역의 유지들은 관의 예산을 지원받아 비석을 새로이 번듯하게 세우려 했다. 그러나 관에서는 천주교회의 눈치를 보느라 예산 반영을 함부로 하지 못했다. 이번에는 대정골의 청년회가 직접 나섰다. 강한 추진력을 가지고 비석을 다시 건립하겠다는 청년들의 시도에 이번에는 천주교회가 직접 나서서 대응했다. 비석 건립 기념식을 제때에 치르지도 못하고 며칠간을 비석을 둘러싸고 검은 천으로 가렸다가는 다시 벗겨내는 일이 반복되었다. 비석을 둘러싼 기억투쟁이 마치 100년 전 교-민 간의 다툼 비슷하게 전개되었다. 오성찬이 지었다는 비문 내용에 대해 교회 측에서는 봉세관의 폐단을 적시하지 않고 천주교 측의 문제만 과도하게 지적했다고 반발하였다. 비문 내용을 보면 다음과 같다.

여기 세우는 이 비는 종교가 무릇 본연의 역할을 저버리고 권세를 둥에 업었을 때 그 폐단이 어떠한가를 보여주는 교훈적 표식이 될 것이다. 1899년 濟州에 포교를 시작한 天主敎는 당시 국제적 세력이 우세했던 프랑스 신부들에 의해 이루어지면서, 그때까지 민간신앙에 의지해 살아왔던 도민의 정서를 무시한 데다 봉세관과 심지어 무뢰배들까지 합세하여 그 폐단이 심하였다. 신당의 신목을 베어내고 제사를 금했으며 심지어 私刑을 멋대로 하여 성소 경내에서 사람이 죽는 사건까지 일어났다. 이에 大靜고을을 중심으로 일어난 도민 세력인 象武會는 이 같은 상황을 진정하기 위하여 城內로 가던 중 지금의 翰林邑인 明月鎭에서 주장인 吳大鉉이 천주교 측에 체포됨으로 그 뜻마저 좌절되고 만다. 이에 분기한 李在守 姜遇伯 등은 二鎭으로 나누어 성을 돌며 민병을 규합하고 교도들을 붙잡으니 민란으로 치닫게 된 경위가 이러했다. 규합한 민병 수천명이 제주시 외곽 黃蛇坪에 집결하여 수차례 접전 끝에 제주성을 함락하니 1901년 5월 28일의 일이었다. 이미 입은 피해와 억울함으로 분노한 민병들은 觀德亭 마당에서 천주교도 수백명을 살상하니 무리한 포교가 빚은 큰 비극이었다. 천주교 측의 제보로 프랑스함대가 출동하였으며, 조선 조정에서도 察理衛使 黃耆淵이 이끄는 군대가 진입해와 난은 진압되고 세 장두는 붙잡혀 압송되어 재판과정을 거친 후에 처형되었다. 장두들은 끝까지 의연하게 제주 男兒의 기개를 보였으며, 그들의 시신은 서울 靑派洞 만리재에 묻었다고 傳해 오나 거두지 못하였다.

대정은 본시 의기 남아의 고장으로 조선후기 이 곳은 민중봉기의 진원지가 되어왔는데, 1801년 황사영의 백서사건으로 그의 아내 鄭蘭珠가 유배되어 온 후 딱 백년만에 일어난 李在守亂은 후세에 암시하는 바가 자못 크다. 1961년 辛丑에 향민들이 정성을 모아 『濟州 大靜郡 三義士碑』를 대정고을 홍살문거리에

〈사진 4〉 1997년 4월 20일 대정고을 연합청년회가 건립한 삼의사비

세웠던 것이, 도로확장 등 사정으로 옮겨 다니며, 마모되고 초라하여 이제 여기 대정고을 청년들이 새단장으로 비를 세워 후세에 기리고자 한다.

위에서 본 1961년 지은 비문보다 온건한 내용이었다. 그러나 이런 극한 대립이 빚어지게 된 것은 기억투쟁이 보편화되었다는 것을 보여주는 것이었다. 예전 같으면 상호 무관심으로 일관해 자신들의 기억과 기념에만 치중해 충돌할 여지가 없었다. 대화를 할 이유도 없었다. 그러나 1997년 '삼의사비 사건'은 충돌을 무마하기 위해 대화의 자리를 갖게 되는 역설적인 계기가 되었다. 서로의 입장을 들을 기회가 비로소 마련된 것이다. 기억의 대립이 대화를 통해 상호 절충과 화해를 할 수 있는 접점이 형성된 것이다.

때마침 천주교 제주교구는 선교 100주년을 앞두고 과거 교회사에 대한 정리를 하고 있던 참이었다. 모슬포 본당 신부의 강한 대응과는 달리 교구 측에서는 유연한 입장을 취하며 이 사안에 대응해 갔다. 향토사학자나 언론인을 참석시켜 학술심포지엄을 열고 방송 토론회를 거쳐 과거사의 문제점을 반성하는 자리를 마련했다. 이런 과정 속에서 삼의사비는 대정성 동문 앞 대로변에 무난히 세워지게 되었다.

민란에 대한 과거의 역사 기억은 「의거와 교난」이라는 양립하는 평행선을 달려왔다. 학계의 인식 또한 민족주의와 민중사관의 입장에서 반봉건·반제 항쟁으로 보는 의건이 주류를 형성하는 가운데 향촌사회 내부에 대한 분석과 이재수 등 지도부의 「士」 의식 추적 등으로 깊이를 더해 가고 있다.

이제 역사기억은 민란 발발 100주년을 맞아 태동한 기념사업회에서 과거 사건을 '제주항쟁'이라고 명명하며 기억 재현 선언을 했다. 어쩌면 천주교 측에 대한 강한 메시지 전달이라고 할 수 있다. 다시 한 번 대화를 통한 기억 만남의 자리가 마련된 것이다. 2003년 학술대회에서 '진실과 화해'의 주제를 가지고 같이 모여 대화를 하는 데 이르렀다.

천주교회는 과거의 무리한 선교를 일삼던 교회는 아니다. 1990년 이래 기억투쟁을 통해, 자체 여과를 통해 이 사건에 대한 유연성을 가진 주체로 변화하고 있었다. 천주교회는 正史로 편찬한 『제주 천주교회 100년사』를 통해 과거와 같이 무리하게 호교론적인 역사를 서술하지는 않는다. '순교자'라는 용어도 의례적인 표현이지, 교회사에서는 '희생자'라

〈사진 5〉 2003년 11월 7일 1901년 제주항쟁 기념사업회와 천주교 제주교구가 공동주최한 심포지엄에서 김영훈 사업회 공동대표와 허승조 제주교구 총대리 신부가 화해와 기념을 위한 미래선언문에 서명한 모습

는 용어를 구사하고 있다. 그러나 아직도 교회 측은 공식 입장을 표명하지 않았다.

한국 천주교회는 2000년 12월 3일 과거 210여 년의 한국 교회사에서 잘못한 일에 대해 반성하는 문건을 발표하고, 전국 각 성당에서 이 잘못들을 고백하며 용서를 청하는 참회 예식을 거행한 바 있다. 박해시대 때 외세에 힘입어 신앙의 자유를 지키려고 했던 점, 일제 식민통치 당시 독립운동에 앞장서는 신자들을 이해하지 못한 점, 가난하고 소외된 이들의 인권 및 복지증진에 노력을 다하지 않은 점 등을 고백했다. 그러나 주교회의에서 당연히 거론되어야 할 1901년 제주민란에 대한 언급은 없었다.

참으로 아쉬운 일이었다. 이제라도 공식적인 입장 표명이 절실하다고 생각한다.

 제주근현대사에서 공동체 분열을 가져왔던 두 사건 중 하나인 '4·3'은 대통령의 사과로 공식성을 인정받고 평화와 화합의 길을 열었다. 이제 110년 전 '제주민란'에 대해서도 상호 화합의 방향을 공식적으로 선언할 때에 이르렀다. '기억 외면'에서 '기억 충돌'로 갔던 시대를 접고 이제 '기억 화합'을 천명할 때라고 생각한다.

● 찾아보기

1901년 민란 44, 55, 72
1901년 제주민란 18, 22, 23, 26, 37, 39, 40, 49, 87, 107, 108, 119, 120, 131, 132, 163, 229, 286, 325, 326, 327, 340
1901년 제주항쟁 기념사업회 36, 116, 178, 340
5所任 192
6所場 249

〈ㄱ〉

가옥세 55
加耕稅 207
가파도 191, 277, 332
갑오개혁 43, 45, 46, 47, 50, 51, 53
江景浦교안 108
강도비아 74
강마오로 74
강명송 64

강백이 192, 195, 223, 224
姜伯伊 33, 34, 197
강벽곡 63, 64
강봉헌 33, 34, 58, 75, 79, 99, 107, 122, 164, 167, 168, 169, 170, 175, 264, 328
姜鳳憲 54
강상호 230
강우백 22, 33, 34, 37, 169, 174, 175, 186, 195, 198, 201, 202, 203, 204, 208, 218, 224, 270, 328, 329, 330, 332
姜遇伯 199, 335, 337
강유석 50
姜瑜奭 85
강인봉 186
강제검란 57, 58
강창일 18, 19, 20
개신교 79
개항 43, 44, 45, 48, 55, 60, 62
거리제 89, 91
거문도 260

거문도 점령사건 259
건양 47, 50
건입 250
경무청 46, 50
警民長 49, 192
고난천 98, 99
高蘭天 76
高島 서기 283
고려 44
고문관 39
高伯年 212
高百齡 76, 98
고백룡 98
高伯龍(고백령) 76
고산 189
高山 208, 209
고삼백 195, 222, 224
高三伯 33
高先達(高時俊) 98
고시준 98
高時俊 76
고여송 64
고영수 33, 175, 176, 195, 221, 224
古屋貞藏 38, 276
고일서 98, 99
高一書 76
고종 178
고천룡 98

高千龍 76
고평이 99
공동어장 128
貢馬 57
貢馬代錢 53, 206
空名帖 49, 123
貢法 56
공사관기록 266
관노 326
관덕정 61, 203, 269
觀德亭 337
官報 33
關西 39
官隷 199
官有地稅 51
관찰사 47
광령 189, 191
광령리 190
光武改革 45
광양당 83
광양당신제 82
광양당제 89, 90, 91
광양동 73, 245
廣壤王 93
광양촌 165
광제호 60
광청 120
광청리 64
교난 339

교도파 267, 269
교민촌 73, 78, 253
敎案 17, 108
교폐 22, 108, 109, 111, 113, 115, 118, 119, 120, 171, 178, 326, 328
敎弊 35, 107, 264
교폐성책 118, 128
敎弊成冊 76
龜井多三朗 284
구좌 190
九州 39
九州 지방 261
국가사 45
國權恢復運動判決文集 33, 35
國馬場 129
국사편찬위원회 38
國朝五禮儀 92
군산 60
군역 50
군함 39
堀力商會 60
궁내부 54
권순명 334
귤림서원 84
그물세 54
근대성(modernity) 45
근대화론 45
금악 189, 191

今岳 210
금악리 73, 190, 245
기선 60
譏察長 192
김경하 95
金經夏 81
김글라라 74
김낙영 63, 64, 65
김남학 167
김남학(혁) 166
김남혁 33, 175, 176, 195, 220, 224, 248
金南赫 212
김녕 61
김녕사굴 87
김녕촌 169
김도마 74
김두열 251, 252
김두표 251
김명식 331
김명필 248, 249, 250, 252
김문주 331
김병현 164
金秉鉉 265
金尙憲 82
김석구 57
김석익 23, 328, 331
김수석 98
金壽石 76

김시메온 74
김안일 64
김양식 18, 19
김양홍 27
김영훈 340
김옥균 330
김옥돌 96, 175, 200
金玉亐 76, 98
김옥희 18, 23, 28, 333, 334
김원영 27, 50, 72, 75, 75, 80, 81, 85, 87, 88, 93, 95, 96, 101, 109, 121, 124, 126
金元永 71
김원형 239
김윤식 37, 38, 78, 84, 91, 106
金允植 34, 40, 279
金種河 95
김은석 26
김응빈 66
金宗八 101
김창수 35, 172, 201, 271
金昌洙 110
김태능 18, 24, 331, 332, 333
김해김씨 97
김형식 23, 329, 330, 331
김홍집 330
김희주 35, 96, 248
金熙胄 110

〈ㄴ〉

烙馬稅 51
南學 63
남학당 64, 65, 120
南宦博物 89
내장원 54, 58, 237
內藏院 107
내재적 발전론 45
녹화지 58, 244
농업 62
뉴욕타임스 40, 274
능화동 57

〈ㄷ〉

단발령 61, 85
당집 125
대로동 189
대로동 본당 238
대정 46, 73, 244
대정 상무회사 19
대정군 37, 49, 53, 54
大靜郡 35
大靜郡敎弊査實成冊 178
대정군교폐성책 115, 116, 117, 190
大靜郡敎弊成冊 36

대정군수 35
大靜商務社 34
대정성 170, 171
대정성내(안성·인성·보성리) 190
대정현 49
大阪 39
大阪每日新聞 262, 263, 265, 266, 272, 275
大阪朝日新聞 263, 266, 273
대한제국 34, 39, 45, 96, 107, 177, 233, 235, 236, 272, 274
대한제국시기 44
대흘 189, 191
대흘리 190
덕수리 57
德泉 210
덕판배 59
道頭 210
도문리 189
도민파 39, 267, 269
都元師 25
독립국 44
東軍 270
동보한리 128
동아일보 329, 330, 331
洞任 192
洞長 49
동진 168, 202, 203
東陣 279, 281

동포세 51, 53
洞布稅 51
동학농민전쟁 25
頭毛 208
頭毛里 211
頭民 101, 192
드레물 334
等狀 101, 110
떼미 245
떼미공소 240
뚝제 89, 90
뚝할망 90
뚝할망제 88

〈ㄹ〉

라크루 27, 34, 75, 95, 96, 100, 164, 167, 170, 177, 230, 231, 233, 235, 236, 237, 238, 242, 249, 250, 251, 254
라크루(Lacrout) 72
러시아 259, 260, 282, 285
러일전쟁 286
로마 교황 333
로스앤젤레스 타임스 40, 274
롱동(Rondon) 236
里綱 199

〈ㅁ〉

마름 77, 111, 118, 121
마을제사 92
마이너리티(minority) 45
마장세 66
馬場稅 64
마조제 89
마주단(마조제) 88
마찬삼 195, 223, 224
馬贊三 33, 34
매장지 233, 234, 237
面任 82
명감 88, 89
明社長 199
明月萬戶 46
목사 39, 47
牧子 57
목장세 54, 63
목장전 57, 58, 118, 120
牧場田 206
목장토 53, 55, 63, 210
목축업 62
목포 38, 60, 61, 170, 232, 239, 263, 271, 276, 281
무녀 126
巫女 212
무당 79, 80, 104, 125
무세 27, 164, 232, 236, 239

武注 210
문기만 125
文武科 82
문화사 24, 26
물고성책 186
물고자 190
物故者 174, 177
뮈텔 주교 27, 34, 37, 71, 122, 177, 178, 232, 233, 234, 235, 236, 237, 254, 285
뮈텔 주교 일기 23
뮈텔문서 23, 27, 36, 73, 76, 205, 212
미국 23, 274
미국 신문 40
민군 33, 37, 38, 99, 165, 166, 167, 168, 170, 171, 172, 174, 186, 191, 202, 229, 280
民軍 111, 198, 199
민당 66, 67
민족사 45
민족주의 25, 239
민중사 26
민중사관 339
민중운동사 24, 25
민회 100, 111, 164, 170, 200, 202
民會 20, 35, 197, 205
민회소 119, 165, 170, 171, 201, 202, 211

民會所 110, 205, 208

〈ㅂ〉

박고스마 74, 95, 101, 167
박광성 18
박베난시오 233
박영효 242
박용원 50, 66, 67
朴用元 123
박재순 252, 253
朴在順 282
방성칠 57, 63, 64, 65, 67
방성칠란 40, 51, 52, 54, 58, 63, 65, 66, 98, 200, 284
방성화 64
배상금 233, 236, 237
백말따 74
白濱(표선) 277
뱀신 88
뱀신앙 92
버랭이 245
법국년 103
법국놈 103
법부 33, 67, 175, 237
法司 64
法案 23
법환 189

뼁듸친밭 244
변방에 우짖는 새 333
변세원 251
邊用世 101
별감 252
別監 123
別國 64
別刀 210
兵參所 176
보목 119
보부상 196
보한리 128
본향당굿 84, 89, 91, 92
봉세관 19, 58, 75, 78, 99, 107, 111, 112, 114, 115, 118, 119, 121, 122, 132, 164, 170, 197, 210, 263, 264, 326, 328, 336
捧稅官 54
捧稅所 121
부산 60, 61, 233
뷔조호 234
비양도 38, 165, 268, 271, 277, 278, 279, 280

〈ㅅ〉

士 의식 25, 339
司馬齋 84

射場 102, 109
사직대제 83, 85
사직제 89, 97
山內長三郎 276
山馬監牧官 46
山訟 102, 104, 119, 129
산지포 270
산포수 34, 165, 172, 202
三郡教弊査實成冊 115
三郡平民教民物故成冊 22, 37, 177, 178
삼도 189
삼성사 시조제 88, 91
삼성사 시조제사 89
삼양 61
三義士 198
삼의사비 333, 334, 336, 338, 339
三義士碑 24, 332, 337
三狀頭 332
三政 50
森川季四郎 38, 271
상명리 255
상모 189
상무사 20, 99, 100, 170, 171, 172, 197, 199, 200, 265
商務社 18, 107, 196, 199, 205
상무사원 164
商務社員 119
商務所 39, 269

象武會 334
상무회사 164
상문(녹화지) 191
상문리 120
상창천 120
상하이 61
上孝 210
색다리 238, 244
색달 120, 189, 191
색달리 73, 230
샌즈 38, 167, 169, 174, 178, 271, 272, 280
샌즈(W. F. Sands) 327
샌즈(W. Sands) 174
서귀포 61, 254
書堂田 102, 109
徐憐 87
서보한리 128, 129
서원훼철령 84, 91
서진 166, 167, 168, 202, 203
西陣 279
서프라이스호 167, 174, 233, 235, 271
西學黨(天主派) 285
서홍 189
서홍로 251
석전제 83, 88, 89, 97
선세 54
船稅 51

聖敎 328
성교란 328
성내(안성·인성·보성) 189
성산포 277
聖嬰會 233
성읍 73, 244
성황제 83, 89
세례대장 23, 37, 74, 186, 241, 246
세폐 108, 112, 115, 119, 171, 328
稅弊 35, 107, 264
세화 61
소렴당 88
小早川與一郞 271
續陰晴史 34, 40, 78, 279
송계홍 50
宋啓弘 85
松堂 210
송두옥 65
송성은 123, 124
송시백 252, 253, 254
宋時伯 282
松永哲之浦 282, 284
송요한 233
松川 168
松川實 262, 280, 284
松波(월정) 277
송희수 164
宋希洙 265

수산업 62
수신영약 81, 85, 87, 88, 90, 93, 124, 126
修身靈藥 80, 89, 121
순교자 339
순교자 현양대회 333
순라선 38
스네(Sener) 함장 235
시카고 트리뷴 40, 274
신당 90, 104, 109, 125, 328
神堂 107, 111, 125, 264, 325
신당굿 82
신목 328
神木 325
신바오로 74
신성여학교 44, 242
신성여학교 44
신이시돌 74
신재순(아오스딩) 75, 236
신증동국여지승람 91
新增東國輿地勝覽 89
신축교안 27
신축년 난리 328
신향층 85
신헌 330
神戶 39
神戶又新日報 265, 273
신효 189, 190
신효(양근화전) 191

신효리 176, 190
심방 109
심방계 105
沁兵 168

〈ㅇ〉

안종덕 37, 178
알렌 274, 275
알루이트호 167, 168, 174, 232,
    233, 271
岩井德太郞 38, 276
애월 61, 190
若松 영사 283
양근 244
양근리 72, 190
양근이 58
양시중 252, 253, 255
梁始中 282
양용이 64
御南軍 64
여인 장두 105
여제 83, 89
여학당 242
역돌 189
역둔토 54, 58
연초세 55
연평리 73, 189

연평리(소섬, 우도) 245
연평리(우도) 190
엽전 62
영국 259, 260
영국군 259
영등굿 92
영등제 88, 89, 91
영사관 38, 270
예단(여제) 88
예촌 245, 252
오달문 106
오달원 106
오달현 106
吳達鉉 101
오대헌 202
오대현 22, 33, 37, 95, 100, 106,
    164, 165, 166, 169, 170, 174,
    175, 186, 195, 198, 200, 201,
    202, 203, 204, 205, 208, 215,
    224, 267, 269, 270, 281, 328,
    329, 330, 332
吳大鉉 199, 334, 337
梧桐浦(행원) 277
오등촌 64
오라촌 165
오성도 128
오성찬 24, 333, 334, 336
오신락 96, 102, 103, 106, 107,
    109, 119, 128, 164, 190, 201

吳信洛 101, 265
오영신 128
오을생 64
오인표 128
오일장 61
오조리 189
吾照里 210
오창헌 106
吳昌憲 101
臥山 210
臥屹 210
외도 61
외부 237
외부대신 234
요왕제 92
龍水 208, 209
용신제(요왕굿) 88, 89
龍驤艦 260
우도 251
牛島 277
우도(연평리) 191
울에 245
워싱턴포스트 40, 274
有司 49, 123
유홍렬 18, 23
윤동백 251
潤武亭 270
윤석인 234, 239
윤요셉 232

윤원구 61
윤철규 168, 169, 330
尹喆圭 335
應入支用簿 52
의거 339
의병투쟁 335
의신학교 44
議察將兼農監 49
義和團 273
의화단운동 273, 274
義和團운동 272
이경만 27
이계병 251, 252
이규석 100, 106, 128, 191
李奎恒 84
李己善 121
이도재 234
李道宰 283
이마리아 74, 75
이범주 96, 113, 169, 174
李範疇 75
이병휘 63, 66, 67
이상규 164
李庠珪 35, 75, 95, 110
이시량 249
李時俊 198
이용호 113, 169, 174
李容鎬 75
이원방 33, 175, 176, 195, 221,

224
李元方 212
이인영 234
里任 49
이재수 22, 25, 33, 37, 94, 103,
　　106, 128, 165, 167, 169, 170,
　　174, 175, 186, 191, 195, 198,
　　201, 202, 203, 204, 212, 217,
　　224, 249, 268, 271, 279, 280,
　　326, 327, 328, 329, 330, 331,
　　332, 334, 339
李在守 111, 332, 335, 337
李在樹 269
이재수란 44, 55, 325, 328
李在守亂 331, 337
李在守實記 198
이재호 35, 96, 110, 114, 167, 170,
　　201, 204, 231, 233, 234, 272
李在護 109, 111
移轉米 51
李朝人物略傳 329
이종문 60
이태신 249, 252
이필경 27
이형상 83, 88, 90, 91
李衡祥 82
이호 61
인천 60, 61
일본 23, 44, 174, 272, 285

일본 공사 38
일본 공사관 254
일본 군함 40, 274, 284
일본 신문 39, 285
일본 어민 281, 282
일본 어선 283
일본 어업인 260
일본 영사 38, 281
일본 정부 261, 282
日本公使館記錄 263
일본상선 253
일본영사관 263, 265, 269, 276,
　　285
일본정부 260
일어학당 284
林權助 38, 283
임프란치스까 74
입춘굿 98

〈ㅈ〉

자본주의 43
자작농 56, 57
藉托 교민 241
잠수기선 62
將官 82
將校 49, 123
長崎 39

長崎縣 261
장두 105, 199, 200
狀頭 195, 198
場稅 51, 206
장윤선 113, 166, 169, 170, 174
張允善 75
장의 49
掌議 49, 123, 199
재무관 56
全羅南北來案 35, 207
전방귀신 88
전봉준 330
전세 50
鄭鑑錄 64
鄭蘭珠 337
정병조 64
精舍 81
정선마 63, 64
丁裕爕 75
정의 46
정의교당 164, 201, 265
정의군 36, 37, 53
정의군교폐변백 120, 123, 124, 126, 128, 129, 130
정의군교폐성책 115, 116, 117, 119, 120, 127, 130
旌義郡敎弊成册 36
정의군수 35
濟民物故成册 37, 178

濟遠號 168, 174, 269, 270, 275, 276, 283, 284
제조업 62
제주 46
제주 천주교회 100년사 339
제주공립보통학교 44
제주교당 104, 189
제주군 37, 53
제주군교폐성책 36, 116
제주군수 35, 47
제주도 어장 39, 43, 261
제주목 51
제주목사 47
제주본당 34, 72, 73, 75, 164, 177, 239, 245, 249
제주본당(대로동본당) 232
제주성내 39, 62
제주읍 61
濟州島辛丑年敎難史 333
濟州牧使 35
조경달 25, 286
조다비드 232
조르주 르페브르 24
조마르코 233
조사성 33, 175, 176, 195, 202, 224
조사흠 192
조선 44
조선 후기 44, 56, 59

조선시대 44
조선해통어조합연합회 38, 271, 276
朝鮮海通漁組合聯合會 112
趙貞喆 84
조천 61, 65, 190
朝天 210
조천김씨 63, 98, 331
조천포구 48
尊位 49, 212
佐伯闇 275
좌수 49, 123
座首 48, 50, 123, 192
주세 55
주재용 27
主法 64
駐韓日本公使館記錄 20, 38
중국 174
중문 189
중문리 49, 123
중앙사 45
中嚴 210
중효리 190
智島교안 108
지주전호제 56, 57
진상 43
鎭西日報 265
진위대 174
鎭衛隊 113

진정서 39
집터 사문제 88

〈ㅊ〉

차귀당신제 82
차귀당제 89, 90, 91
찰리사 67, 99, 175
察理使 36, 170
창룡호 33, 60, 175
창천 189, 191
채구석 18, 33, 35, 63, 66, 67, 96, 164, 167, 168, 169, 172, 174, 175, 177, 197, 199, 200, 201, 205, 230, 236, 269
蔡龜錫 34, 110, 334
尺尾春蓂 270, 276
천서동 58
천주교 제주교구 339, 340
천주교회당 39
天主教亂記 171, 198, 329
청나라 273
青柳綱太郎 286
清水 208
清水里 210
청일전쟁 261
青派洞 만리재 337
촌락내혼 126

최바르바라 232
최요한 74
최형순 63, 64, 65, 166, 167, 172
崔亨順 75
축첩 126
출륙금지 45
출륙금지령 43, 44, 59
칙령 46
칠성제 88, 89
칠성할망 87

〈ㅋ〉

쿠스톨(Coustoll) 234

〈ㅌ〉

타케 27, 176, 240, 244, 253, 254
타케(Taquet, 嚴宅基) 239
탐라 132
탐라국 91
탐라국시대 90, 92
耽羅紀年 328
耽羅志 89
耽羅誌 89
土木사상 81
토산 189

兎山 124
토착문화 21
토평 189
통감부 56, 58
통어연합회 268
通引 199

〈ㅍ〉

파리호 235
페네 27, 79
페네(Peynet) 71
편석여 251
便船 59
평리원 22, 33, 34, 35, 37103, 169, 175, 177, 178, 195, 204, 251
평민 37
酺祠 92
庖稅 51
포제 85, 88, 89, 91, 92, 102
酺祭 82, 84, 109
포제단 118
폭도 39
풍덕 189
풍덕리 119
풍우래단(풍운뇌우제) 88
풍운뇌우제 82, 83, 89, 90, 97
프랑스 23, 39, 44, 78, 94, 174,

202, 204, 233, 235, 254, 272,
274, 282, 285
프랑스 공사 233, 234, 235, 236,
237
프랑스 공사관 263, 285
프랑스 군함 39, 40, 271, 274, 280
프랑스 함대 170
프와넬 167
프와넬(Poisnel, 朴道行) 174
플랑시 공사 232

〈ㅎ〉

하논 72, 119, 189, 238, 240, 244,
252
하논(홍로)본당 246
하논교당 101, 104, 119, 186
하논마을 253
하논본당 72, 73, 76, 238, 239,
242, 244, 247, 252
하논성당 74, 95, 265
하모 189
하원 189, 191
하천리 125
하효 119, 190
하효리 128
學堂 81
한국교회사연구소 27, 36, 116

한남 189
한라산신 94
한라산제 83, 89, 91
한림 190
翰林 208
한막달레나 74
漢北里 85
한선회 95
漢城新聞 274
漢城新報社 270, 276
해녀 44
海西교안 108
해세 54
海稅 51
해신제 88, 89
杏源 210
鄕校 81
향교 석전제 85
향권 325
鄕權 21
鄕任 123
향장 49, 200
鄕長(座首) 199
鄕長制 48
향촌사회 20, 21, 22, 46, 248, 325
鄕賢祠 83
허승조 340
許座首 248
許俊 76, 130

허철 230
玄圭石 101
현기영 24, 333
현유순 103
玄裕順 101
현익호 60, 167, 168, 174
挾才 210
협재리 278
挾才里 211
호근 119, 189
호근리 119, 176, 248
好近里 210
호적 37
胡宗旦 93, 132
호포 66
戶布 64
홍경래란 25
홍로 72, 240, 244
홍로본당 240, 254
홍살문 334
홍살문거리 337
홍순만 334
홍신규 123, 124
홍율리아나 232
홍재진 65
홍종우 34, 177, 231, 232, 233, 234, 235, 236, 283
洪鍾宇 282
화전 55, 57, 58, 59, 72, 118, 120, 205

火田 206
화전동 57
화전민 21, 53, 63, 64, 73, 77, 202, 207
화전세 52, 54, 63, 64, 66, 119
火田稅 206
화전촌 120, 190, 191, 244
환곡 50, 66
還上 64
황기연 96, 112, 113, 114, 168, 204, 229
黃耆淵 36, 115, 117, 335, 337
황사영의 백서사건 337
황사평 165, 171, 202, 233, 234, 235, 333
黃蛇坪 337
皇城新聞 113
황진국 231, 249, 250
荒川 167, 168, 172
荒川留重郎 277, 279, 284
후쿠다[福田] 60
훈장 49
訓長 123
흥선대원군 330
희생자 37, 339